A Subordinação ao Nosso Existir

CB012083
9788527305952

Coleção Estudos
Dirigida por J. Guinsburg

Produção: Plínio Martins Filho.

Evaldo Coutinho

A SUBORDINAÇÃO AO NOSSO EXISTIR

EDITORA PERSPECTIVA

Copyright © Editora Perspectiva S.A. – Todos os direitos reservados. A reprodução desta obra por qualquer meio, total ou parcial, sem autorização expressa da Editora, sujeitará o infrator, nos termos da Lei nº 6.895, de 17.12.1980, às penalidades previstas nos artigos 184 e 186 do Código Penal, a saber: reclusão de um a quatro anos e multa de Cr$ 10.000,00 a Cr$ 50.000,00.

EDITORA PERSPECTIVA S.A.
Av. Brigadeiro Luís Antônio, 3025
01401 – São Paulo – Brasil
Telefone: 288-8388
1981

Dedicado a Edith Bezerra Coutinho

Sumário

Prefácio

Quando afirmo que uma cena é fisionômica em si mesma, quero dizer que ela me anuncia, com explicitude e naturalidade, a conjuntura de perecer, de exibir a solidariedade ao meu perecimento. Firma-se em tudo, em todos os entes, a identidade de ser de minha vida, de sorte que o universo aguarda comigo, em véspera que tem a duração de minha existência, o não-ser a que todos nos destinamos, em mim. O universo é a cenografia do luto prestes a consumar-se, e em cada momento, em cada recanto, se evidencia, alegoricamente, o anúncio da morte a vir, de maneira absoluta, comigo, em mim.

É, sob este aspecto, que as coisas estão subordinadas ao meu existir. Sem mim, nenhuma positivação ressuma dos objetos presentes e dos que figuram além de meus olhos. Diante dessa verdade primeira, a minha personalidade assume importância ontologicamente criadora. Se as coisas se subordinam à minha existência, vejo-me algo mais que uma pessoa entre pessoas; vejo-me no privilégio de ser a claridade a que nenhum outro indivíduo vem a concorrer, porquanto a ninguém posso transferir o absoluto, o único de minha testemunhalidade e de minha continência. Os participantes dos retábulos que presenciei ou não, os painéis de hoje e os de outrora, se constituem em componentes de meu inalienável e unigênito repertório, do mundo inteiro que existe porque eu existo.

Um relacionamento de natureza ôntica se estabelece entre mim e os vultos de meu repertório. Cada qual dos partícipes do elenco se supõe adstrito a seu viver e conviver ordinários; no entanto, sem que imaginem, eles cumprem, sem exceção, a conjuntura de dependerem, em mim, da existência que lhes asseguro, sob diversos comportamentos. A comparação com o mar se legitima sobremodo: uns protagonistas se patenteiam mais de perto, junto a mim, no campo de meus sentidos; uns se deixam subentender de longe, no tempo e no espaço, mas se existenciam em mim, a despeito de ausentes, como os flocos de espuma que não enxergo, e entretanto se formam, indubitavelmente, na invisibilidade marinha.

O conceito de ausência, em complementação ao de presença empírica, se esclarece na equiparação com o acontecimento do mar: este se converte em alegoria da totalidade cênica, do universo com a perduração de minha vida; enfim, o mar vem a parecer o escorço da contemporaneidade eleática, em mim. O mar e o *nós* inerem, em si, imediata lucidez como semelhanças de minha testemunhalidade e de minha continência. Com este livro, *A Subordinação ao nosso Existir* — o penúltimo da série *A Ordem Fisionômica* — persisto em conferir à imaginária externa e à imaginária interna, à universalidade cênica, a concepção do ser expendida em *O Lugar de todos os Lugares*. Os episódios descritos, as idéias explanadas, atendem, penso eu, a um tipo singular de imanência: configuram-se e tecem-se de acordo comigo, com o estojo que as acolhe e preserva, sob a cláusula de que esse estojo — a minha personalidade — é uma subjacência ubíqua, inclusive temporalmente. Os fatos que se deram antes de meu nascimento compartilham da subjacência de meu ser, o que procurei ilustrar com o episódio do Julgamento Último, quando todos os pretéritos se estendem, num só panorama, ao olhar do supremo Juiz. Se estatuo que um elemento está em mim, não por independente e neutra objetividade, mas por ser de minha existência, resulta lícito considerá-lo como vulto de simultânea imanência, compondo o acervo de minha contemporaneidade. A sobrevivência depois de mim não passa de ideação, a perder-se comigo. A morte de alguém importa numa hecatombe universal que me inclui também, e a minha morte será a finalizadora absoluta, a que levará consigo todas as vidas e todas as mortes.

Do convívio que experimentei e do que fantasiei, extraí muitas cenas que constam do livro, assim as oferecendo de mim sem que elas saiam de mim, segundo dita a ordem fisionômica; e aproveitando a disponibilidade das coisas em se fazerem significar, impregnei-as com a acepção de pertencerem ao meu repertório e de se restringirem ao prazo de minha vida consciente. No papel de estojo do mundo, sinto que estão vinculados às minhas formas de recepção os entes de ambas as imaginárias. Nada sobeja a esse invólucro que em tudo aplica a sua própria conjuntura de ser. No coro da ritualidade que é o mundo em mim, o conhecimento significa um ato de criação, de existenciamento por mim proporcionado. Então concluo que a minha presença captadora, a minha vigília, mantém, sempre em índice de atualidade, os poderes de autoria e de conservação dos fenômenos advindos num *genesis* aberto a todos os surgimentos. Os sucessos da contemplação desempenham a litúrgica de serem em virtude de meu existir, e portanto se ensombram na tarja de meu vindouro e absoluto perdimento.

Essas considerações se desenvolvem em *O Lugar de todos os Lugares,* porém não achei excessivo trazê-las a este *Prefácio* que, à semelhança dos outros que escrevi, salienta, para o leitor, a unidade inserta nos livros sobre a *Ordem Fisionômica.*

E.C.

Capítulo 1

1 – O espectador na última fila. 2 – O testemunho do engano. 3 – A explanação de nosso testemunho. 4 – O painel e a unidade perseverante de quem o contempla. 5 – A constância de nosso existir em outrem. 6 – A mímica. 7 – As ilações através do miradouro. 8 – A morte de S. . . . 9 – A morte fisionômica.

1 – Revendo o caderno de nótulas, encontramos as que se referem à nossa estada no engenho de A. . ., onde, do parapeito da janela que da casa-grande se abria à paisagem dos morros, observávamos, a certa hora da manhã, a locomotiva e o séquito de muitos carros, em busca do carregamento de canas que não sabíamos se se efetuava à pouca ou à longa distância; a volta do trem era imprecisa e não nos indicava a posição da colheita, não valendo para tal a brevidade e a demora no regresso, e, para confundir ainda mais as averiguações, o trem ora tardava muito, retornando repleto ou a meio vazio, ora revinha no começo da tarde, sem nos oferecer, no aspecto, a procedência do transporte; entretanto, o comboio apresentava, como dístico de estar em regresso, além da própria direção da marcha, a situação da locomotiva que, inversamente ao painel da manhã, se expunha no final de todo o cortejo; enquanto repetia em si mesma a contingência de ser em retorno, se escusava de nos esclarecer sobre o que lhe pedíamos: o ponto de parada e da cena do carreto, origem ausente daquele ir-e-vir que não era o mesmo diariamente, contudo silencioso quanto ao lugar em que se abastecia: a probabilidade oscilando de um a outro dos engenhos, sem fixar-se em nenhum dos

nomes que tínhamos de cor, porque o genérico os revestia a todos, havia mais adiante um território em cuja amplitude poder-se-iam recolher os elementos que justificassem aquela afecção da perspectiva: o conspecto, diante de nós, de algo a estender-se, a nos propor o conhecimento de suas extensões, que alcançaríamos se usássemos de perguntas ou se consentissem que fôssemos num dos vagões desertos; mas esses recursos não nos contentariam, que somente da situação exposta nos interessava o anúncio, como se o depoimento de terceiros e o nosso próprio ingresso onde se efetivara o acontecimento, não nos bastassem tanto como os dizeres da figura enquanto posta no palco do sucesso, fazendo-se assim mais penetrante no interior de nossa posse. Em verdade, a presença do protagonista no logradouro, embora nos faculte maior possibilidade na reconstituição da cena, não nos mostra com tanto relevo esse mesmo intérprete se o vemos a delatar o fato em estranho sítio, porque neste caso a sua figura se carrega de maior soma de virtualidade; ele tem em si, além do corpo, as delegações do ambiente afastado, de tudo quanto se deu à margem de sua participação, inclusive os suprimentos que partem de nós, mas que nasceram de sua fisionomia deslocada. Muitas incógnitas que persistem no texto, por mais agudo que se exercite o nosso olhar, dizem respeito unicamente à incapacidade de nossa lupa, que, não alcançando, pelos instrumentos diretos, o entendimento a que tanto se esforça, desiste de continuar o intuito, cedendo a outrem, que melhor conhece o idioma, a prerrogativa de desvendar o segredo que não devassamos; à semelhança de nossa atitude no dia em que – atitude mais intensa que o propósito de registrarmos, por intermédio do exclusivo miradouro, a fonte dos transportes cotidianamente à vista de nosso belvedere – prevaleceu a nossa curiosidade e recorremos à colaboração de V. . . que, antigo morador do engenho, traduziria sem dificuldade aquele ponto obscuro; aguardamos o dia seguinte, e, ao passar o trem repleto de canas, ele nos respondeu que procedia de tal localidade, e, à nova inquirição, que o sabia pela presença, num dos carros, do homem incumbido de acompanhar o carregamento, a mando do senhor da propriedade; sendo este um costume da região àquela época, tantos comboios transitassem como ele nos revelaria, de dentro do tumulto das possibilidades, o destino certo de cada uma das idas do trem a beirar as encostas; desde que utilizáramos alguém na obtenção do que nos faltava, prescindimos de apreender os vultos que viajavam identificadoramente, contentando-nos em perquirir à interposta face de V. . . qual o reduto de onde provinha a condução que acabávamos de ver, dispensando-nos de contar com os utensílios de nossa respectiva ótica, à maneira de quem prefere transferir a outrem, que o ajudara na tradução, e a bem da coisa traduzida, o privilégio de prolongar a leitura até o final, sob o correto pretexto de que, a duas vozes, se sacrifica a modulação da frase; além de merecer o coadjuvante – que, no mais embaraçoso, superava as tentativas do mestre – o prêmio de salientar-se perante o auditório de alunos, sequiosos do desvendamento do período; desejávamos, com a cessão, a V..., da receptiva de nossa lupa, impedir, em defesa da unidade visual do objeto, que o mesmo se registrasse em nosso repertório sob a ingerência de duas autorias, cuja disparidade de se conter dentro de nós, por motivo de as duas visões analiticamente se desencontrarem, não nos satisfaria o propósito de anotar o painel em sua uniformidade de ser; portanto, dada a frustração de nossa incumbência, ao olhar de V. . . deferimos o encargo de estabelecer, com a orientação do contra-regra que existe em nós, os apontamentos para o leve enredo a captarmos, de modo fisionômico, entre as idas e vindas do assíduo comboio; pondo em prática a transferência do observatório, daí em diante, sempre que a locomotiva, de regresso, despontava na primeira encosta, pedíamos a V. . . o nome do lugar abastecedor, e ao escutá-lo, víamos, num dos vagões, a figura que acenava em direção a ele, ferindo a neutralidade do painel para nos dizer que era exata a informação; se porventura ele não estava junto a nós, em conseqüência desfilava o cortejo como puro enigma, significando o conspecto de V. . . algo de imprescindível à substância do episódio; com um papel mais íntimo em relação ao estrado do que o exercido pela figura que nos acompanha à peça que será dialogada em língua estranha, da qual não conhecemos uma expressão sequer, figura que se senta ao lado de nossa poltrona, que na hora não nos traduz, em respeito aos vizinhos espectadores, as dicções que acaba de entender, fazendo-o depois do espetáculo, quando lhe é impossível recompor literalmente todos os sucessos da vocalidade, resumindo-se a nos expor as linhas essenciais do drama. A ajuda que V. . . nos proporcionava transcendia a mera função de esclarecedora do painel, vinha a ser parte do que existia no proscênio, porque um retábulo maior se abria quando o vulto lhe endereçava o aceno; nesse instante, sentíamo-nos como no divertimento da prestidigitação em que o agente, em comprovação de suas habilidades, convida a alguém do público para com ele urdir a peripécia; e esse alguém, sem se fazer relutar, deixa o assento e sobe ao tablado, removendo-se, assim, de sua posição de testemunha para assumir a de intérprete, mudança que nos desnorteia em virtude da desaclimatação de nossos olhos e das distintas ocorrências: a da platéia e a do tablado, as duas a terem, particularmente, regras inalienáveis, e com estas o divisor que representa a nossa efígie. Com efeito, o constrangimento que nos invade ao distinguirmos o recém-espectador em demanda do proscênio, resulta mais sério se o convocado à participação se situa junto de nós; nesse caso, ele é de nosso terreno, onde melhor se firma, no tocante aos olhos de ambos, a comunidade de sermos em platéia; desta se extrai, violentando o meio figurativo e em desapreço à parcela de nosso próprio vulto, o semblante que está aglutinadamente conosco. Certo de que, ao sentarmo-nos na última fila, obtemos um painel maior, onde se incluem o estrado e os que estão em cadeiras à nossa vista, e em conseqüência apto a apreender as mutações dirigidas pelo prestidigitador, a mais importante das quais é esta de inserir em seu elenco o rosto que viera tão-só para o presenciar, a fim de melhor compor a cena que exigira a interpretação de V. . ., sem incomodá-lo com o mais leve afastamento de seu vulto, recuávamos de nosso posto ao vermos o trem que reaparecia, de sorte a conservar sob o nosso miradouro, num único panorama, o painel que estampava no fundo o cumprimento do passageiro, e, em primeiro plano a efígie de V..., de costa para o nosso olhar, a responder, com o gesto da não, o gesto homologador enviado a ele e não a nós, na platéia.

2 – Assim como a V... transferimos a incumbência de descortinar o texto que se ocultava à nossa investigação, em certa noite recebemos de R... o encargo de, substituindo os seus olhos, ver a cena que ela temera contemplar: e com razão porque, mesmo a nós, que nenhuma consangüinidade tínhamos com quem quer do elenco, a infausta urdidura, ao ser descoberta por nosso miradouro, veio a nos infundir uma aliança de que nos supúnhamos isento, e o éramos, com certeza, no instante de aceitar a sensível outorga; mesmo se adivinhássemos o teor do acontecimento, não recusaríamos o préstimo de nossa visualização a quem demonstrava a nobreza de, renunciando ao episódio, poupar aos intérpretes o desalento de se verem observados por ela, em atitude onde só haveria a caridade pelos desempenhos e a insinuação de que existem espetáculos para olhos nenhuns; os quais devem permanecer estanques a todas as platéias, a fim de que os atores se não infelicitem ao notarem, neles, a lente de algum vulto conhecido ou estranho. Sucede, todavia, que há sempre, à espreita ou pela casualidade, um testemunho que dificilmente pára em si mesmo o afã de difundir-se que, até parece, consta da necessidade daquilo que se fez exposto; se porventura faltar esse alguém, de raro inclinado a deter em si a febre da divulgação, restam os vestígios do sucesso recém-representado, como o desarranjo dos móveis nos entrechos de conflito, como a figura que retarda a volta à residência e chega trazendo nas vestes a marca do que se abstém de dizer por manifestação da voz; sobejam, ainda, os próprios intérpretes que, mal saídos da desventura, e reencontrando-se em outras nominalidades, emitem gestos e silêncios que não se acomodam à impressão que deles guarda o perscrutador, doravante em suspeita de que qualquer coisa de naturalmente secreto se passara; e o perscrutador dispõe de meios para formular inúmeras hipóteses, das quais uma ou se aproxima estreitamente da realidade, ou a recobre como a verdadeira. A nossa estada em frente do episódio sob a abjuração de R..., torná-lo-ia mais desenvolto que se lá se pusera quem o evitava; a nossa presença, a mais do que uma simples outorga, era fator de emulação à espontaneidade impulsiva dos intérpretes; emulação advinda por nos apresentarmos indiferente e neutro diante do proscênio, como no entrecho dos indivíduos ante os quais a renomada figura, liberta da fama que a prejudicaria se se não conservasse incógnita na presença deles, permite-se extravasar o que lhe veda a glória; ao olhar desse homem que se vulgariza, as pessoas em redor o terão em equivalência aos demais, e assim sendo, os seus

gestos, movidos por extenso recalque, se alcançam o fundo interesse dos observadores, é que a imprevidência se lhe redunda maior que as cautelas; mas, se obtém o desinteresse dos circunstantes, é que soube aferir o transbordamento ao receio de, com ele, pôr a descoberto a sua identidade. Perante os nossos olhos, os atores que temera R..., se agitaram sem o mínimo constrangimento, contudo não deixamos de sentir de nossa parte a melancolia do desapreço, do desmerecimento que em geral se dedica, nessas conjunturas, aos mais profundamente anônimos; isto sob a forma de os olhares, registrando o nosso repentino comparecimento, e julgando-o inofensivo como testemunha dos esgares e da pequenez com que se aviltavam os protagonistas, restabelecerem, como se não existíssemos, como se fôssemos uma das peças do mobiliário, a teia de suas exasperações, tecida com insultuosas reciprocidades; até que um dos participantes abandonou o episódio, indo com ele a fúria dos comparsas, por onde concluímos ser o trânsfuga o central elemento de toda a justa, e os outros, que se dividiam em duas facções, confraternizaram em meneios ante o armistício que de repente imperara; despindo-se da anterior indignação, eles expressavam que esta não ia além de artifício oportuno para o agrado daquele que saíra. O painel da disputa se converteu no painel do fingimento, com a cumplicidade, inclusive, da secção oposta, que, compreendendo haver cessado o interesse dos antagonistas, do mesmo modo se apressara em desfazer o áspero desentendimento, à similitude de bacharéis que se engalfinham diante dos jurados, trocam doestos escarnecedores, e após o julgamento se divertem entre si, contam episódios de júri por que passaram, como a dizerem que os vitupérios não recaíam nas pessoas, eram do ritual e sobretudo imprescindíveis à boa impressão dos que lhes contrataram o libelo e a defesa; na distribuição da piedade, nenhum fragmento merecem as efígies que não souberam aliar a conduta nos bastidores com a conduta no proscênio – desde que há representações tão espessas que tendem a propagar-se, em ungida ressonância, no camarim e na habitação do intérprete – mas, unicamente àqueles que se não beneficiaram da pantomima cabe a nossa compaixão; tal a pena que descera de nós, indo ao vulto que, acreditando deixar a meio o combate entre os dois partidos, precipitou o final da refrega sob o alívio dos contendores; lembrando o entrecho a alegre desopressão com que uns soldados vêem na morte do chefe a preciosa ocasião de se renderem. Voltamos ao encontro de R... para reproduzir, com palavras, o texto que ela deferira aos nossos olhos, texto cujo significado nos fugia à compreensão, embora nos apresentássemos no papel de detentor de suas aparências, à maneira dos velhos copistas que, sem atentarem ao teor de seu mister, resultavam proveitosos pela simples tarefa da caligrafia; a exemplo, ainda, de copista que, descuidoso de reconstituir fielmente o original que possui às mãos, comete lapsos que nos séculos a virem serão aceitos como integrantes do pensamento em estudo, sonegamos a R... muitas coisas do acontecido, não por negligência de nosso miradouro, mas por efeito da caridade em eximir de sua receptação a farsa em que se envolveram rostos de seu devotamento; mas, qual não foi a nossa surpresa ao nos indagar se o vulto fugira crente de que o defenderam, se os rumores dos comparsas, em seguida ao desaparecimento daquele semblante, não teriam chegado aos ouvidos dele, tal o seu temor de se haver estragado a burla; e sem mais razão para omitirmos a parte desabonadora do depoimento, presenciamos o prazer de sua fisionomia, satisfeita com o desempenho de nossos olhos, destituída de piedade por esses mesmos olhos que se prestaram à mercê do engano, permitindo-se cumpliciar com um episódio que eles recusariam pelas intenções censuráveis. Desanimadora estada no seio do colóquio, com o demérito de pouco repararem em nossa presença, acrescido agora com o emprego, sem virtudes, de nosso olhar que tanto se comovera no momento de reproduzir o que programara; o mesmo desamor que, muitas vezes, atinge o intermediário, o mensageiro que se usa para levar além, em invólucro fechado, a missiva que aparentemente lhe não importa; mas que o ferira se a lera, e por fim, se o destinatário o rompe e lhe transmite o conhecimento do contexto, ele se constrange e se desculpa por ter contribuído para a molesta comunicação; contudo, a pessoa de R. . . nos valia tanto, em outros episódios ela se conduzira tão humanamente, que não nos conciliávamos com a idéia de sua última interpretação, parecendo-nos prematuro inferir em menosprezo de sua alma, e portanto iníquo deixar-lhe a residência sem antes colhermos de seus lábios a precisa coonestação do que ocorrera aos nossos olhos; antecipando-se a qualquer pergunta, sob o pretexto de que não nos permitiria ausentar assim repleto de decepção, ela explicou pormenorizadamente as causas que lhe impuseram a confecção do ludíbrio; revelou tratar-se de difícil cometimento, cujo desfecho estava a exigir a pantomima, em favor do principal intérprete que, de outra forma, seria amesquinhado inexoravelmente; existindo apenas, para consolo de sua mágoa, os meios de artifício que nos couberam como testemunha, puro domínio do engano de que também devêramos participar se porventura um dia conhecêramos, em intimidade, o vulto que fugira do interior da cena.

3 – As delegações do olhar, com que nos investimos, nem sempre ocorrem para conforto de nossa lupa, visto que, se alguém nos transfere a missão de observar, é em virtude de não poder, pela fragilidade da receptação, pelo extremamente sensível do afeto, suportar o desprazer de uma conclusão penosa, ou de um entrecho a mais de onde somente espera a continuidade da angústia; considerando que os nossos olhos nada têm a ver com os preliminares do sofrimento, neutros, portanto, para melhor anotar a peça, aquele alguém cuida não ser demasiado pedir à nossa ótica o exame do painel que lhe pertence como outorgante. Com que sofreguidão a efígie, que nos escolhera, precipita-se ao nosso encontro e nos indaga de tudo quanto se dera, não admitindo que ocultemos a mais leve minúcia, rigorosa em nos forçar a repetir, pelo receio de alguma

omissão de nossa parte; excepcional é o valor que assumimos perante esse vulto que nos leva ao âmago de seu domicílio, fecha a porta às mais honoráveis visitações, e ritualiza conosco o tema da insubstituível fraternidade; tudo para desencanto nosso que avaliamos o efêmero da conjuntura e a avareza do cotidiano que não nos concede a prerrogativa de olharmos, continuamente, painéis que sejam do interesse anímico dessa figura temerosa de perscrutá-los com a visão direta, proporcionando-nos, sem as pausas do esquecimento, o inconsútil de sua cordialidade. Às vezes, resultam mais tenras ainda as fragilidades da receptação, e ao escrúpulo de perceber com os próprios olhos, ela acrescenta o medo de ouvir as nossas palavras reconstituidoras, emitindo um gesto de impedimento ao suspeitar que vamos prosseguir, conformando-se com os termos que indicam haver-se efetivado o episódio, termos que pronunciamos recatadamente por compreendermos a dor, que seria, de ela escutar todo o contexto; conduzindo mais longe a timidez de ouvir, esse alguém, a cujo olhar nos obrigamos, resolve evitar as cenas em que nos inserimos, não tanto por afrontar uma nossa eventual imprudência em expor o sucesso, mas com a apreensão de que, à vista de nosso vulto, a sua imaginação se liberte a confeccionar uma versão possível do acontecimento; e quem sabe se mesmo à distância de nós, ele não tente destruir as probabilidades de, em sua memória, aparecer o nosso nome, afastando de si tudo quanto lhe possa trazer a existência de nosso vulto, enfim, efetue-se a tentativa do obscurecimento do nosso ser em sua vida. Em outras ocasiões, têm havido, com a pessoa que nos outorga o mister de ver em seu lugar, os painéis da indiferença quando o rosto se esquiva de passar ao duro episódio, sob a alegação de delicadeza da sensibilidade, mascaradora do pusilânime retraimento; após a efetivação da tarefa, nos dirigimos à casa do outorgante para lhe contar a captação de nossos olhos, segundo o combinado entre nós ambos, mas inutilmente perquirimos o seu nome ao indivíduo que nos abre a porta; lá não se encontra quem parecia cuidar somente dos informes em nosso poder, e, a uma indagação a mais, nos esclarecem que saíra a fim de ocupar-se de algum compromisso rotineiro, e que fôssemos à sua procura em tal ambiente, se o convite não importasse em incômodo ou perturbação de nossos afazeres; de posse da indicação do local, endereçamo-nos em busca do amigo, e aí chegando, alega-se que ele já se retirara, possivelmente para tal recinto onde, ao aparecermos, se repete o lema do desencontro, e por último, recolhemo-nos ao nosso domicílio na certeza de que, ou o arrependimento por nos haver mandado ao episódio, ou o acanhado desinteresse pela cena verificada, rege na hora o comportamento de tal figura; descaso que há-de ser mais explícito quando, semanas ou dias depois, ao permutarmos as saudações de costume, e impedindo que a prestação de contas se realize subitamente, expede aos nossos ouvidos uma novidade da ordem das que nos impressionam; assim, ao desviar de nossa cogitação o propósito de lhe reconstituirmos a urdidura, nos sugere a gentileza de não macular a sua alegria com a narração do triste cometimento. Por conseguinte, a posse do entrecho cujo conteúdo não se compusera para nós, suscita variações de ser perante nós, variações de procedimento que escapam às nossas profecias; conhecemos casos em que as decepções nos molestam, ao lado de outros que nos surpreendem para realce, em nosso repertório, do agente que não críamos nos compensasse a alimentação da lupa com o preço de humana e ardentemente escutar a explanação de nosso testemunho. Lembramo-nos de F. . . que se dedicara à Igreja por alguns anos, cumprindo minuciosamente todos os atos da devoção, inclusive o de confessar-se ao sacerdote que mantinha conosco as mais estreitas relações de cordialidade, no qual, grande pecador que era F. . ., depositara o segredo de suas abominações; por influência de terceiros, aliada ao seu penhor de corresponder, em questões de crença, aos ditames das pessoas de quem dependia, não que estas o forçassem a tanto, mas em virtude de sentir-se determinado a ater-se pelo molde de tais ascendentes, F. . . desligou-se dos compromissos com a religião, e insatisfeito por estar apenas dissociado dos antigos votos, sobretudo com o intento de agradar aos novos patrões – sem êxito aliás, portanto, se bem que agnósticos, eram indulgentes nas convicções de outrem – passou a detratar tudo quanto dizia respeito a dogmas e cerimônias da Igreja, preferindo para tal o uso de anedotas de escura vulgaridade, supondo no íntimo que, ao utilizar essa estratégia, ganhava duplamente na apreciação dos ouvintes: aderia à descrença e se tornava hilariante. Como tais figuras supõem nos outros as qualidades que lhes são específicas, veio a temer que o sacerdote, detentor de suas vilanias e aberrações do passado, as trouxesse em anúncio aos que privavam do virtuoso aprisco, abrangendo na criminosa desconfiança o nosso vulto que ele sabia não vê-lo com bons olhos; à maneira de castigo que ele mesmo se impusesse, inspecionava, intranqüila e sofredoramente, toda vez que nos retirávamos das visitas ao padre L. . ., se em nosso rosto havia algum vislumbre de realidade recém-descoberta, e o não discernindo, apenas adiava a inquietude para o dia posterior quando lá regressávamos, se é que o padecimento não ascendia ante a idéia de que o ex-confessor desfrutava, como ninguém, da mais ampla sociabilidade.

4 – A história em si mesma se adultera estruturalmente quando a pessoa, que a vem seguindo, se recusa a contemplar o entrecho da conclusão ou o episódio que de certo a afligirá, então transmitindo à nossa lupa o mister que lhe competia; isto porque os vultos participantes e o teor do enredo eram de seu íntimo conhecimento, e estavam a exigir, para a plenitude e unidade da representação, a sua permanência – a da pessoa esquiva – nos moldes plásticos até então existentes, e a mudança da platéia costuma deformar essa representação, ou dividi-la em dois compartimentos de ser. Assim como, ao relatarmos um acontecimento, ou expormos uma dissertação, suspendemos a voz ou substituímos por outro o assunto em causa, em

virtude de o interlocutor, que nos ouvia, ter-se afastado inopinadamente, surgindo em seu lugar uma figura que lhe não poderá fazer as vezes de escutante, por mais interessada que seja a propósito do acontecimento ou da dissertação, impelindo-nos a retroceder ao ponto inicial da explanativa, que de forma diferente não alcançaria ele a completa assimilação do que dizíamos; prevalecendo, portanto, a necessidade de coincidir, com o extenso de nossas palavras, a presença indivisível do ouvinte; de análoga maneira, o suceder de dois olhares sobre o desenvolvimento da história, redunda prejudicial ao ser dessa história em exibição, a exemplo do ator que, observando do estrado, ao meio do desempenho, que os espectadores de agora, reduzidos em número, não são os mesmos que assistiram o iniciar da peça, aí sente a inutilidade do esforço, tanto mais penosa quanto há de prossegui-lo, perante o conspecto dos recém-chegados. Se algum participante de acontecido fato, assiste à narração que do mesmo promovemos, a pessoas que se alternam no curso de nossa narrativa, esse ex-participante assimilaria o inócuo de sua existência como intérprete no seio do relato, pois que este unicamente se firma com a unidade perseverante de quem o escuta; em anexo a essa personagem, toda a urdidura que a envolve, a novela inteira, que se expõe a outrem, se fragmenta à medida que esse outrem deserta de sua posição, embora para substituí-lo venha a convocar o mais perfeito dos suplentes; arranjo que contraria a lei segundo a qual o existir do objeto se descolora, perde de intensidade, se interrompe ou se anula, não permanecendo jamais o mesmo, se lhe recaem olhos surdidos tardiamente ao encontro do espetáculo. Recordamo-nos de S.T... que precipitou o encerramento da aula, a despeito da satisfação com que a proferia, ao verificar que vários alunos presentes entraram no recinto depois de ter ele principiado a preleção; configurando-se, no gesto do preceptor, menos a repulsa ao descaso de discípulos, ainda menos a indelicadeza aos que lá se achavam – e essa última interpretação foi a adotada por todos que souberam do evento – do que a conduta natural, espontânea e obediente à lei da incolumidade da platéia, perante a qual ninguém deve sub-rogar em outrem a perspectiva que testemunhou nascer, sob pena de esta se esvair com a duplicidade ou multiplicidade de óticas. O protagonista reclama a unidade visual, isto é, todo o seu desempenho à vista do mesmo espectador, sofrendo diante da idéia de ser como se uma subtração houvera em seu vulto, ao notar que o comparecente deixou de seguir com os olhos o enredo em que tanto se esmerava; o nosso rosto vinha proporcionando a S... a conduta com certeza mais adequada ao tema da discrição, e tal êxito sentíamos no silêncio dele, o nosso observador; silêncio a nós lisonjeiro, porquanto vislumbrávamos no seu interior a harmonia entre a curiosidade e o gosto por nossa decisão de calar, após a série de preâmbulos, sem se diminuir a importância, para ele, do mistério posto sob nossa guarda; na hora em que devíamos manifestar a perfeição de atitude, inclusive na presença de uma outra face a quem não podíamos, sem duro esforço, recusar a confissão do segredo, que, se revelado assim, nenhum dano traria a S..., no momento de sobressaírem-se mais do que nunca as nossas qualidades de ator, eis que não vimos a efígie de S...; ignorante do estímulo representado na pessoa daquela face, e sem imaginar que ela experimentaria, superiormente, o acesso à incógnita, S... abandonou o ambiente a pretexto de não ter de demorar-se; em sua ausência, que era a do contemplador que nos interessava tanto, diluiu-se o nosso propósito de revelar o assunto agora recalcado em nossa mudez; faltando-nos a base da conduta, o assistente para cujos olhos preparamos os rodeios e desvios, necessários em quem temia a interlocução a dois, com as óbvias precauções a fim de que S... se não melindrasse com o intuito, faltaram-nos os meios de interpretação com que pretendíamos enfrentar a ambos os comparecentes. A presença constante do observador estimula no protagonista a fluência da representação, com o prazer de colocá-la integralmente na posse daquele que há-de, em recomendação, ou, mais do que isso, em depoimentos a terceiros, preservar a sua condição de ser em painel, garantindo-lhe, portanto, a própria existência que se desnatura quando os espectadores dividem entre si o encargo de vê-lo; com que sensação de perda nos dirigimos ao lugar onde haveremos de cumprir a exibição de um papel cujo significado já fora assunto entre nós e alguém de nosso convívio, como a pré-estréia em forma de considerações gerais, sobre o episódio que dentro de alguns minutos as ilustrará em mímica; episódio ao qual convidaríamos aquele alguém, se tivéssemos sabido da próxima efetivação, mas, sem meios de aviso ao necessário assistente, penetramos no palco à maneira do ator que, na ciência de ocupar a platéia um público inferior ao merecimento da obra, tem para si mesmo a convicção do inútil de seu melhor esforço, e, se chega a empregá-lo, deve-o, antes, ao público que há dentro de si, ao amor-próprio de não se deixar diminuir em qualquer conjuntura. No ato da representação, sentimo-nos como que manietado pela ausência de quem ouvira de nós os conceitos no momento transformados em peça: agora, a ocasião de realizarmo-nos é perdida, não obstante o oportuno de novo painel, com o qual esse interlocutor de antes haveria de manter, em relação ao nosso vulto, a viva e duradoura memória, a que conseguimos com a justaposição da figura ao nome. Esse interlocutor futuramente escutará de outra voz as opiniões que emitimos, se já não as escutou, e da soma dos dias ele não poderá dizer se fomos o autor das proposições em via de plástica, ou o foi outro vulto de seu repertório; talvez ele mesmo as inclua em seu próprio cabedal, adotando assim um esbulho que é freqüente quando o pronunciador de algo interessante e digno de impressionar resulta ser de posição modesta, isento de social relevo. Também se prescinde de levar avante o furto da sentença, com resguardo, portanto, da honestidade, quando há a alegria de, duplamente, erguer-se aos encômios dos ouvintes: soltando a frase que se ajusta ao instante, e proferindo, numa inflexão que revela orgulhosa intimidade, o nome célebre de seu criador, embora a máxima nada contenha de peculiar importância.

5 – A impossibilidade de munirmo-nos dos mesmos espectadores, prestimosos em acompanharem, do começo ao fim, as urdiduras de que participamos, convence-nos da verdade de que a trama de nossa vida se esfacela em apanhados, senão contraditórios, irredutíveis à obtenção do que realmente se dera conosco; bem estimáramos que houvesse uma acareação de todas as testemunhas e, em conseqüência, aparecessem as modalidades de como surgimos em tantos belvederes; desejaríamos indicar, para cada trecho de nossos desempenhos, a lupa que melhor se amoldaria a ele, numa espécie de salvamento tardio, no entanto ainda amorável, de entrechos por nós exercidos lá fora do aposento, aqueles que se verificaram em óticas estranhas, a cada passo, pois as visualizações imprórias costumam incidir no maior número de nossos desempenhos; há os olhos que nos acompanharam as primeiras mímicas, e ainda retomam, de intervalo a intervalo, os painéis que sobram de nosso cotidiano; os quais, então, bem pouco se revestem da significação que nos agradaria expor, no ato mesmo de esta mostrar, em clímax, a figuração que os comovera caso a presenciassem; essa mesma significação que, tudo indica, vigerá enquanto dispusermos de nossas atitudes, por ser um *leitmotiv* que, sem adulterar-se, se estende nas mais agrestes circunstâncias, existe apenas para o nosso exclusivo olhar, porquanto as testemunhas que parcialmente o viram, não receberam o bastante para se convencerem de nossa obediência às suas normas básicas; podendo suceder que um episódio ultimado em descontentamento de tais espectadores, com a respectiva hostilidade ao nosso nome, encerra, contudo, a mais estreita disciplina à regra que de há muito nos estabelecemos. Debruçando-nos em nosso repertório, se a lupa recai no ângulo desde o qual nos exibimos aos olhos de terceiros, verificamos que todo ele se perfaz de fragmentos de nosso ser alhures: de peças de tal maneira desajustáveis entre si que, se fosse viável a convocação de todas as efígies de nossa convivência, e em pleno conclave se lhes pedissem, a cada uma, o teor que encarnamos nos vários aspectos em que surdimos, os escrutinadores encarregados de colher as impressões se confundiriam na impossibilidade de em fio repor, e não em teia anfigúrica, o encadeamento dos painéis em que nos localizamos. Consciente de que as relações sociais contraídas são elementos de dispersão de nosso ser – na maioria nem sequer se darão à curiosidade de em nosso albergue se introduzirem nem de melhor nos conhecerem por depoimentos de interpostas pessoas, ou por meio de averiguações em nosso próprio vulto, sem que desconfiemos do perifrástico exame – o prazer pelos novos conhecimentos limita-se ao do protocolo das apresentações, e se redundam verdadeiras as palavras que emitimos no momento de ceder a mão, sinceras em virtude das boas qualidades do recém-vindo, esse júbilo ressente-se ante a idéia de que não aproveita, à constância de nosso existir em outrem, o interlocutor da presente ocasião; com o fato de possuirmos um belvedere a mais sobre o nosso semblante, ao contrário, agrava-se mais ainda

o desnorteamento em que estamos, à vista dos olhos que têm descido ao nosso contato. O apresentado de ainda há pouco, se porventura mantinha algum interesse em nos observar, não o leva ao extremo de imergir a observação no passado de nossa vida, onde talvez ele se deparasse com entrechos mais próximos do estilo de sua receptação; no entanto, as agudas análises não se efetivam, a despeito de nossos encarecimentos, tanto assim que o visitante, seguido do intermediário que o trouxe ao nosso aposento, ao fechar-se a porta às despedidas, não referirá de nossa figura senão um mero e convencional aparecer a seus olhos, um surgimento em seu olhar que nada estampa das nominalidades por que passamos; dera-se entre nós ambos um entendimento sem teor manifesto além do que se reproduz em todas as cenas de apresentação; no regresso, as palavras suas não denunciarão o desejo nosso de penetrar no recôndito de sua vida, de abrigar de seu pretérito, da seriação de seus episódios, as coisas que lhe acentuam a personalidade; as leves perguntas que lhe expedimos, visando à rotina doméstica, se bem fossem pequenas aberturas em seu repertório, assim não as compreendeu, supô-las pretexto para a ocupação dos minutos, quando, todavia, eram insinuações de boa e simples humanidade. A unidade de nossa vida, presente no transcurso dos retábulos em que atuamos quer na saliência de principal protagonista, quer na humildade de mero coadjuvante, somente se conserva ao nosso próprio olhar e nos instantes em que enuncia ao interlocutor um seio no qual, debruçando-se — como ao visitador as perguntas que lhe fizemos a propósito de nonadas de seu proceder — ele descortinaria os painéis a articularem-se uns aos outros, repletos de externações a lhe informarem que nenhum se isola em si mesmo: na forma do indivíduo que, ao entrar tardiamente na sala das exibições, a meio da peça que no estrado se desenrola, não reduz o interesse ao quadro com que se defronta, mas suspende o juízo no tocante ao ato, e à medida que ausculta os fatos em cena, habilita-se a subentender as inclinações dos caracteres, as condutas que os atores tiveram antes de ele adquirir o bilhete de entrada; tanto assim que, ao assistir à segunda sessão, recolhendo o que não vira, as coisas novas não lhe vêm com total surpresa, antes lhe parecem naturalmente homologadoras; as suposições ajustáveis ao nosso comportamento acaso nascidas no interlocutor ou na testemunha que nos observa, não são suficientemente poderosas, nem tampouco lhe seduz a análise de nosso currículo fisionômico, para que, ao lado de nosso miradouro que tudo distinguiu em nosso desempenho, venha a compartilhar da mesma posse, por intermédio dos instrumentos da ilação, esse interlocutor ou essa testemunha; se nos chega ao conhecimento a notícia de que houve tais suposições, a certeza de que não se intensificaram, demorando-se unicamente sobre o painel que as insinuou, posto que nos lisonjeie com a favorável conjectura, de logo nos entristece ante a indiferença externada à vista de nosso rosto. Raros são os temas que encerram tanta melancolia como o de alguém ansiar que o ouçam, de trazer na memória a série de suas externáveis confissões, uma a uma a nivelar-se de acordo com a ordem instituída pelo próprio dono – ordem necessariamente importante porque os painéis se ligam mercê das flutuações da nominalidade e não de maneira cronológica ou de conformidade com o gosto do escutante – e todavia não aparecer quem atenda a seus reclamos; também, é singularmente penoso ao âmago de quem confessa, sustar o figurante a sua posição de ouvinte e, uma vez acabada a interferência que interrompeu o precioso monólogo, voltar ao encontro do proferidor deste, sem aludir, como a solicitar que continue, à narração auspiciosamente iniciada.

6 – Consta de arquivo de nótulas o enredo da figura de L. . . que nos conclaves era menos disposta a ouvir que a dizer, cuja preocupação permanente consistia em divulgar as minúcias de seu cotidiano; acontecendo que este era escasso em sobrepor-se à rotina, o comum de seu repertório, diante das pessoas presentes, reduzia-se à repetição dos mesmos sucessos, razão por que os habituais comparecentes, enquanto ele falava, atendiam à intromissão de outras palestras; contudo, nem por isso, cessava imediatamente a dissertação, prosseguia nela sem mostrar-se ferido pelo descaso, procurando os olhos que estivessem disponíveis ao pouso dos seus; e se os alcançava, líamos-lhe a simpatia súbita por quem lhe não sonegava tão grande contentamento. Por havermos padecido de impiedades equivalentes, éramos os olhos que levavam a L. . . a alegria de se ver escutado; apenas, senão nesses minutos, sentíamo-nos o alvo de seu intenso deleite, porquanto se alguém se permitia acatar a súplice deprecação, a esse alguém ele transferia, no mesmo grau, o afeto que nos destinara antes, daí a sutileza de nossa mágoa em descobrir que nenhum privilégio nos premiava pelo muito de nossa consideração, e o convencimento, em que ficávamos, de nada lhe valer a pessoa do escutante, e sim a de quem quer que fosse; contingência esta que, no fundo, longe de ser inescusável, configuraria uma espécie de conforto ao ouvinte desnudado de afeições por mais que ele intente buscá-las, o qual, com a simpatia desse coração aberto e sem preferências, se compensaria de maus êxitos na prática da conversação; não era sem importância a efígie de L. . ., apenas necessitava da colaboração daqueles que, sensíveis à desventura do não poder expor-se, à falta de assistentes, o favorecessem como fautores indispensáveis para tanto; estes eram pessoas de condição social inferior à dele, a cujo contato, a honra de se investirem na convivência de L. . ., uniformizando suas atitudes sob o aspecto de silêncio contemporizador, vinha a propiciar ao vulto, que entre os seus congêneres não obtinha emulação, a atmosfera mais caroável possível à urgência de suas publicidades; cabia-nos a urdidura de entabular as conferências entre L. . . e os rostos colhidos na sociedade dos domésticos; ao fazê-lo, aliviávamos tais semblantes do viver sem se sentirem cenicamente preciosos, sem se notarem objeto de animosa visualização; tudo

a contento de ambas as partes, extintos os desprazeres pelo nexo entre os portadores de tais melancolias, aliança efêmera que os punha em felicidade após os duros cortejos de incompreensões, de descaridades agora espontaneamente esquecidas no enlevo da mútua contemplação. Muitas vezes íamos durante a noite às casinholas onde moravam as figuras que consentiam o contentamento de L. . ., e cada uma, ciente das íntimas relações entre nós e ele, demonstrava preferi-lo a quem quer que fosse; tanto assim que, mal respondiam ao nosso cumprimento, nos interrogavam sobre o paradeiro de L. . ., manifestando a necessidade de vê-lo e não propriamente de escutá-lo, que a agenda de suas vozes era muito exígua, mas o tédio, porventura conseqüente, não gerara estorvos à cordial combinação de verem e de serem vistos; quando L. . . estagiava em nossa residência, conduzíamos-lhe, de volta dos passeios, os rostos que conservavam de cor as narrações assiduamente proferidas, facilitando-lhes o ingresso na sala onde não compareciam sem a instância de alguém de nosso meio; instância maliciosamente utilizada por alguns que, tentando livrar-se da presença perturbadora de L. . ., haviam descoberto que ele desistia de forçar a cooperação da impiedosa platéia, se se defrontava com alguém daquele humilde público; das atas das reuniões, extraímos referências a um e outro vulto que, ao lobrigar a aproximação de L. . ., nos pedia que descêssemos ao pátio das pequenas habitações e de lá trouxéssemos quem acudisse ao árdego reclamo de nosso companheiro; não nos cumpliciávamos com o impolido procedimento, e nas ocasiões em que articulamos a L. . . os generosos assistentes, aí não se encontravam os chalaceiros, senão L. . . unicamente, que, despertando ao abrir-se da porta e reconhecendo em nosso acompanhante o verdadeiro anteparo de seus olhos, o requestava para o seu gozo exclusivo, num dos recantos da sala; enquanto a parte maior e mais convidativa do ambiente ele a deixava à disposição de súbita visita, mesmo nas horas em que não esperávamos ninguém, facultando assim à menor ou nenhuma probabilidade de interferição, o trecho mais confortável do aposento, prova de modéstia que nos comovia e o alçava em nosso repertório; as macias poltronas, o arejado da janela, a comodidade inteira ele a renunciava em benefício de inexistentes aproveitadores, em adequação que atingia os seus comparsas, pois que estes, desafeitos de todo à noção de agasalho, se atinham bem em ásperas cadeiras, e mais espontâneos no escaninho que lhes insinuava o emprego de mero sussurro e de gestos sem exclamação; afastávamo-nos do recinto, e do terraço podíamos ver o grupo a articular os entendimentos, a mímica das reciprocidades liberta das suplementações da voz que não nos chegava ao ouvido, nem o pretendêramos, por deleitarmo-nos somente com o exercício dos olhos: fazendo-nos lembrar as ocasiões em que, nas ruas de comércio, nos detínhamos a observar, pelo vidro das lojas, os semblantes que dentro se movimentavam sem os ruídos de suas agitações; breves enredos que nos agradaram como puras pantomimas, tal aquele que se desenrolou numa casa de perfumes no qual a cliente, depois de levar ao nariz inúmeros frascos, nenhum preferia senão o que retirara da bolsa e que aborrecera ao vendedor, de certo por não possuí-lo, tudo a se desenvolver em nossa receptação que, por efeito da vidraça, excluía de si os sons e os próprios perfumes; através da janela, o nosso miradouro sabia qual a história que L. . . comunicava porque as suas atitudes já as tivéramos nós, diretamente, por diversas vezes; mas, em seguida a outro silêncio, eis que se inicia qualquer coisa de inédito ao nosso olhar, um argumento novo que ele não nos dissera por julgar, sem dúvida, que excedia ao mérito de nossa atenção, e agora convinha ser relatado ante a presença de condigna platéia.

7 – Era um acontecimento da meninice que o gesto de espalmar a mão à altura dos joelhos nos indicava, tendo como coadjuvante da história a figura de um cão de igual maneira apresentado; apenas, a mão não se distendia horizontalmente e sim com os dedos sobrepostos segundo a mímica secular com que se mencionam os bichos no decorrer da palestra; dessa vez com particular afeição, em virtude de os olhos de L. . . se erguerem em movimento de ternura, todas essas impressões homologadas nos gestos ulteriores, até o final, quando um enorme indivíduo, e para cometê-lo alteara-se na ponta dos pés, veio a suprimir o animal a tiros de pistola; como a quase noite se pusera quente, desviamos o olhar para o terreiro a pleno céu, e lemos no arranjo das coisas expostas à meia luz o trabalho do dia seguinte, volumes imobilizados à espera de novo sol, tudo em informativo silêncio, possuindo cada objeto, no respectivo semblante, o anúncio de sua qualidade e de seu próximo destino; a modo de página mais pródiga em sugestões, os sulcos, na areia, do carro a vir em sua busca, da mesma forma que procedera na manhã daquela data; saímos a ver as pegadas no chão, cobrindo-as com as de nossos passos, num intento de assinalação de nosso próprio vulto que assim participava do apólogo das efígies; continuamos o passeio por uma das linhas paralelas, e em pouco divisamos a trilha no final de seu curso, e por ela infletimos até lobrigar o telheiro que era o de sua estação inicial, e dentro dela o veículo com as grandes rodas em atitude de quem descansa; do carro imóvel aplicamos a vista além desse ponto e enxergamos na campina os bois que o haveriam de arrastar, e retornando os olhos à cabana, pudemos verificar que os utensílios de transporte, a vara, o encerado de possíveis chuvas, eram prestes à utilização e subentendiam a presença do carreiro que ali não se encontrava, mas que nos parecia patente como se estivera; se nos permitisse o luar, não nos recusaria o solo a marca de seus pés, e seguindo-a, à maneira de quem alcança o significado após os exercícios da decifração, entre os muitos estampados na areia, reconheceríamos as do postilhão a terminarem no casebre de sua morada; no labirinto dos sinais, inserimos os de nossos pés, e ao regressarmos à casa-grande, acompanhamos a outra linha que não recebera os vestígios de nossos passos, rito fisionômico para nós e para

mais ninguém: alguma coisa diversa da simples assinatura com que o pintor autentica o seu quadro, era o registro de nosso vulto no local por onde passou, o qual, mesmo na hipótese de as pegadas persistirem por muito tempo, nenhum miradouro contemplaria a fim de reconhecer a existência de seu dono. A nossa lupa serve à identificação de outrem, assim trazendo-o às páginas do repertório, mas também ela se entorna sobre nós mesmo, salientando, com a claridade posta em nossa efígie, certas atitudes que não transmitimos porque ninguém as considera; entretanto seria de interesse equivalente ao do retrato, senão superior, a compilação dos rituais íntimos, os mudos espetáculos que só oferecemos aos nossos próprios olhos. Reciprocamente, desejaríamos anotar as cerimônias com que se investe cada um dos companheiros, dado que as praticam embora poucos em si as tenham descoberto, mas esses mesmos que não ignoram os seus desempenhos reclusos, cerram demasiadamente as cortinas do palco, deixando apenas a um raro perscrutador a liberdade de abri-las, se bem que aos olhos do piedoso constrangimento. Com efeito, não se ressentiu de outro afeto o olhar que estendemos ao último visitante de L. . ., o qual, saindo a desoras pela vereda que o conduzia ao mocambo, veio a cruzar conosco sem contudo nos vislumbrar, e nos gestos soltos das mãos lemos o plágio de certas atitudes de L. . ., insistindo nele, a falar sozinho a linguagem fisionômica de há muito em nosso entendimento: aquela que L. . . adotava para exprimir, sem nunca se fatigar, um repetido acidente de seu cotidiano; detivemo-nos para não interromper a versão de esbulhada autoria, caridoso testemunho que o próprio L. . . admitiria sem queixa, porquanto ao original resulta sempre lisonjeira a notícia de que alguém o toma por molde de quaisquer de suas singularidades; L. . . se recolhera ao quarto, e não vimos no semblante a réstia do júbilo que lhe iluminaria o pensamento de saber-se, não o amigo excedente que os acompanhantes evitavam sem sequer encobrirem as intenções, mas o ator que podia contar com um público rigorosamente fiel, que, além de ouvi-lo com toda a consideração, após retirar-se da platéia, repetia, com a figura, o desempenho que lhe parecera mais significativo à alma e ao gosto. Aos habituais freqüentadores que no consistório, em relação à pessoa de L. . ., manifestariam agrado por sua ausência, ou desagrado ao vê-lo entre os presentes, era lícito que lhes disséssemos da indigência de seus rostos no tocante à ventura do contagiar, pelo menos no domínio da experimentação a que se submetiam no laboratório de nosso belvedere; eles, os vultos impróprios, não se punham na rubrica da transferência dos gestos a outrem, por motivo de suas condutas no tocante a L. . .; no jogo dos aproveitamentos, que auferimos na observação, há atitudes, inerentes à face, que nos impossibilitam à prossecução de suas conseqüências: impeditivos morais que as tornam excluídas de nosso interesse, podendo verificar-se a recusa a contarmos com o seu desempenho, à guisa de uma sanção mudamente imposta a quem não soube merecer a completa curiosidade. Há ainda a circunstância de seus gestos – circunstância que dificultaria o emprego de tais rostos, se porventura lhes concedêssemos o esquecimento de ofensivas vulgaridades – nada nos terem sugerido, ao menos até então, que possa elevar-se ao valor de tocante enredo cuja perfeição nos exige – como nos teatros de difusão religiosa em que, afora a desenvoltura dos atores, se pedia a boa qualidade de seus costumes – a simpatia isenta de restrições; dessas mesmas restrições que ordinariamente não interferem no juízo formulado a respeito da obra por quem não testemunhou o mau comportamento do modelo para com o artista; mas que volta à lembrança deste ao contemplá-la onde quer que a encontre, porque foi em determinado trecho do desenho que uma palavra acerba o obrigou a interromper, a diminuir ou a acelerar o esforço da mão, um quase nada a ferir o deleite da contempladora lente; porém o autor estimaria que não houvesse o quase nada, que todas as ocorrências acontecidas desde o nascedouro ao término da fatura, fossem dignas do alto mister de sua concepção e da disciplina com que se houve, afirmadoramente, a matéria que utilizara. Se revelássemos a L. . . o produto das observações, mesmo não as compreendendo, receberia, sem comentários, o teor do relatório, e, de certo, com vago contentamento por se sentir em nós, inclusive quando separado o seu vulto de nosso miradouro; mas as efígies da obtusa trivialidade, estas nos responderiam com os termos e os momos já de nosso conhecimento, pouco lhes servindo que tivessem ocupado a lupa de nossas investigações.

8 – Junto ao capítulo da personagem que, estando sob os nossos olhos, contudo a excluímos de participar da cena, insere-se o do retábulo da visita à residência de S. . ., quando todos tínhamos a certeza de sua morte, aliás sucedida na tarde posterior à do nosso comparecimento, visita que nos obrigava a extremas delicadezas; entre estas a de não demonstrar ao moribundo a extinção próxima e fatal de seus dias, sem ele divisar em nossa conduta a saliência da tristeza ou o destino que o aguardava, tudo através de excessivo labor no fingimento. Graduaríamos o nosso papel conforme a impressão que ele mesmo possuía da doença, situação tanto mais difícil de enfrentar quanto o próprio enfermo, depois de pioras e melhoras sucessivas, a nenhuma conclusão chegara a propósito da virulência da moléstia; e a hora da visitação coincidiu com a tranqüilidade que lhe seria a última, em condições, portanto, de aferir sobre a sinceridade de nossos gestos, de nada perder de nosso desempenho; tal espectador unia à lucidez da mente as prevenções de seu íntimo critério, à maneira do inesperado assistente que, testemunhando o enredo em torno de um assunto por ele vivido em realidade, mais do que ninguém senhor da natureza das diversas conjunturas, desconcerta os protagonistas, pelo receio, que têm estes, de não homologarem as exigências do legítimo conhecedor e figurante; o convencimento da inabilidade para corresponder à mais auspiciosa de suas autodeduções, tolhia-nos os passos diante do aposento, no qual tudo era silencioso, ao inverso do que esperávamos, porquanto ha-

víamos pressuposto a idéia da agonia sincronizada à de torturantes lamentos, a despeito de a morte apresentar-se geralmente muda e os circunstantes sustarem as vozes pelo menos até o instante em que o enfermo se mostra capaz de ouvi-las. A surpresa do silêncio, longe de nos proporcionar alívio pela oposição de distinta atmosfera, veio a destruir todas as preparações de nossa mente, e inúteis foram os ensaios a que nos déramos para o bom êxito; inclusive, os de nossa sensibilidade, os treinos para o não sofrer muito, que exercitamos bem antes do momento em que nos trazem o anúncio funesto, e cuja forma primeira é a do habituarmo-nos ao pensamento do que há-de nos surgir perante os olhos; mas dessa vez, a idéia dos gemidos não se ajustou à veracidade do agonizante em completa mudez, nem de nenhuma parte se infringia a norma de ser em silêncio, todos os vultos a obedecerem à condição de estar que lhes impunha, sem pedir, o corpo imobilizado de S. . .; à mesma norma haveríamos de atender como um silêncio a mais no painel do falecimento, cuja liturgia reclama que o transportem além do umbilical recinto, como na vizinhança os moradores que passam a falar surdamente e cerram as caixas de música; às dificuldades de desempenho diante do olhar de S. . ., articulou-se o contrafeito de nosso semblante por motivo da quietude que não computáramos, embora a calmaria favorecesse a ternura de tratamento com que confortamos os minorados no desespero; contudo, não a incluíramos entre as disposições que de nossa residência à do enfermo urdimos em favor de suportável recepção por parte de S. . .; afora isso, os fatos do momento não nos facultavam a repentina mudança de propósitos, de maneira que, em lugar do simples aparecimento de nosso vulto a quem, segundo imaginávamos, já era desprovido de visão, haveríamos de pronunciar frases inteiras que lhe fariam bem se acaso ele as entendesse, tudo sob o peso da idéia de que as suas horas iriam terminar dentro em pouco; no interior da casa de S. . ., estabelecera-se um palco onde o principal protagonista era recluso aos olhos dos demais figurantes que, postos ao longo do corredor e no recinto que se aliava à rua, se comunicavam por meio de gesticulação e através de palavras próximas ao ouvido, nenhum desses participantes a esboçar atitudes que não estivessem sob a regência daquele ator inabilitado ao mais ligeiro comando, mas que a tudo modelava pela mera natureza de sua presença, pelo teor de significação, de nominalidade, de que se investira; obediente às determinações da efígie oculta, desistimos de ficar junto a ela, apesar do interesse que por nosso comparecimento manifestara dias antes; assim, localizado entre as figuras que, pela janela, se mostravam aos passeantes do exterior, dividíamos a atuação, ora perfazendo o papel de comparsa do episódio, ora acompanhando a curiosidade com que os da rua se prendiam ao entrecho em causa; na aliança com a ocasional platéia, sentíamos de logo a impressão que lhe proporcionava a janela aberta: impressão de que a morte não se anunciava, mas já se fizera, em termos fisionômicos, de acordo com a característica do velório; esta se resume em expor, à franquia dos que passam, o sucesso que vem de ocorrer e até então adstrito à intimidade de alguns, que atribuíam, à imobilidade do coração, o sinal para o liame das condolências, depois indo estender-se ao público o nome da funeralidade; às vezes sob aspectos em que se unem a sincera tristeza e condimentos de prontidão objetiva, como os que promoveram, ao verificar-se a morte de S. . ., os familiares que até o instante se eximiam de abertamente tratar das conseqüências póstumas, no intuito de não banir de outrem um resto de esperança no restabelecimento da saúde, ou de não acentuarem em si o relevo do padecimento; cada um dos familiares, sobrevinda a extinção de S. . ., aprestou-se em efetivar as providências do enterro: este, a extrair de dentro do armário as meias, aquele a retirar do guarda-roupa as vestes, aqueloutro a munir-se de instrumentos de limpeza, todos esses objetos previamente reservados para aquele fim, em ordenação de tarefas e de iniciativas que lembrava o frio encarecimento no tocante aos mortos que se não estimam; as personagens da vizinhança, ao verem a janela aberta, diziam que a morte já se configurara, havia mesmo impulsos de entrar e emitir os pêsames, expressões que nos cumpriu evitar enquanto ali permanecemos, indo ao peitoril para dizer aos indagadores que não acontecera o esperado evento; por conseguinte, ilegitimando a teia do velório como o azulejo precipitado de sua posição autêntica e que o zelador do museu, sem maior exame, coloca em indevido lugar onde se misturam azulejos de outro tipo, mas que resulta menos impróprio caso o pusesse na galeria das esculturas; as informações que prestávamos, eram a emenda que muito pouco aluía o grau de tristeza dos inquiridores, porquanto as fisionomias que eles observavam, expunham a equivalência quanto ao luto que cerca o velório, bem depressa homologada pelo sacerdote que apareceu a fim de repor, definitivamente em seu local, a despeito de o tempo não o haver concretizado ainda, o painel que a rigor representava o que era o equívoco dos passeantes, a morte antecipada de S. . .; abstivemo-nos de retificar as supostas imaginações, voltamos à plenitude de simples ator, cujas conexões com a platéia se reduzem ao deixar-se ver, desse modo colaborando para a versão do retardamento do enterro, retardamento que traria sem dúvida o espanto aos transeuntes; mas também lhes infiltraria a conjectura de que, como de ordinário sucede nos sepultamentos que demoram, a pessoa de S. . . se cobrira de importância não exteriorizada ao viver; que sem dúvida os parentes aguardavam a vinda de algum ente distante, a essa hora sob o desespero de não mais despedir-se, espécie de adorno fúnebre em benefício da memória de S. . . que, afora os de sua habitação, não possuía a ninguém passível de incomodar-se ao longo de comprido trajeto.

9 — O espectador, que existe em nós, fez acrescentar a suas observações em casa de S. . . o fato de nossa ausência junto ao leito do agonizante, embora ele houvesse reclamado o nosso vulto que então lhe propinaria o conspecto derradeiro, depois dos inúmeros

que um velho convívio pôde ministrar; ocorrendo que em nenhum dos encontros nos acudiu a idéia de que nos avistávamos pela última vez, quando agora a ocasião nos oferecia a oportunidade dessa investidura, de ser em desempenho ante os olhos que nunca mais nos captariam: adeus consciente e fatal que entretanto não chegamos a proferir, sob pena de trazer o moribundo à convicção do que estaria a representar. Preferimos, com efeito, em lugar de nossa aparição desajeitadamente comovida, e tanto mais indisfarçável a comoção quanto, mesmo na agonia, talvez despontasse o agudo de suas perscrutações, preferimos que ele, ao notar a demora de nosso comparecimento, concluísse dela não ser tão grave a afecção que o corroía; porém, o humano de nossa delicadeza veio a expor-se inútil diante do surgimento do sacerdote que ele não pedira, e cuja presença provavelmente o aterrorizou, de tal maneira temia a morte, apesar de interferirmos em favor de sua tranqüilidade, indo ao religioso e ponderando-lhe que dissesse ao enfermo que ali se apresentava porque soubera, só então, ao passar na rua, que ele adoecera; que se tratava de mera visita, que tudo fizesse para, sem prejuízo da sacramental essência que leva à absolvição, não introduzir na mente de S. . . a verdade de seu próximo falecimento; respondeu-nos o sacerdote que infelizmente não atenderia às precauções de recato, isto pela razão de S. . . jamais o ter conhecido, e assim sendo, nada justificava a sua participação no recinto que não o próprio ato de promover-lhe a contrição das culpas; encerrando o piedoso mister, depois de sair o padre em cujo rosto, afeito sem dúvida a tantos painéis desse gênero, não traduzimos como deixara ele o semblante de S. . ., estendemos o miradouro à mudez que partia do quarto, ao silêncio que era o mesmo de ainda há pouco; todavia se envolvera de aspecto novo e inquietante ao nosso espírito, por ignorarmos se a litúrgia do sacerdote fora bastante persuasiva para demovê-lo da descrença, se a súbita fé lhe fizera calar o terror da morte; ao contrário, computando o nosso conhecimento de seu pavor de extinguir-se, líamos, da mesma forma, no peculiar silêncio, a vitória do medo sobre a eventualidade da salvação, e mais pesaroso ficamos ante o possível desse escuro pensamento: desse morrer da pior morte que se lhe podia destinar, sobrevindo-nos o ânimo de remeter ao aposento uma das figuras que, na hora, corresponde ao desejo de quem necessita de aprovação, da boa cumplicidade com respeito à idéia que o incomoda à falta de anuência; a qual figura, contando-lhe, entre risos, que conversava na condição de médico, o convidasse para uma excursão no mês vindouro, em data certa e com todos os pormenores do apronto, a fim de que não desconfiasse das intenções do visitador; mas o elenco, de que dispúnhamos, nos desfavorecia o propósito de consolação, nenhum intérprete existia a quem encarregássemos da ilusão derradeira, aumentando o nosso padecimento em virtude da impossibilidade de meios em favor de seu alívio, unindo-se a essa perturbação a vaga de remorso pelo debalde de nossa presença; despedimo-nos dos circunstantes, e nos dias ulteriores a memória nos reconstituiu cenas de passados encontros com S. . ., detendo-se nesse interno contemplar por havermos, na ausência de anúncio de sua morte, descurado de vê-lo e ouvi-lo com o ânimo de perdê-lo dentro de algumas semanas, modo de considerar a que faria jus o sucesso do perecimento; no entanto abstraímo-nos de sua aplicação como se fosse prorrogável ao nosso bel-prazer, ou mesmo prescritível, a data do maior acontecimento, que no cotidiano assume bem escasso relevo, inferior ao dedicado ao homem que, dizem, será, no ano próximo ou em época ainda mais distante, e sujeito às flutuações das contingências, o portador de alto relevo social, e que, sem embargo de tudo, estabelece em seu redor uma aura de veneração, todas as lupas recaindo nele ante a vigência do fato a vir depois; por não sermos, no concernente à morte, igual aos aduladores de futura autoridade, separamo-nos de S. . . como se ele não se aluísse nunca, e no ato da separação nem sequer nos tocou o pensamento de surdirmos mais estimável aos seus olhos do que fôramos dantes; isto não somente para gozo de sua sensibilidade, mas sobretudo em proveito de nossa efígie no teor de seu repertório, a mais bela dádiva que lhe reservaríamos para o término das oferendas do apreço; fórmula comum com que presidimos a seqüência das afabilidades, entretanto ausente na hora de afastarmo-nos de S. . . que, falecendo, deixou de alçar consigo, junto à morte fisionômica de nosso corpo tal como vivia nele, o gesto nosso que nos acrescentaria em seu álbum; pois que nos preparamos, sempre ao percebermos o fenecimento do caderno que nos estampou em seu conteúdo, a acompanhar esse alguém em sua morte, utilizando-nos do viático dirigido a seus últimos momentos, o nosso rosto a participar das antecipações fúnebres em que choramos de nós mesmo em outrem. Lembramo-nos de ocorrência antiga, da qual somos sobrevivente com a figura de O. . . que não estima as vezes em que nos reportamos ao fato; isto porque o seu procedimento estivera em desacordo com a situação de N. . . às vésperas da morte, a quem o apresentamos com o aviso prévio de sua enfermidade; mas a pessoa de O. . ., solícita em ressaltar as grandezas de estranhos, não as possuía para mostrar a estes: em presença de N. . . fez alusões diretas ao mal que o consumia e que o mesmo doente ignorava; não críamos na necessidade desse esclarecimento a N. . ., além de supormos que nem os trêfegos incidiriam em tamanha asperidade; quanto a O. . ., pôde tardiamente, mas sem nenhuma possibilidade de reparação, sentir o maléfico de sua conduta desacompanhada de qualquer outra no repertório de N. . ., desde que foi aquele o primeiro e único encontro entre os dois; assim sendo, o vulto de O. . ., ao morrer de sua morte fisionômica no dia em que o seu detentor desapareceu para sempre, deixou-se extinguir em irretratável erro, e o arrependimento que demonstra ao repetirmos o painel, é o luto de si mesmo que o tarja perante o nosso miradouro.

Capítulo 2

1 – *As nótulas alusivas ao festejo de R. . .* 2 – *Sermos em outrem.* 3 – *O retábulo do fingimento.* 4 – *A nossa imagem no devaneio de outrem.* 5 – *A propagação.* 6 – *A senilidade de L. . .* 7 – *Existirmos em alguém.*

1 – Ao festejo em comemoração às núpcias de R. . ., sobrava figurativamente a pessoa de T. . ., vítima sem dúvida de apreensões recentes e mal dissimuladas na mudez do semblante; quanto às flores que trouxera, diríamos serem mais consentâneas ao fúnebre da aparência do que ao regozijo pelo aniversário a que comparecera sem consultar antes as regras, os ditames do próprio rosto; se fotografássemos o consistório dos convivas, e depois expuséssemos da estampa somente o recorte de seu vulto, a quem o exibíssemos, fora dos demais participantes da cena, afirmaria tratar-se de algum semblante em velório, tal o desarmônico de T. . . no ambiente de claras vozes e de cordiais alegrias. Talvez que a mera circunstância de apontar-se o discordante aspecto de T. . ., mesmo com o intento de eximi-lo da tristeza, fosse um descobrimento incabível na sala do espontâneo prazer: o certo é que ninguém cuidara de fazer ruir a constrangedora presença, e de nossa parte o meio não nos favorecia a, de logo, retirá-lo da destoante representação, movendo-o a aliar-se, como todos nós, à atmosfera da risonha camaradagem. Do arquivo de nótulas correspondente a passagens anteriores, nada consta com referência à causa de sua atitude, ao inverso, existem alusões e intuições que nos convencem de sua liberta disponibilidade a aderir ao desempenho unânime, entre estas, a de pertencer à árvore da família de R. . ., bem como a de

desfrutar do afeto de todos os comparecentes; contudo, rebuscando as fichas de determinado episódio, sob a regência de T. . ., havido posteriormente à comemoração das bodas, deparamos com um verbete relativo à procedência de sua conduta àquela data, ao qual se prendia o nosso próprio nome, considerado por ele como o responsável por seu acabrunhamento, não obstante ainda hoje sentirmo-nos sem culpa no dano acaso infligido à suscetibilidade de T. . .. Na seqüência dos painéis, várias manifestações de desconcerto entre o protagonista e o teor do retábulo provêm da indisposição do primeiro em face de nosso miradouro; conjuntura esta que nos informa depender a neutralidade da participação em nós, além da positiva receptividade de nossa lupa, também da liberal licença em deixar-se ver por nossos olhos; de maneira que a reciprocidade costuma converter-se em antinomia, talvez menos por efeito de nossos rigores do que por motivo de severidades que nos são impostas. Nesses casos, os prejuízos decorrentes de contrafeita participação, originam-se da contigüidade de nosso observatório que, na insciência da deterioração que vem a causar à concórdia da urdidura, não se lembra, antes de estabelecer-se o ritmo da tertúlia, de recuar a um ponto qualquer de onde, oculto à vista de todos, possa registrá-los no explícito de suas atitudes, em pleno desempenhar-se consoante o sentido que a distância não nos permitirá entrever, se oriundo de palavras; entretanto, o painel isento da certeza de estar ali o nosso miradouro, oferecer-nos-á o laboratório de gestos cuja unidade, variando à medida que muda o centro das atenções, há de incutir, em nosso discernimento, o enredo ora fluente ora intervalado, segundo o modo de proceder dos atores no conjunto da cena; às vezes, os intérpretes abandonam os subtemas que desenvolviam à parte e se incorporam ao tema, ao nome envolvedor que lhes dita um dos comparecentes; após a uníssona representação, retornam eles ao parcelamento de suas conjunturas, que nem sempre se demoram em tal estado, acontecendo fundirem-se algumas, enquanto restam outras na rigidez de pequeno conciliábulo; quando o nosso rosto contribui, com os demais, para a configuração do episódio, passando pelas fases diversas que o ondeiam, ele costuma, pela indigência de sua força atrativa, se recolher à soledade, em monólogo com que se habilita a anotar, para a sobrevivência que os mesmos intérpretes não suspeitam, a efêmera participação de ordinário irreconstituível em suas memórias como desejaria o almo hospedeiro que os convidou à solenidade. Na hora das despedidas, o delicado anfitrião reservará para os atores mais brilhantes, aqueles que foram incansáveis no avivamento do episódio, os adeuses mais ternos e os abraços mais estreitos, enquanto ao ser que em silêncio fixara todo o transcurso do painel, ele destinará a menos calorosa das saudações, às vezes o cumprimenta com uma sobra de gesto no instante aplicado, em fervoroso atrito, a algum outro dos figurantes; não imagina que os seus sobejos apertam nesse momento a mão daquele que reterá, como quisera o descuidoso amigo, a cena de tão justa fraternidade; e de resto as suas efusões seriam mais pródigas se soubera ele que o mais humilde dos atores chega ao extremo de, em casa, escrever, no caderno de nótulas, o geral e o particular do que vira por ocasião da festa: modo de corresponder à lembrança do convite, o qual difere fundamentalmente da conduta dos carpidores ao saírem do funeral em que tão bem se houveram. Ao retirarmo-nos da festa de R..., não recebemos o apreço que a muitos foi devotado, a T... inclusive, que, pretextando a urgência de estar em seu domicílio, mereceu a solicitação de lá regressar ainda na mesma semana, especial deferência talvez em virtude de sua partida isolada, sem o tumulto que impede a presença de fiéis observadores; mas, agora, entre os apontamentos do arquivo, consignamos um verbete insatisfatório quanto à regular composição do painel; o qual, para nosso desalento, conforme depois vimos a conhecer, não se dera se por acaso desatendêssemos ao pedido de R..., se não fôssemos ao local do festejo, ou se o víssemos sem que ninguém do recinto nos lobrigasse o rosto; as recepções de nossa lupa se não fazem necessariamente para o só deleite, antes devemos confessar que a dose das alegrias é muito inferior à abundância das indiferenças e dos descontentamentos; se R... e os convidados existem exclusivamente em nós por unicidade de nosso miradouro, acompanha-os, nessa entrada em nosso ser, o vulto de T..., desejoso de não inserir-se em nosso olhar, escorço fisionômico do acontecer em nós, apesar deles.

2 – Os aparecimentos constantes de E... ao nosso quarto, ofereciam uma série de representações cada vez mais curiosas, todas elas adstritas ao desempenho de aguardar uma explicação de M... que nos escrevia com assiduidade; a quem, a pedido do primeiro, fizéramos determinada indagação, e, à procura da resposta, surgia E... diariamente em nosso domicílio, portanto, menos no interesse de nos visitar do que no de nos interpor entre a sua sofreguidão e a pessoa ausente a muitas léguas. Informara-se da hora precisa em que pusemos no correio a carta com a solicitação, medira o trajeto e as demoras correspondentes, com um rigor que nunca incidiu nas malas postais, começando a freqüência em nosso endereço a contar do instante em que deveríamos receber a ansiada resposta, que não atendeu a suas profecias; porém, a inquietude ascendente de E..., longe de nos enfadar, proporcionou-nos a galeria de esplêndidas manifestações da figura, a ponto de desejarmos o extravio do carteamento; ao meio-dia apresentava-se E..., competindo-lhe a iniciativa de ingressar em nossos olhos que – à guisa do espectador real, em cujo recinto se expunham, com a naturalidade de sua arena, os pelotiqueiros que só assim habitavam a soberana ótica – desafeitos à continuidade de tais visitas, e isentos de se haverem, antes, defrontado com E... no modesto paço de nossa residência, em lugar de encômios ao ato da presença deste – que ele os não entenderia se os pronunciássemos, como aos saltimbancos na faustosa corte pode o príncipe silenciar o agradecimento, porquanto a conjuntura de serem no palácio já lhes

confere, segundo ele, o incomparável prêmio a vidas tão acessórias – lhe davam a muda compensação de ater-se ao nosso álbum, que E. . . diferentemente não alcançaria, em virtude da escassez de afeto a nos articular a ambos; valíamo-nos agora de nosso papel de interposto vulto, sem perdermos um *rictus* de sua efígie ante o nosso gesto de que missiva nenhuma nos remetera M. . .. Ser em nosso repertório malgrado a ausência de afeição, não nos parecia lisonjeiramente obsequiador, mas nos sentíamos bem ao nos vermos no repertório de outrem, no mero ato de existirmos nesse outrem que prazer algum demonstrava em nos incluir em suas lembranças, grato e confortador convívio até mesmo se, em vez de nosso rosto, é o nosso nome que nos substitui na frágil existência, mas existência ainda; os jograis, ao saírem da lupa realenga, tateavam na algibeira as moedas que se lhes vinham de atirar, contudo, a satisfação que conduziam de volta, não se originava propriamente do valor do dinheiro mas de haverem estado na lente daqueles olhos; e as moedas, que apalpam a caminho da residência, almejam não gastá-las porque se contiveram em perpetuáveis mãos, sendo-lhes melhor que se revistam de litúrgica da infungibilidade, sob o rótulo de terem procedido da pessoa do rei. A princípio eram mais prolongadas as visitações de E. . ., porém, após a primeira semana, encurtaram-se paulatinamente, propiciando-nos os meios de pressagiar o dia em que, enfarado de tanta espera, não mais nos penetraria o aposento, indo a limitar-se com indagações através da janela, para depois emudecê-las e riscar do intuito a imerecida presença de nosso semblante; na verdade, tudo se operou segundo os prognósticos: desaparecemos de sua visualidade; mas, enquanto se abria a porta e ele restava em nossa lupa, se nos incutia a rotineira satisfação de verificarmos que a sua demora e os assuntos da palestra se reduziam em comparação aos do último contato; com o propósito de não perdermos a experiência que se oferecia, nenhum plano idealizávamos para reforço dos assíduos entendimentos, como o convite, que lhe estendêssemos, de continuar as nossas dialogações à base de outros pretextos, sugestão que, na certa, lhe competia em virtude de ser ele quem nos ocupava e deveria, portanto, coonestar o interesse de agora com promessas de futuras disponibilidades; privado de inteligência afetuosa, ele, sem tentar supri-la com processos de qualquer natureza, agravava a indigência de sua sociabilidade, como na ocasião em que, já crente de não mais vir a resposta, deixou um embrulho em nossa mesa para buscá-lo depois, à hora habitual; porém, no aprazado instante, em vez de pedir a devolução do objeto, alegou não poder transportá-lo naquele momento, repetindo-o na data ulterior, agora na calçada, até que incluiu num só desapreço a visão de nosso rosto e o volume colocado sobre o móvel; à semelhança facial das moedas que os pelotiqueiros mantinham não obstante a necessidade de convertê-las a gêneros, o embrulho esquecido por E. . . veio a outorgar-se da efígie de seu dono, adquirindo, em sua banalidade, a feição daquela presença que se desfizera; assim como os descendentes dos pelotiqueiros, os quais, na ignorância do que virtualizavam as moedas, se incumbiram de pô-las em circulação, restituídas ao mero valor de permuta, retiramos da mesa o pacote de E. . . e o expedimos ao seu âmbito, ao mesmo E. . . que o olvidara sem saber que, nessa atitude de abandono, ao mesmo tempo que se desprovia de algo de si próprio, alcançava-o bem vantajosamente no domínio de outrem, no caso os nossos olhos que, por várias semanas, o viam, a ele, o embrulho, na consubstanciação de todo o enredo entre nós e o vulto solicitador; na posse do objeto, E. . ., sem dúvida, o jogou no acervo das coisas imprestáveis, ou no monturo a ir ao fogo no dia seguinte, ou o deu a alguém que, sem dedicar maior estima, o depositou como se o incinerasse; entanto, salvo nas ocasiões em que unimos, ao objeto a se desprender de nós, o pensamento de que seguimos nele, em geral descuramos de ungir as dádivas, as oferendas, enfim, a quase tudo que se separa de nós, com a liturgia de pensá-los como delegação de nosso vulto; quiséramos que tais elementos, em que somos virtualizado, os reconhecessem os olhos porventura neles recaídos; que tais olhos identificassem no insípido objeto a existência de nosso corpo, como se estivesse gravado em cada uma dessas figuras o nosso nome, a exemplo do livro que nos pertence e desapareceu, mas nos volta por intermédio de pessoa estranha que alhures o encontrara e nos lera a assinatura; após a saída do intercessor, ao revermos a página com o nosso nome, não é sem deleite que imaginamos o trajeto percorrido pela obra, as informações colhidas a respeito de seu dono, mil e uma possibilidades de havermos sido, embora de maneira vaga, nas preocupações de inúmeras pessoas; as conjecturas efetuadas com referência ao nosso semblante, as ilações quanto à nossa sensibilidade, justapostas ao autor do perdido volume, culminando com a descoberta de nosso endereço: felizes imaginações que o silêncio dos corpos inanimados se nega a contradizer.

3 — Muitos painéis do repertório não se arquivam em proveito único de nossa lembrança como se a chave do movediço e profundo armazém lhe abrisse a porta para o só olhar de nossa contemplação; mas se reservam também à lupa de outras faces, mediante conjunturas que nos obrigam a estender fora de nós os quadros que nos pertencem, quer sob a modalidade de confissão, quer sob a forma de restauramentos figurativos. Algumas vezes o relato de nossos sucessos emitimos para conforto de alguém que, magoado pela encenação recentemente desferida à sua fragilidade, ante a existência de painel que lhe parecera exclusivo de sua desventura, vendo a situação análoga, que lhe apresentamos, resistirá melhor ao acabrunhamento de ainda há pouco; todavia, a mais cautelosa posição na prática de sermos em ajuda de outrem que sofre de entrecho a que vem de se integrar, consiste numa operação inversa: qual seja a de lhe sonegarmos o pronunciamento de nossa memória; em primeiro lugar por força do complexo com que se trama a urdidura aparentemente simples, cujos atores nos geram a ressalva de não descrevermos o episódio à revelia de seu consentimento; refletindo-se bastante melancólica a omissão

de não irmos em socorro de certo vulto, quando lhe valeria de muito escutar a história semelhante que já se cometera ao nosso olhar, porém os intérpretes restantes não estão ali para o necessário assentimento, nem o beneficiaria a mera alusão ao fato que nos abrangera; talvez importaria em dano, por lhe despertar o anseio de medir o nosso painel com o seu próprio, tão pungente ainda, que nessas horas a curiosidade é aflitiva e busca, sob satisfação, o remédio da equivalência, podendo nos compelir à denúncia do enredo de cujo condomínio éramos, tão-somente, uma das partes. A suscetibilidade de R. D. . . se mostrava inferior à nossa, e tomava quase sempre a feição do cinismo, quer lhe solicitassem o episódio por que passou, quer, sem solicitação nenhuma, lhe surgisse o ensejo de falar, inclusive na presença de coparticipantes que não conseguiram empecê-lo; em certa noite, como solução ao constrangimento que os corroía, se associaram no coro da desfaçatez, estranha cena que nos impeliu à dolorosa piedade; cena tanto mais revoltante quanto nos forçara a esconder esse incômodo sentimento, o que nos levou a fingir em consonância com os atores diante de nós; em seguida ao entrecho, caminhamos em companhia de alguns dos vitimados pela anterior imprudência, e o motivo a reger os nossos passos era ainda o mesmo exposto pela figura de R. D. . .; apenas, outro aspecto se despira das asperezas de minutos antes, com o tema adquirindo uma aparência menos translúcida e que ocultava o término da pequena e feia história; tanto assim que, se alguém nos visse a deambular na rua, sem ter, há instantes, assistido o descaramento daquela personagem, não afirmaria que as precipitadas vozes, os ruídos em desproporção à qualidade do assunto, eram o meio, que todos nós encontrávamos, de não permitir que um dos passeantes trouxesse à baila o assunto de ainda há pouco; o desapercebido observador acreditaria tratar-se de boêmios em regresso de algum festejo em que todos se saíram a contento de si próprios, pois que nenhum deles se anima a apartar-se; ao contrário, perseveram no coro do aprazimento, sem suspeitar, o observador, que no íntimo de cada um dos figurantes cresce o receio de que, se ausentar-se, a narração proibida, isenta do estorvo de sua vigilância, repetir-se-á em versão particularmente desfavorecedora a ele que se retira; razão por que todos perambulam a desoras, repletos de reciprocidades francas na medida em que um depende de cada qual, até o começo da rua que, indo ao arrabalde, estabelecia a fronteira do cenário onde podia expor-se o episódio da simulação, visto que a série das vitrinas e os pontos de parada a vários subúrbios eram coonestações para efeito de continuarem em agrupamento; a partir daí, a prossecução do andarem em conjunto não se legitimaria, ao inverso, despertaria à vez, em todos, o inútil de suas máscaras, com o subseqüente horror de se verem mutuamente descobertos. A volta às ruas percorridas desestimulava o painel do fingimento, de onde a necessidade de um desfecho na demarcação daquela esquina, inopinadamente sob o aspecto de uniforme detração ao rosto de R. D. . ., excitada pela simples pronúncia deste nome que nos coube emitir como o abracadabra solucionador; se bem que, em resguardo de possível insucesso, o proferíssemos no preliminar de uma proposição que em nada se prendia ao silenciado episódio, e não chegou a completar-se porque, ao som daquela designativa, prorromperam todos em acerba censura, não ao fato que se dera em geral detrimento, mas a um outro que nos passara despercebido: o de interesseira aliança de R. D. . . com o dono da casa em que estivemos; painel derradeiro de uma seqüência na qual os intérpretes persistiram no propósito de esconder, uns dos outos, o fio que os ligava em presença de nossa lupa. Finalmente, se verificou a dispersão dos protagonistas, e sem nenhum companheiro ficamos até surgir à distância de nós o vulto de R. D. . ., o vilão do curto enredo, e ainda a atuar na mente daquelas figuras a caminho de seus albergues; entretanto, ali, a aguardar a viatura sem ninguém ao lado, deveras descuidoso dos episódios recentes e de alguns que ainda se efetuavam com os atores em damanda dos lares respectivos; todos esses retábulos libertos da presença de R. D. . ., mas regidos pela interpretação desta personagem que, entre outras atitudes por ela impostas, se salientava, na fisionomia de cada um, a da constrangido humor com que se dirigiam ao leito, sob a custódia modeladora de quem sempre evitaram e de cujo poder nunca se confessaram recobertos; no dia ulterior, se lhes perguntássemos se fora essa a vez primeira do facial atendimento, responderiam que jamais, e muito menos na data de ontem, a figura de R. D. . . os havia impregnado de qualquer influência em seus cotidianos; cada qual esquecido de que, ao abrir-lhe a porta, a pessoa em vigília não veio a alegrar-se com o fim da noturna espera, porquanto no rosto dele, o recém-chegado, existiam sombras que se não decifram e que requerem a indagação da causa, a ser feita prudentemente, porque o impulso é de não confessá-la, que o consentindo, equivalera a persuadir-se da submissão ao desdenhável painel. Com efeito, há episódios que se retardam na efígie dos atores, nada significando a cortina, que se fecha, senão um convencional signo para dizer que mudou a platéia; sendo a casa, onde a fisionomia repousa das representações, a arena em que esta sintetiza, por virtualidades, os gestos expostos alhures, e de fácil identificação aos olhos de quem a acompanhou ao longo dos vários misteres.

4 – Uma noite regressamos com B. N. . ., após grandes e pequenas peripécias que envolveram o amigo e nos propiciaram boas aquisições ao repertório; contudo, inferiores às que ele próprio nos concedeu ao ladearmos os móveis do quarto, onde parecia, não verdadeiramente repousar de canseiras tão diversas, mas ver-se, enfim, à disponibilidade de suas lembranças; à maneira de alguém cuja felicidade reside não no ato de receber o prêmio, mas na expectativa de comunicar o sucesso ao companheiro de melhor estima, o vulto de B. N. . . reservava para o gozo da memória os deleites que muito pouco manifestara quando de suas ocorrências; agora se abstraía de tudo e também de nosso miradouro, a fim de dedicar-se aos acontecimentos

do dia que foram muitos, embora capituláveis no mesmo gênero, o do prazer sem máculas; a série das conjunturas, uma vez liberada da cronologia que, insatisfatória, punha em desalinho maiores e menores júbilos, e, restaurada segundo a ordem conveniente ao espírito reconstituidor, enfileirar-se-ia em nuanças, a começar da mais tênue à mais vigorosa: método de refazer o cotidiano para quem sabe conduzir os processos do auto-entretenimento. A técnica de recordar, a descobríamos no crescendo alegre a que ele entregava o próprio rosto, e cujo emprego pudemos comprovar com uma alusão nossa ao painel que parecia o do seu atual pensamento, vindo em resposta uma luz mais viva ao olhar de B. N. . ., homologando assim a hipótese em torno de seu devaneio; na concordância entre as suspeitas de nossa mente e o desenrolar de sua memória, sentíamos o traço de união mais articulador que qualquer dos muitos que constituíam a amizade, acontecendo que não são comuns os semblantes que nos têm dado a convicção de os possuirmos sem esforço, bem poucos havemos conhecido que se abandonaram ao nosso exame; sucede com tais figuras que o abandono elas promovem sem antes escolherem o miradouro que o vai recolher, daí a desventura a que se submetem, por motivo de, em raro, se aterem aos olhos compreendedores, que não só evitem a divulgação do sestro como também o testemunhem sem demostrar, perante elas, o estranho de suas atitudes; sociabilidade piedosa que as crianças do colégio A. . . ., na cidade do R. . ., não cultivavam, quando, na hora do saimento, o surpreendiam a fazer gestos oriundos de sua imaginária interior; então lhe endereçavam zombarias que em outros seriam mais contundentes do que pedras; não nos lembramos se alguma vez ele chegou a despertar do monólogo, porém, de quanto presenciamos, nunca se lhe interrompeu a mímica, embora se alastrassem os motejos das crianças que, na convivência das aulas, certamente lhe haviam composto a matéria que agora explanava no idioma de seus meneios; matéria agradável desde que até as descortesias eram pretexto para o seu amor, dessa forma suavizadas com a atenuante impícita nos de imatura idade. Na maioria dos casos, o rosto é um texto de difícil tradução para quem lhe não segue os passos, todavia, se falhamos no intento de acolher os episódios por que transitou, conquistaremos a ventura de breve identificação se, na data posterior, ele mesmo ou alguém nos revela o teor daquelas atitudes que se pronunciaram diante de nós e que não entendêramos, mínima ventura, tardiamente ratificada mas bem aceita, a modo da releitura que nos impusemos por nos dizerem que o conteúdo se reveste de tal significação que nos escapara, e, voltando no texto, encontramo-la para esclarecimento de certas incógnitas ocorridas da primeira vez, e sobre as quais não insistimos por termo-las como resultado de fadigas de nosso intelecto, agora tudo elucidado mercê do precioso aviso; se não fora a comunicação prestada por alguém da vizinhança, não releríamos na face de B. N. . . o novo ar que anotamos sem contudo atribuirmo-nos entre as prováveis fontes de sua aparência, porque longe estávamos de supor que o nosso vulto viesse a merecer tão específica ressonância, além do hábito de o miradouro não se sentir objeto de visualização; informado de que a nossa efígie lhe trouxera aquele devaneio, e ciente da exata forma com que nos comportamos a ponto de lhe originar o novo aspecto, reproduzimo-la com os cuidados que requer a artificialidade momentânea; desta vez com tal êxito que B. N. . ., sem um minuto de demora, restaurou, ao nosso belvedere, o ar que não compreendêramos, e entretanto, ao repetir-se, tornava, mais do que nunca, estreita a intimidade entre nós ambos. Procurávamos na fisionomia de B. N. . . o que fôramos num dos painéis de ontem, no desempenho do qual não presumíramos o relevo que ele avocara depois, tanto mais que o episódio não excedia o corriqueiro; mas, sem dúvida, a lente de B. N. . . lera em nossos gestos algo de recôndito aos nossos olhos porém translúcido àquele miradouro, talvez uma reedição, em nós, de certo motivo que o deleitara ao vê-lo em alguém de sua estima, e por força da prerrogativa cronológica, ocupava, na série das estampas, a preferencial alegoria do tema ora reexposto por nosso vulto; no decorrer da existência, inumeráveis papéis representamos para o repertório de quem nos observa, tudo, no entanto, à revelia de nosso conhecimento, e às vezes revelado pelo ar distante do interlocutor que, por isso, nos desagrada, como se percebêssemos em sua absorção uma atitude desatenciosa; contudo, mal desconfiamos que no verso de tal desapreço se configura inesperada saliência ao nosso rosto que, reavivando o seu conspecto em outrem, se aproveita da oportunidade de ser em nova exibição, para sublinhar a ficha que lhe corresponde no repositório do interlocutor. Se era aprazível a aparência de B. N. . ., a nossa intromissão entre as suas nótulas redundava em contentamento para o nosso desejo de estar em outrem, mas desistíamos do intuito de indagar-lhe a razão de escolher, em tantos retábulos, aquele que se dera na precedente manhã; a indiscrição traria a possibilidade de feri-lo com o nosso conhecimento de suas maneiras tão motejáveis, e de obter uma confissão inútil ou danificadora de nosso enleio.

5 – Quando o nosso rosto permite a alguém nele vislumbrar algum sucesso que nos aconteceu, constrangemo-nos ao descobrirem a diafaneidade de nossa figura, havendo o pudor de sermos de tão simples elucidação; a resposta, com que então satisfazemos a curiosidade do indagador, às vezes procura atenuar a expectativa ou contradizer a febre da interrogação; de resto, juntamente com a explicação mais ou menos aceitável, conservamos conosco o painel que transpira de nosso vulto, sob o aspecto de uma entidade assim suscetível de várias suposições; a qual pode incluir-se entre a nossa pessoa e a de quem nos abriu a porta, como um entrave aos bons entendimentos, como a sombra de desajuste que evitaríamos até com a perda de tal episódio, se antes de presenciá-lo nos prevenissem de tão desvantajosa conseqüência. A efígie que à entrada nos recebe, ignora os meios de conseguir o nosso pronunciamento, entre eles o de deixar que se diluam, em nós, os vestígios impregnados, e de ela manter-se

à espera de nossa iniciativa em relatar a conjuntura, não mais sob a influência da peça anterior, quente ainda de sua exibição, influência que às vezes se entorna do camarim e se introduz no recesso do próprio lar, porém sob a neutra disposição que o tempo decorrido aperfeiçoou, ao extremo de tudo declararmos sem no-lo pedirem. Entretanto, há, em algumas ocasiões, que não simular nem preterir a narração do acontecimento que nos acaba de suceder, cujas ressonâncias ainda se manifestam em nosso corpo, firmando-se em nós a premente necessidade de trazê-lo a alguém que divida conosco a sensação que vimos de experimentar, de tal modo urge que nos associemos com outrem no tocante à receptividade do motivo recém-desempenhado aos nossos olhos. À pessoa que nos aguarda e o não vira, precipitadamente historiamos segundo a modalidade de nosso observatório; em lugar de irmos ao companheiro de visualização, à co-testemunha da mesma platéia, e com ele conferirmos os dados das comuns impressões, preferimos o refúgio no aposento e fazer, do semblante que desconhece a nova urdidura, o depositário da narrativa, o consócio na captação do painel tal nos surgira e nos parecera. As permutas de impressões levam de ordinário a acréscimos e emendas que tornam o álbum a série de estampas na conformidade de muitas receptivas, em cujas folhas se nos dissolve a participação e a peculiaridade da lente; enquanto ao expressarmos, incólume de quaisquer retificações, o entrecho que conduzimos conosco, sentimos que por momento a nossa personalidade se expande com especiais recursos, se aproveita desse efêmero para aduzir à sua lupa a visão do ser que nos ouve sem nenhum gesto de hesitação, convencido da veracidade de nossa história; assim, ao mérito de estarmos em independência, juntamos esse outro de estendermos a unicidade de nossa ótica. É possivel que outros pronunciamentos venham a alterar a versão partida de nós, que o vulto há pouco tão obediente se solidarize com a informação de terceiro; no entanto, ao menos durante algum prazo, os conteúdos de nossa comunicação prevaleceram e fomos por conseqüência o criador da suscetibilidade e das cogitações, seguidas a essa página de nosso repertório. Implícita em nós está a vontade de sermos, perante alguém, o detentor de uma visualidade, de vermo-nos munido da posse de um objeto que reclama outro repositório, à condição, porém, de atender à última instância que é o nosso miradouro; melhor resultaria se pudéssemos controlar a figura que nos escutou e aquelas que, por seu intermédio, se apropriaram do sucesso tal como lhe dissemos; revestindo-se, então, o nosso vulto, de importância que recorda a do primeiro cronista de certa fase, contemporâneo do fato que descreveu e do qual nenhum documento existe, senão os olhos desse privilegiado na reconstituição de universal interesse; os historiadores subseqüentes, quando se referem ao episódio que lhe coube observar, reportam-se unicamente ao que ele noticiou, e se acaso algum rememoralista menos consciencioso se desvia do texto original, os comentadores se apressam em apontar a testemunha autêntica, e, como se lhe fizessem as vezes, fulminam de inexata a variante que ela não poderia ratificar; o vulto a quem veiculamos o impressionador retábulo, quiséramos que permanecesse atento à integridade de nossa narrativa, que, incontinenti, ele viesse a contestar as deturpações porventura sobrevindas ao nosso pronunciamento; ou as desprezasse para a perduração daquilo que foi real segundo o nosso belvedere, e que articulará a si, indissoluvelmente, o nosso nome, passando a recobrir-se dele quem quer que reproduza o cometimento tal como o programamos, ainda morno de sua nascença diante de nossos olhos; que houvesse, da parte de quem nos abriu a porta, uma confiança isenta de reservas com respeito à nossa lupa, de sorte a ficarmos tranqüilo ante a idéia de estender-se o nosso nome ao episódio; prevalecendo, na lembrança de nossa efígie, quando recordada à simples referência do fato que nos adveio, não apenas a simultaneidade de nosso vulto ao surdimento do painel, mas a posse fisionômica, a estada desse painel dentro de nós acrescida da circusntância de se ter penetrado em seu conhecimento por via de nosso olhar; mesmo porque a nossa existência se elastece toda vez que depomos, um valor maior sentimos apontar se alguma coisa se difunde por nosso intermédio, e a indiferença, com que nos marginavam, transforma-se em consideração gratamente dirigida; acontece também que em seguida à primeira narração, ao transitarmos por outros ambientes, figuras diversas vêm-nos ao encalço, e nos interrogam sobre o painel já profusamente divulgado com proveito para a nossa expansão alhures: fisionomias, descontentes com o mero saber de outrem e sôfregas por ouvir de nós o entrecho de tantas curiosidades, todas à procura da ocorrência que se deposita em nossa memória e dedicando maior apreço ao vulto continente que de si mesmo bem pouco lhes merecia. Algumas amizades se promoveram, outras se vigoraram por motivo dessa contingência de sermos portador de algo. Mas, a riqueza do conteúdo não a concentramos ininterruptamente, ao contrário, prevalecem em nosso repertório longos interstícios de menos atrações; uma assiduidade maior de pequenas coisas e sem interesse ao regalo de nossas companhias, costuma afastar de nós os sedentos olhares com todo o cortejo de saudações; as amizades que surgiram e as que se desenvolveram por estímulo de nosso cabedal, desde que diminuída a sua validez de propagação, costumam voltar as primeiras ao nada que eram dantes, e as segundas ao quase nada de que se revestiam. De qualquer modo, estivemos sob miradouros que não incidiriam em nosso vulto se não fosse o painel que os nossos olhos encontraram; talvez um dia, quando nem mesmo pensemos em sua revalidação, bata-nos à porta alguém desejoso de conhecer o antigo retábulo, algum colecionador de congêneres episódios, um restaurador de antepassados, entre estes, o de certo participante daquele cena, e cuja biografia tem em aberto a página que somente o nosso testemunho pode preencher; então, ver-nos-emos no domínio de nossa unicidade, fisionomicamente no privilégio de o fato depender de nós, sentindo-nos precioso a esse visitante que, de sua parte, não oculta o zelo por quanto se refere à atualidade de nossa efígie; cuidadoso de reter os gestos de nosso vulto, como se dessa maneira se aproximasse do remoto e desaparecido desempenho, ele se torna amavelmente invejoso de nosso olhar; da afeição que tributa à encarecida personagem, um quinhão sobra e recai em nosso semblante, e se o antecedermos na morte, ele incluirá, na perda que nos envolve, o falecimento, conosco, da efígie biografada.

6 – Existem, e são freqüentes, os intérpretes que, esquecidos de já haverem narrado ao mesmo escutante a cena a que devotam peculiar apreço, a reproduzem uma vez ainda; acontecendo que este, em delicado silêncio, ouve como inédito o entrecho sabido até de cor e entretanto digno de respeito; nota-se, em muitas ocasiões, além da pessoa que relata, a condição de o enredo ser mais forte do que o conspecto do interlocutor, a ponto de este como que se excluir, na qualidade de inconfundível semblante, do registro nos olhos do repetidor. Em contatos com a efígie de L. . ., em cuja residência éramos assíduo, mercê da idade do hospedeiro, pois os velhos cultivam com especial amor o repertório das lembranças, nas visitas à casa de L. . . às vezes surpreendemo-nos afastado de sua memória, sem, contudo, entristecermo-nos com a descoberta de tal obscurecimento; pois que ele se fazia em proveito da constância, em L. . ., do retábulo que, acima de qualquer outro, se habilitava no momento à prerrogativa da restauração. Os temas de palestra eram variáveis, menos por nossa iniciativa do que pelo à vontade tão comum entre os anciãos, cumprindo-nos, apenas, receber os teores de seu grande caderno, muitos interrompidos ligeiramente pela interrogadora ressalva de se não os havia contado antes; de todo inúteis os hiatos desse gênero, ele prosseguia no assunto sem aguardar a mínima resposta, mas de qualquer maneira significavam o relance de nossa presença naquele miradouro, depressa extinto pela ânsia de recordar em vozes; todavia, uma das páginas do acervo, ele redivulgava isenta do menor reflexo de nosso vulto em sua atenção, e, ao recaptarmos o painel assim inteiriçamente exposto, sentíamos que o atual comparecimento de nossa figura, em si mesma tão deleitada perante os olhos de L. . ., se aluía ao imponderável da inexistência, como se lá não estivéramos nem tampouco o nosso nome; era o nada do não ser que, semanas após, iria homologar-se com o seu rosto a redizer-nos o painel que renascia enquanto nos deixava ausente. Não contamos com o privilégio de participar de todos os episódios que desejaríamos, porém apreciamos adejar a conjuntura em narração, oscilando o nosso papel de um extremo a outro das condições de ater-se junto à cena decorrida, desde a contigüidade livre de ingerência na composição do conteúdo, à maneira do editor que se enobrece em gravar a firma no rosto de renomada obra, ao elo solitariamente diuturno de ver-se em reduzida proximidade, à semelhança do leitor que, na encadernação do volume que tanto admira, manda fixar as letras distintivas de seu nome, e, ao consentir que ele circule entre as mãos de terceiros, sabe igualmente que, no campo dos mesmos olhos, à

personalidade do autor se aglutina, a despeito do precário dessa justaposição, uma referência à identidade de seu existir; havendo, para o reforço de suas conjecturas, a possibilidade de que, fazendo-se precioso o tomo ora sob inúmeros cuidados, possa no futuro alguém, com o interesse que aplica às raridades dessa espécie, trazer à lente da investigação a qualidade do portador daquelas iniciais, a natureza de seu vulto e quanto importa ao esclarecimento do antigo possuidor. Há os indivíduos que invocam ou procuram os painéis com o ânimo de relatá-los a quem os não assistiu, e dos quais teve apenas informações, e com que diligência promovem no interlocutor a necessidade de ouvi-los, nunca desprezando o valor desse preliminar; sem ele a explanação tornar-se-ia abrupta e, em conseqüência, estragados os efeitos do que consideram merecedor das melhores atenções, que, dirigidas a suas palavras, estender-se-ão à própria figura; sendo-lhe agradável que, no trânsito que se opera de pessoa a pessoa, ao contexto da história se enlace a efígie que a propalou em primeira fonte. L. . . não arquitetava preâmbulos ao descritivo do episódio que divulgava sem ter em conta a platéia; entretanto, era-nos penoso conhecer a importância que ele deferia a tal acontecimento, continuando uma série de urdiduras em que o retábulo distendia as suas teias aos painéis subseqüentes, para no final expor-nos um sorites fisionômico a abranger a sua mocidade e as vidas que pereceram em virtude de seu desempenho no inicial sucesso; o esquecimento do auditório, em última instância, vinha em favor de seu espírito já demasiadamente melancolizado ante a presumida culpa, pois ele mais se abateria se soubera da tristeza do espectador ao escutá-lo; se este, porventura, e à guisa de consolo, intentasse a extinção de seu remorso, de certo não a conseguiria porque tais consciências já se fatigaram de todas as coonestações possíveis, formuladas de si mesmo a si mesmo; uma oportuna justificação, partida dos lábios de outrem, mais o atormentaria com a lembrança de que se pusera a inocentar-se, quando o preferível fora, para o livramento das mágoas, a pena de ver-se desprovido de qualquer conforto; inclusive o de cientificar-se de que o painel se encontra na posse de alguns, suscetível, portanto, de fomentar enternecimentos e talvez explicações atenuadoras, tudo em contrário ao flagício que só o contenta: o de estar com a inviolação de sua culpa. Ele não pretendia que nos assemelhássemos ao editor ou ao leitor cuja firma ou nome se articula extrinsecamente à obra de que estimara ser o criador espírito; as suas reconstituições, não visando a ninguém, eram sobras de outras que empreendia na mudez das rememorações, que a senilidade o despira das prudências da censura, do controle com que até então reduzira a exterioridade de seu repertório: quer no tocante ao enredo que o acabrunhava a despeito de tantos anos, quer a propósito de sucessos que os parentes ignoravam, obrigando-os, desde a descoberta, a modificar julgamentos em relação a vultos que pertenceram a episódios já muito bem inscritos na gesta do larário; parecia-nos um ambiente em formação, algo a estabelecer-se e ainda não definido, uma atmosfera de prometimentos igual à que presenciamos ao assistir, em estrado mal composto, o treinamento das personagens que hão de exibir-se ao público; personagens cuja significação não entendemos de todo, incutindo-nos uma impressão de tal maneira lacunosa que nos leva a não perder, apesar do restrito ou nenhum mérito que lobrigamos, a representação total na data da inauguração da peça; pouco a pouco, à medida que entram os intérpretes, embora ainda não mostrado o painel de nosso conhecimento, ele se esclarece dentro de nós, vindo a ser outro que não o vagamente sugerido; tal os figurantes da residência de L. . . após meses de inovações e retificações, umas beneficiadoras, outras menos favoráveis a diversos protagonistas, em todos os casos induzindo-nos a novas regulações do miradouro, não só no concernente ao passado de cada um, mas, principalmente, ao atual de todos eles, que também modificaram o concerto de suas conexões; isto sob várias formas, como a de alguns atenuarem o ritmo da convivência – houve um que desapareceu sem deixar saudades – como a de outros que se fizeram bem mais íntimos do que outrora. Por sua vez, o nosso belvedere atingiu acuidades que não lhe eram costumeiras, notadamente a de se desviar dos próprios circunstantes sem todavia removê-los de nosso observatório; as conjunturas a nos forçarem à conveniência de parecermos ignorantes de tais sucessos, visto que os atores estimariam a inexistência de nosso testemunho; à qual não poderíamos aceder porque se o fizéssemos, interrompendo a nossa assiduidade no domicílio de L. . ., eles desconfiariam de que soubéramos, no mínimo, dos contornos gerais do acontecimento; de resto, continuamos a ir à casa de L. . ., que persistia em preencher as folhas do álbum reservadas às antecipações do não-ser em busca de nós, com o rosto de L. . . a repetir, vez por outra, a narração que a ninguém endereçava e que ouvíamos na certeza de nosso não estar fisionômico, entristecedor sem dúvida; mas significava uma réstia do panorama de sermos algum dia em inexistência para todos os olhos, com a peculiaridade de a ausência de nosso corpo envolver a ausência de quantos nos viram ou se deixaram ver por nosso olhar, tudo e todos aderidos ao nosso desparecimento.

7 – Compulsando o arquivo de painéis, verificamos serem muitas as personagens que já morreram conduzindo com seus corpos todo o conteúdo de nossa existência segundo elas: umas que pereceram com a extinção maior ou menor, consoante à freqüência de nossa estada em seus miradouros; algumas, de tão grande morte que nos imaginamos reduzido a quase nada, significando o sepultamento um enterro de dois, no decorrer do qual vêm a recair sobre a nossa efígie as tristezas a um só encaminhadas; ninguém se decide a enlutar-se com a perda de nosso vulto, nenhum dos acompanhantes atenta ao fato de que nos sentimos na premência de ressurreição, agora não mais à vista daquele que nos eliminou para sempre, mas, perante os olhos de outrem que assim poderá manter a revivificação dos entrechos a que comparecemos e nos são tão caros; contudo,

não obstante a necessidade de existirmos em alguém sob a forma de estimáveis participações, as conjunturas do convívio não consentem que reproduzamos os episódios que acompanharam o recém-morto: por exímia que seja a nossa arte de restaurações, jamais haveremos de patentear, ao observatório novo e preferido, o que fomos na lupa irremediavelmente apagada; restando ainda o estorvo de não possuir a lente substituta o mesmo grau de assimilação, de modo que as nossas tentativas de ressurgimento resultam fragmentárias ressurreições que apenas erguem a unidade de nossa conduta; mas, sem nos induzirem, em abono de nossa existência, à certeza de que tais episódios, como se deram, habitam a lembrança de alguém em cujo repertório estamos repousado conforme desejaríamos ser, de sorte a, desaparecendo a lupa que nos continha, essa outra aparecesse para nos conduzir de volta ao nosso próprio vulto. Revendo as nótulas correspondentes aos painéis que desempenhamos, compreendemos que muitos féretros se preencheram com a suplementação de nosso rosto; os quais, à maneira dos ritualizados por homens primitivos, expunham, em vez de objetos e alimentos à presumida comodidade, um dos pertences do morto, no caso o nosso vulto ao longo de entrechos que somente o extinto registrara. Se a desaparecida lupa retivera de nós desagradáveis estampas, o seu perecimento não fora almejável nem tampouco alívio ao nosso orgulho; antes, sentimos que não nos proporcionasse o ensejo de retificações, a fim de que a sua morte não se revestisse de tão dura modalidade; quando tal acontece, temos a impressão de que nos aluímos prematuramente, e, escarmentado de tão aflitiva prova, cuidamos de fazer com que tal se não repita. Recapitulamos os dados da convivência, um a um rememoramos com o intuito de descobrir se há quem nos conserve em profundas ressalvas, quem nos abrigue em inferiores lembranças, e, para desalento nosso concluímos serem em grande quantidade as figuras que têm o nosso rosto em desfavorável relação ou no álbum das indiferenças; algumas delas a residirem em lugares que não alcança o nosso miradouro, tornando-se, por conseguinte, impraticáveis as emendas de nosso vulto perante os observatórios que, na liberdade de seus recessos, embora sob o estímulo de cartas que escrevemos com a intenção de vencer o espaço que nos intercepta, e assim nos apresentarmos em posição superior àquelas que tanto nos diminuíram a seus olhos, não nos hão de convencer de nossa reabilitação, desde que não os vemos com a nossa própria lupa; além disso, como fatalidade que nos incomoda insanavelmente, existe a convicção de que os painéis do desprimor, muito mais que os entrechos da dignificação, perduram, de maneira singular, na memória do espectador que os obteve de viva presença ou por interposta pessoa, e não os esquecerá a despeito de tudo quanto o agente promove em benefício de seu renome no teor de tal belvedere. De nosso lado, reina o propósito de – sem procurar, por impossível, remover de nossa lembrança o quadro em que alguém se nos mostrou em sério deslustre – irmos ao encontro de tal personagem e, inclusive, dispô-la a um desempenho que desfaça, em nós, a impressão do anterior aspecto, a partir do qual se estendera a sombra de nossa antipatia; entretanto, da parte das testemunhas, nem uma vez sequer vislumbramos – e o desejo excita, nesses momentos, a acuidade do miradouro – o empenho de nos propiciarem a ocasião de sermos bem melhor do que fôramos; se porventura, em alguns casos, nos bateram à porta, quem sabe se, junto ao desinteresse pelo prestígio nas folhas de seu álbum, não se esconde o maldoso plano de alimentar a memória com um painel a mais, do gênero daquele que tanto nos perturba; a tentativa que fomentamos para salvamento de nossa conduta aos olhos de tais visitantes, o esforço sub-reptício com que nos resolvemos a participar de enredos em papel adequado ao seu gosto de aplaudir e à imagem que, segundo nós, representa a idéia da regeneração, temos como frustrada iniciativa, porquanto, apesar do acerto de nossos gestos em tais urdiduras, não lemos nas fisionomias daqueles circunstantes a luz fraterna que pretendêramos, nem se transforma em humana intimidade o convívio que era mais o das convenções. Sobrar-nos-ia a fórmula de solicitar-lhes a atenção aos nossos futuros painéis, que vissem neles a contrição da alma que se recusa a episódios revogados pela superação de outros, que nos estão sempre disponíveis, e a fertilidade dos temas condignos ocorre onde quer que nos localizemos; no entanto, aos possuidores de tais olhos não ressoariam de bom augúrio as nossas palavras, vindo, como certeza, a resposta de que ou os passados painéis não tinham a gravidade que supúnhamos, ou os esqueceram em virtude da futilidade de significação, evasivas complementadas com a gentileza de lhes não parecer necessária a prova de outros desempenhos em face do conceito que tributam à nossa efígie. O rompimento de relações, por mais justificador que seja o retábulo que lhe deu origem, redunda no impedimento de novos painéis, no interior dos quais demonstraríamos ao semblante da malquerença o nosso propósito de reabilitação em seu olhar; ou, ao inverso, o nosso desejo de a sua figura, com outras qualidades de comportamento, desfazer, senão o teor da cena fatal em nossa lembrança, ao menos atenuá-lo pela superposição de reparador episódio: como ao sabermos que determinado vulto de nossa animadversão acaba de perder alguém de sua estreita afetividade; acorremos-lhe ao domicílio, e lá, no bojo da tristeza, sucede incorporarmo-nos ao nome desolação, em cujo desenrolar, e para o proveito de nossa mente, lucramos com o remorso de havermos sido rigoroso em demasiado, forma positivamente humana de substituirmos o rancor pela plenitude da cordialidade.

Capítulo 3

1 – *O nosso viver é cosmogônico. – A claridade de nosso belvedere.* 2 – *O tempo fisionômico.* 3 – *O rosto versátil.* 4 – *O painel da mesa elástica.* 5 – *A exibição das temporalidades – A morte fisionômica.*

1 – Estivemos na cidade de B. . ., à procura de pessoas idosas que nos pudessem reconstituir determinadas cenas da biografia de F. . ., que ali vivera; de logo tivemos a ventura de conhecer o homem a quem nomeamos agora por S. . . como o contemporâneo que nos interessava perquirir, não só por efeito dos anos que indigitava no todo de seu vulto mas principalmente por insinuação, que se nos revelou autêntica, de uma cicatriz na face e oriunda das refregas em que se envolveram ambos, dos episódios que nos conduziram àquele lugar com o intuito de revê-los na voz e nos gestos de algum ator ainda sobrevivente. Os fatos em apreço virtualizaram-se na cicatriz da anunciação, e o próprio tempo, vindo em favor do sinal que se não extinguira, aviventou-lhe a marca por meio de uma ruga que a fazia maior, singular processo de o tempo contraditar, de maneira fisionômica, o mais rotineiro de seus exercícios; fôramos em busca de semblantes que apresentassem, em si mesmos, o mostrador de sua velhice, figuras que nos expusessem o tempo de sua idade: preocupação de selecionar os intérpretes que nem sempre move os nossos desígnios das situações em ato, em cujo transcorrer, se de tal coisa necessita o painel, ele no-la dá com a mesma sugestão do enredo; enquanto agora, íamos ao recesso dos atores como persuadido de que as artificialidades postas em uso pelo figurante de peças quer antigas, quer da atual contemporaneidade, não condizem com os reclamos de

nosso desejo, apenas despertado para a restauração da história mediante o protagonista que a tenha integrado livre do contra-regra de nossa lupa ou de intermediária pessoa; afeito ao conhecimento dos grandes episódios através de escritos ou de testemunhas orais, ambas as formas muitas vezes constituindo compilações do que outros escreveram e testemunharam, quisemos recompor os sucessos da cidade de B... com os recursos de nossa ordem fisionômica; se bem que a limitá-la houvesse a escassez de atores a que nos impusemos, mercê de inúmeros anos que apagaram, além de diversos vestígios, a figura predominadora de F.... À semelhança do colecionador de livros que ao desfazer-se do patrimônio, para si reserva os poucos volumes que contêm as dedicatórias de autores, tornando assim inalienável o que lhe resta dos indivíduos que as subscreveram, de nosso lado desistíamos dos corpos que programávamos pela imaginação e nos restringimos ao mero exemplar do homem em cujo rosto víamos a presença direta da luta que o assinalara, do acontecimento como que ainda à espera de nós. Na captação de seres que assistiram os sucessos, lamentamos não possuir os olhos da figura que nos falou como o remanescente da história de F..., o qual, cientificando-se de nosso propósito em reaver tanto quanto possível o pretérito retábulo, se dispôs, em iniciativa própria, a levar-nos ao recinto do cometimento; e ali, com a indumentária que vestira por ocasião da gesta, não temendo a zombaria de eventuais circunstantes, retraçou um a um os elementos da velha tessitura; se tivéssemos o seu miradouro, com certeza que a cena se armaria conforme o nosso interesse em fazer pairar sobre todos os intérpretes o vulto de F..., o principal participante; porém não obteríamos, como agora, a estampa do atual narrador e antigo comparsa, sob o privilégio de estar sozinho e portanto mais externável no teor de haver sido integrante da ocorrência: tal a vivacidade com que a forma em ato de recuperação muitas vezes excede a forma recuperada, o ser em virtualização favorecendo-se da conjuntura de expor-se no fluir da outorga; parecendo que, insatisfeito por não se ter apresentado ao nosso belvedere no dia da original exibição, se reservava para mais persuasivamente nos mostrar, através de um de seus fragmentos, o haver existido que não nos coube presenciar. A aparência em virtualidade prestigia-se pela colaboração de nossa existência, em virtude de residir em nós o exclusivo encargo de tecer o urdume do painel que, unicamente dessa maneira vem a revelar, dentro de nós, a sua existência respectiva, que se dera à margem de nossa lupa; mas que se homologa pelos revivescimentos, ora mais acentuados, ora mais leves, e presos, de modo irremediável, à condição de existirmos, um existir que envolve tanto a nossa individualidade como as dos que nos cercam e dos que nos antecederam. A presença de nosso corpo é a da lupa que estendesse uma claridade saída dela mesma, desanuviando o escuro de onde quer que incidisse: presença a que todas as coisas devem o seu existir facial, e cujo mister de descobrir, de trazer ao nosso conhecimento, se confunde com um ato de criação; a nossa vida assume um significado tão profundamente cosmogônico e repleto apenas de nós mesmo que, à idéia da morte, incluímos, junto à que tange ao nosso rosto, as de quantos se apresentaram à luz de nossa ótica. Na cidade de B. . ., clareamos uma cena transcorrida antes de nascermos, e com a recepção por parte de nosso miradouro, fizemo-la em nós e dependente de nós, revestindo-se o nosso percurso àquela terra como a ratificação, por nossos olhos, da existência que fora débil até então, despontada apenas pelo que ouvíramos e lêramos; à medida que o sobrevivente do sucesso recompunha o retábulo, não era ele que nos surdia em seu corpo e em seus gestos, mas a figura de F. . ., dessarte transferida do túmulo para o ator que nos relatava o procedimento dessa efígie; o seu nome pessoal era ausente do respectivo rosto, a fim de, em seu lugar, prevalecer o nome de F. . ., a exemplo do protagonista que, no currículo das representações, se ostentando particularmente exímio em determinado papel, veio a ser chamado daí em diante – o que se traduzia em prêmio à sua desenvoltura, a despeito de excluí-lo de sua personalidade – pelo nome desse mesmo papel; com efeito, não nos acode hoje a imediata lembrança de como se denominava ele, talvez nem sequer o tenhamos indagado nem ele o proferido; na hora da externação, se a platéia em vez de aclamá-lo no rótulo do batismo, o saúda no nome recém-desempenhado, o figurante assim o prefere por ver que o encarnou magistralmente; anotávamos, tão-só, o homem da cicatriz, que nem esta era dele mas de F. . . que também se marcara do mesmo apelativo, como os contemporâneos se diluem na época em que conviveram; o sinal que sobressaía com a ruga, se computava, quanto a F. . ., equivalentemente ao manequim de certa época que, no museu dos indumentos, reproduz os que nela se trajaram da mesma forma: a temporalidade extinta, mas fisionomicamente perseverante no vulto que sobeja, sem negar o que fora.

2 – O tempo fisionômico exibe-se ao nosso olhar toda vez que infletimos a lupa sobre o rosto que está presente e que se relaciona a si mesmo enquanto vivido no passado; para efeito da aglutinação entre o que ele é e o seu haver sido, o tempo fisionômico se reveste de formas que de comum transcendem ao simples corpo objetado, vindo a transparecer através de outros que no desenvolvimento do episódio assumem o aspecto de seres do puro calendário. Ordinariamente, em cada efígie exposta, se configura a idade que lhe é respectiva; mas, no decorrer das seqüências em visualização, acontece verificarmos que a representação facial do tempo também se opera à margem do ser que ocupa o primeiro plano de nosso miradouro, indo a prevalecer-se de semblantes que participam da cena, ou que transferimos de alguma parte em cooperação ao enredo, na contextura do qual um tempo novel sói fluir sem se subordinar materialmente ao da real captação; admitimos que à temporalidade das coisas se acomoda a temporalidade de nossa autoria: a temporalidade oriunda de nossa ordenação e que vem a atender à naturalidade do painel, jamais ferindo o encadeamento das figuras que se nos mostram, inclusive

ilesas quanto àquela primeira temporalidade. Ao tempo que se desenrola no âmago do real entrecho, justapomos o tempo cinematográfico criado pelo processo de nosso observatório, dois tempos à vez, e a transcorrerem ambos sobre a passiva disponibilidade dos vultos que, incólumes dessa duplicidade, se aprestam a corresponder à ordem de outras lentes porventura recaídas neles e contíguas à de nosso miradouro, como se estivessem em tablado que, ocupado pelo mesmo grupo de atores, descortinasse entretanto a cada assistente uma peça distinta; não revelamos ao co-espectador o motivo ou o breve enredo que acaba de nos propinar o painel, nem tampouco nos advém a necessidade de ver, no pronunciamento desse rosto à nossa margem, a homologação daquilo que se fixou em nós; contudo, o sucesso, tal e qual traduzimos, é uma entidade fisionômica a afirmar a presença de nosso ser, e de modo tão persuasivo quanto o da sensação das coisas palpáveis; isto porque o assunto, que o episódio nos proporciona, se origina da lavra de nosso gosto e do gênero de nossa sensibilidade, como também do estilo que, à força da unidade de recepções que o restrito das experiências veio a estabelecer, conforma em traços de similitude a série das situações em ato. O rosto submetido a essa espécie de leitura, supõe oferecer invariavelmente a idade de sua vida, não refletindo que o seu valor atual de figura se prende à contemporaneidade de outra era, à que no momento se infiltra no retábulo no qual, sem saber, atua com os mais espontâneos dos gestos; no desempenho que escapa ao respectivo intérprete, a forma de temporalidade freqüentemente se restringe a escorços que nos sonegaria o painel enquanto realidade empírica e rotineira; existindo em nosso miradouro a prerrogativa de, no intervalo de um minuto, obter a extensão de inumeráveis efemérides, bastando que outras efígies, obedientes ao contra-regra de nossos olhos, apareçam em visualização e tenham em si os caracteres que rotulam os semblantes de velha idade. De regresso à residência, os vultos que se nos inscreveram no belvedere, não se exauriram de sua existência, em nós, no instante de despedirmo-nos deles; ao contrário, nos acompanham ao domicílio e na hora de esquematizarmos o elenco de algumas peças, é do grupo de rostos sucessivos e simultâneos gravados por nossa lupa, que extraímos as personagens da fabulação, no decorrer da qual infringimos a lei do tempo em que elas se nos apresentaram, em proveito de normas outras, alusivas à temporalidade fisionômica e impostas exclusivamente pelo estatuto de nosso arbítrio; de si mesmas nada perdem, antes, vêm a ganhar na agenda de nosso repertório, mercê da duplicidade do seu estar sendo; e quem negará que muitas vezes a participação que tiveram no primeiro e empírico desempenho não resulta menos favorável que a participação no segundo e fantasioso, onde, via de regra, não voltam a prevalecer as injunções do afeto que condicionaram o primitivo surgimento; acresce ainda que, se porventura nos deparamos com alguém de nosso descaso ou mesmo de nosso repúdio, dimana de seu emprego em papel de inofensiva ou nobre qualidade, um antídoto reparador para o nosso defeito de resistir em relevar em outrem as falhas que são humanas; tudo enfim sob a mera sugestão da aparência de tais personagens, que somente o aspecto fisionômico nos inspira a escolher para cada uma o respectivo papel, o desempenho consentâneo que talvez a vida, que lhes pertence, não chegou a proporcionar. De hábito, nos acorre à imaginação a incidência de certo motivo, um quase nada de pensamento que no entanto se faz encarnável em nosso devaneio, surdindo espontaneamente no curto estrado a figura de um de nossos cômpares, a gesticular como exige o tema que então nos preocupa: em representação de tal forma consangüínea que, por mais que busquemos no acervo do repertório, nenhum outro semblante a praticaria com a mesma naturalidade; de sorte que acreditamos ser o referido tema uma espécie de anunciação, em nós, da personagem que lhe é exclusiva; esse quase nada de pensamento, logo em seguida incorporado ao seu dono facial, acomete-nos durante a leitura geralmente interrompida pela desatenção que o cansaço fomenta, estimulada por uma expressão qualquer que o próprio autor do livro jamais supôs repercutisse tanto; a qual seguramente passaria isenta de tais reflexos se não existisse o nosso repertório com a disponibilidade de todos os vultos à disposição de tais afazeres.

3 – Dentre as notas que se acumulam desde tantos anos, escolhemos aquela que tem por título a fatuidade – um dos mais constantes na história dos convívios – cujo intérprete principal fora B. N..., na época o mais assíduo em nossa intimidade, repontando em vários capítulos do repositório; pois que sobre ele passaram e repassaram nomes inúmeros, por efeito da versatilidade de seus gestos e da fácil inclinação em aderir à conjuntura que se lhe franqueava presente; esta a verdadeira causa da sensação de conforto consigo mesmo, ou melhor, da felicidade que sentia, de acordo com as suas confissões, se bem que silenciasse as desventuras em que estivera, consoante os elementos fornecidos por nosso álbum de composições à revelia dos atores. B. N... uma noite, sem que o procurássemos, veio a cobrir a réstia de pensamento que nos aparecera por ocasião de leitura que de si mesma não obrigava à integração, em efígies, das idéias extremamente abstratas; contudo, ao lermos a expressão de que tal coisa far-se-ia compreender por parte de quem houvesse estudado a doutrina de certo filósofo, portanto, à simples e vaga indicação de um portador presumidamente capaz de existir alhures, resultou o suficiente a que nos acudisse à imaginação a face daquele intérprete que, pela excepcional inteligência e agilidade com que dispunha o raciocínio em divagações de tal natureza, não se demorou em configurar o protagonista a que se reportava o autor da obra; a facialização assim conseguida, impregnou-se tão profundamente em nós, que alguns anos depois, na releitura que efetuamos, já esquecido do pensado desempenho, eis que retorna ao palco daquela proposição o vulto de B. N... como se solícito estivesse nos bastidores a aguardar o chamamento de nosso devaneio; desta vez, também era noite,

no entanto mostrava-se diferente a circunstância em que se processava a leitura: outros móveis, outro silêncio, ladeavam o painel de nossa efígie a ler, existindo apenas de comum e invariável entre os dois episódios o semblante de B. N... a nos dizer exatamente aquelas coisas referidas no volume; até morrer, jamais se inteirou da cena que representara em nós, entretanto, no arquivo das experiências, encontramos uma folha dedicada ao momento de outrora e ao instante posterior, ambos os retábulos unidos pela conexão da figura de B. N... a expor-se à mesma platéia de nossos olhos; mas localizada em ambientes distintos, como se fazem ver do intérprete, em excursão, os funcionários da empresa que, sem outra ocupação a dividir-lhes os passos, determinam a constância de ser no tempo segundo o olhar do ator em plena função: de cada vez o protagonista apreende o inédito que envolve o seu espetáculo, a arquitetura do edifício, o arranjo dos assistentes, o novo ar que lhe surge da soma de tudo quanto descortina; porém o hábito da desenvoltura lhe permite estender o miradouro a um convencionado recanto da platéia, o bastante para distinguir os companheiros que, fisionomicamente, significam algo de conciliador nas diversas conjunturas, um ponto de aproximamento que lhe modera na alma as asperezas das distâncias, que lhe minora o tédio afetivo, a pena sentimental de saber-se longe de amparos mais sólidos que os simples aplausos; há em cada um de nós a necessidade de ser visto em mais de um desempenho, de estar, em outrem, sob mais de um aspecto, de onde provém a atitude do pelotiqueiro em dirigir o olhar às pessoas que o conhecem de variadas formas; a mesma atitude com que, após o entretenimento e liberto da pintura e da roupa exigidas pela profissão, se surpreende satisfeito de si próprio desde que ao sair à rua, livre da mascarada, alguém o descobre nas atuais feições, verificando o intérprete que a sua arte não é em si mesma a fonte de sua alegria, mas sim enquanto pretexto para despontar no transeunte o registro de seu rosto em nova e humanizada configuração. Aos sentimentos nutridos pela intimidade, correspondem os diversos miradouros que ela permite se lhe situem, para o bom êxito das relações; sucedendo que muitos dos afetos, assim os da estima como os da malquerença, costumam regular-se pelo número de aspectos com que os deixamos expor ao belvedere amigo ou à lupa que nos incomoda; de ordinário, ninguém se resigna a ser, perante os outros olhos, sob a exclusividade de procedimento, e mesmo que a exclusividade traduza a mais excelsa nobreza, ao possuidor de tão elevado gesto acode a iniciativa de estender a distintas atitudes o valor moral com que se exibiu à admiração do espectador, tentando propiciar a este a idéia de que o seu merecimento, longe de acidental, denota uma constante no teor da vida. A figura de B. N..., condicionada não por princípios de rigidez ética nem religiosa, mas pela circunstância que lhe fosse imediata, o vulto de B. N... emitia-se falto de coerência interna, de unidade que repercutisse em nossa pessoal imaginação, de maneira a nos restringir os excessos de divagamento, não o conduzindo a episódios que ele não pudesse, em sã consciência, desempenhar como verdadeiros, e possíveis em seu cotidiano; por motivo da versatilidade, não era excessivo que o rosto de B. N. . . nos aparecesse pela incitação de mera frase por ele nunca expedida, entretanto facilmente adequada à pessoa que, em dois ensejos, nos dividiu a fluência de tantos anos, ensejos que representavam dois painéis justapostos em temporalidade fisionômica; ou seja, a acontecida pela permanência do protagonista que teve fixada a sua presença junto aos objetos que vizinhavam os havidos devaneios, indigitando a estreita similitude entre o nosso segundo comportamento na absorção do livro e o daquela remota noite: parecendo-nos um só entrecho da leitura, com a inserção de nosso corpo e do tomo sob os olhos, inserção que poderíamos insular, a exemplo da tela em que, para melhor observação de determinado trecho, escondemos da mira, por meio de simples papel ou da mão, os demais elementos que a formam, e não consentimos venham a contagiar o ponto que ora nos interessa.

4 – Sabemos a história da mesa elástica, belo assunto de uma família composta do casal e de muitos filhos que nos momentos de refeição ocupavam a enorme peça, reservando as cabeceiras aos pais, era alegre de ver-se o trânsito dos alimentos indo e voltando de uma extremidade à outra, na desordem hilariante mas comovedora aos olhos de quem entendesse o idioma doméstico, explícito naquelas atitudes; o qual em si mesmo redundava essencialmente íntimo, sendo os atores os próprios a rirem de seus gestos, do espetáculo que se expunha a determinadas horas, todos os dias; com os anos, à medida que se tornavam adultos, menor se fazia o gracejo, e com ele o tamanho da mesa elástica; sucedendo que, a partir de certa época, nenhum dos filhos freqüentava o ambiente, e o idioma doméstico se perdera à falta de interlocutores; muito reduzida se externava a mesa, não tendo mais que diminuir, porquanto as figuras do casal, cada uma na respectiva cabeceira, se davam as mãos tão próximas estavam; a alguém que as houvesse visto logo depois do matrimônio, e contemplasse agora o painel do isolamento, ambas as situações apareceriam ao espectador como um texto que ainda se mantém integral, não obstante os acontecimentos intercalados entre uma e outra; se porventura esse alguém, tendo conhecido o casal quando este apenas se constituíra, se obrigou a viajar para bem distante, sem receber, na ausência, qualquer notícia das vicissitudes conjugais, ao surgir inesperadamente no refeitório, vislumbrando nos mesmos locais os dois vultos encanecidos, a idéia de que esse retábulo se desfez e só há pouco volveu ao anterior aspecto, não acorre ao seu pensamento, antes conclui que o tempo ali se regera pela uniformidade fisionômica; em seguida aos cumprimentos amistosos, certamente haveria de lhe dizer o casal que muitos filhos encheram de vozes a habitação novamente deserta, contudo, na mente do recém-chegado, essas coisas, que lhes confessam os seres embevecidos, não vêm a depositar-se no mesmo plano que as duas cenas da similitude, as

que ele pôde testemunhar com os seus olhos; as primeiras indo a localizar-se no recesso da imaginação, onde se demoram as conjunturas fictícias, e as segundas passariam a figurar no relevo com que ele registra o próprio corpo. Na leitura dos romances históricos, o leitor que não sabe distinguir os elementos da veracidade dos elementos da quimera, corrobora não haver separações entre as duas naturezas, e apesar de a última resplandecer melhor como valor artístico, é a todos os episódios alcançados por seu miradouro que ele tributa, com o mesmo encantamento, a mais espontânea e crédula das receptividades; enquanto o estudioso a par dos eventos históricos, em vez do que seria de conjecturar, não representa o ideal leitor para esse gênero de romance, isto em virtude de haver, neste caso, concomitantemente à ânsia de atingir o desfecho, a dificuldade de ele unir, no mesmo plano de visibilidade homologadora, a que se dera em verdade e o que se dera por imaginação, cuidado erudito a minar a correnteza da gesta, do existir novelesco. No repertório do recém-vindo, ante a cena da mesa elástica, e depois da narração de tudo quanto houvera, sobressair-se-á unicamente a circunstância dos entrechos em similitude; o belvedere de sua fixação seria um tanto como o belvedere do inexperiente leitor que satisfaz o desejo do romancista, aprazendo-se com as peripécias do volume por tê-las considerado de um só e exclusivo ângulo; a figura que ouve atenta os anais domésticos, e chega a demonstrar profunda simpatia pelas retificações aos seus pressupostos, se a sensibilidade de raciocínio o levar a tanto, refletirá que de mais proveito seria para a unidade entre o seu miradouro e o mundo, se não houvesse existido o intervalo entre as duas cenas, preferindo que a ausência de vários lustros lhe concedesse, de regresso, apenas o retábulo que vira quando se fora. A redução desses fatos a termos figurativos inscreve em contigüidade os dois episódios de quando a mesa prescindia de alongar-se; e o tempo decorrido ostenta-se nessa composição através do encanecimento que marca, no segundo painel e sem esvanecer a identidade dos participantes, o tempo transcorrido que também nos pertence a nós; processo de exposição que nos legitima a prática de buscar e rebuscar as folhas de nosso repositório, para sentirmos nelas, a despeito de transferidos a outras imagens, os balizamentos de nosso vulto na perduração. O nosso testemunho sobre a fluência de nosso próprio existir não se oferece bastante hábil para fixar todas as enquadrações de nossa efígie no tempo, a precisão do auto-observatório é bem escassa ao tentar medir o trânsito das épocas; na certeza de tal indigência, o nosso olhar muitas vezes repousa nas faces que encontramos, com o único fito de conhecermos fisionomicamente a nossa idade que, na ordem figurativa, se removeria assim de nosso corpo e se instalaria no objeto em frente. Os elementos postos à disposição do belvedere não são uníssonos nas respostas que nos veiculam no tocante à durabilidade do que havemos sido: uns mais parcos na escritura dos anos, outros excessivos na manifestação deles, de modo que a nossa curiosidade pelo tempo no qual passamos vê oscilar-se o depoimento de inúmeras ampulhetas, jamais unânimes em nos conferirem a temporalidade que transportamos. Dir-se-ia que não se ajusta a nosso semblante o tempo de cada uma das coisas que nos são externas, que o idioma das faces é impreciso ou mudo em relação à nossa vera perdurabilidade; mas, em vez do anfigúrico de tantas expressões, o que lemos nas fisionomias, que nos retornam à visibilidade depois de extensa separação, se equipara a escorço de um só acontecer: o nosso haver sido sob múltiplas variações, sem esquecer aquela que nos sobreviria na forma de um vulto que deixamos em determinado recinto que, em razão da própria normalidade, lhe garantiria a permanência; no entanto, ao procurá-lo, no dia de nossa volta, eis que não mais o descobrimos por se ter apagado e portanto desfeita a promessa de nos aguardar no tempo; morreu antes de nós, e da composição que idealizáramos restam-nos apenas o retábulo primeiro e esse não mais existir que é também nosso, mercê de nos extinguirmos com as visões que se extinguem.

5 – Mal saído da embarcação, corremos ao prédio onde tantas coisas estão dentro de nós como as assinalamos na hora da despedida; no momento de se abrir a porta, o nosso olhar franqueia a assembléia dos móveis e das figuras humanas, vendo em cada qual a cicatriz da demorada ausência: os primeiros mais fiéis à aparência com que os deixamos, as segundas, com a fidelidade mais adstrita à ocasião de agora; e, pairando sobre todos, a cicatriz maior e que a nenhuma parcela isenta: a impressão de tudo se haver definhado fora de nossa vista, cada ser expondo-se a menos do que anteriormente nos parecera, que eles e elas se não regularam na medida da afetuosa lembrança com que as nutríamos em nós; a feição temporal de cada uma sem ater-se à constância da saudade, todo o concílio, que estava à nossa espera, agora indigitava que o transcurso se dera, e a ele obedecera a unanimidade dos semblantes, como se a modalidade de receber, a quem se afastara por muito, fosse a transparente acareação do haver sido de cada qual em particular. À maneira de quem se recusa a atender à inicial revelação, e antes mesmo de desocupar as bolsas, incidimos a lente no aspecto individual dos protagonistas, assentando, como referência comparativa, o dado da memória que trazemos conosco e específico de cada um; então, no desfile de nosso vulto em presença dos reencontros, mantemos para todo o texto a necessidade de traduzi-lo de sua própria forma, pois há em cada um a peculiar feição de nos dizer o que expressa de nossa ausência; nessa revista a propósito da temporalidade, verificamos que, em uns, estivemos fora por alguns anos, em outros, por muitos anos, nos demais, as rugas e o descolorido nos informam que envelhecêramos, que bem pouco nos sobra da era em que eles nos iludiam com a promessa de solícita estabilidade. Em presença da galeria das temporalidades, os nossos olhos perscrutam, de preferência, aqueles semblantes ainda consentâneos com a hora em que deles nos separamos; e já isento da impressão de escorço que nos adveio ao assomarmos à porta, e à medida que nos

detemos a contemplá-los, inocula-se em nós o pensamento de que hão de nos sobreviver, por mais que se prolongue a nossa vida; pensamento este que nos desalenta em especial, contudo não impedindo que sobre tais objetos, e por efeito dessa conjectura, nos dediquemos a considerá-los com a ternura inconfundível de quem cede a outrem o mais profundo de si mesmo. Ocorre que tal pensamento é eficaz enquanto pressuposto de a realidade estender-se após delir-se o nosso olhar, porém a estrutura fisionômica vem a dissuadir-nos dessa hipótese; todavia o faz sem impedir que em nosso repertório se efetuem com assiduidade os momentos de sermos, ante muitas efígies, como quem outorga a estas a vez de continuarem depois do nosso próprio falecimento. A idéia de que transferimos a outrem a herança de sermos, a idéia de nos virtualizarmos nas figuras de sucessores, é uma ideação do painel do velório que nos diz respeito, o qual facialmente não há de existir porque o não observam, o não captam os nossos olhos; assim sendo, o futuro que imaginamos para a nossa efígie, englobando a sobrevivência dos que nos conduziriam ao cemitério, vale, em termos fisionômicos, a exemplo das profecias que, muito antes de concretizar-se, o eram na mente de quem as proferia, em consistência privativa do profeta: a posteridade, por ele antevista, consubstanciando-se no ser de sua existência, sob a qualidade de pura ideação, independente da empírica efetividade; no texto de nosso repositório, junto aos semblantes que vimos e vemos, gravam-se as idealizações figurativas acerca das datas ulteriores ao nosso perecimento, tornando-se óbvio que nos demoremos a contemplar as coisas imaginadamente capazes de prosseguir em um tempo além do tempo de nosso vulto; nesse ato de mira, apontamos o observatório para a faculdade, que revelam, de virem a ser depois de nós, propondo-nos, com referência à nossa efígie, a mesma conjuntura que nos tem trasladado a velórios e saimentos em direção ao túmulo. Incidimos na costumeira concepção dos intérpretes de nossos episódios, segundo a qual cada um acredita que os seres restantes à sua morte, passam a existir sem a visão criadora de seu olhar, de nada importando ao universo o fato de sua extinção; na ordem fisionômica, tal contingência não se executa, ela se perfaz, em nossa unicidade, como puro pensamento, o pensamento de haver outras fisionomias depois de nossa morte, a idéia de as coisas continuarem como se não tivéssemos desaparecido, pensamento, idéia, que, da mesma forma, nos há de acompanhar em nosso perecimento. Com efeito, podemos devanear, fantasiar, o que se exibiria sem os nossos olhos, e então idealmente deferimos o miradouro aos entes que nos sobreviveriam; com o ânimo de aluirmo-nos isoladamente, buscamos vislumbrar em seus rostos os aspectos que se verificariam sem o absoluto de nossa presença. No quadro que presumimos, à indiferença desses vultos com respeito ao acontecimento de nossa morte, aditamos a apatia dos transeuntes que nem ao menos imaginam que os nossos passos abriram réstias na areia por onde agora deambulam; os mesmos entes ali fixados e que tão íntimos se inscreveram em nosso caderno, esses rostos nada mais transluziriam de nossa velha presença, mudos às indagações de alguém mais devotado à nossa memória; contudo, a perspectiva de nosso vir a ser depois da morte, é inabordável por nossa lente, salvo como idéia que, por sua vez, ruir-se-á conosco, os retábulos e os intérpretes estando a depender de nossa existência como as coisas se permitem ver até o minuto em que se apaga a lâmpada que, sozinha, as iluminava.

Capítulo 4

1– *Os contornos genéricos e a restituição do passado – O Julgamento Último.* 2 – *A lei da arquitetura.* 3 – *A imagem desaparecida.* 4 – *A outorga.*

1 – Agrada-nos a observação de figuras que se conservam durante o extenso acontecer, vultos como que insensíveis à fluente sucessão; eles nos conferem o dom de uma ubiqüidade no tempo, cuja escassez na terra é bem menor do que sugeriria a contingência de nossa efemeridade; entre essas figuras põem-se as que, ao retornarmos de comprida ausência, restituem aos nossos olhos igual aspecto de quando partíramos; o passado vindo a aparecer ao nosso miradouro, isento do labirinto de suas formações, com amostras que possivelmente não são as mais representativas, mas que pertencem ao pretérito; a elas volvemos a fim de estabelecermos o inapreciável de nossa separação, pois que as efígies assim perduráveis se nos oferecem, literalmente às vezes, tais como as deixamos na hora da despedida; os instrumentos de nossa ótica não se revelam tão agudos a ponto de lermos o dessemelhante nos dois contatos; mesmo porque, na ocasião do afastamento, os olhos da lembrança vagueiam nublados e perdem a incidência porventura mantida sobre a preocupação de guardarmos o entrecho último, vindo a descontrolar-se o foco de nossa lente, ainda que não o bastante para se esvaecerem os contornos genéricos. São estes que bem preservam a fidelidade do ser ao ser de antigamente, e a cuja vista deparamos com a nossa própria pessoa incólume do tempo em que estivera longe; sentimos que o amorável

espelho nos modula ao tom de um esboço de eternidade, de pequena ilustração dos intérpretes que hão de surgir no Julgamento Derradeiro, temporalidades resolvidas em presença a que nenhum semblante se impedirá de comparecer; no confronto das novas contigüidades, a despeito de suas vidas anteriores se terem desenrolado em diferentes eras, cada qual vislumbra, na que se lhe aproxima, a indicação de que a descontemporaneidade não servira para desfazer a tessitura de agora, quando, reciprocamente, o receoso olhar de cada um enxerga, na fisionomia que se lhe situa defronte, uma intimidade de ser que traduz a que lhe pertence; nenhum laço o unira outrora ao rosto que no momento ele descortina, no entanto, ressumbra dos temerosos gestos com que se exibe o vulto em acareação, o pasmo de ver, a descoberto, a sua personalidade que fora, antes, a resguardo de tantas vistas, e que está então integrada no ser comum, no grande painel para o qual viveram e modelaram as suas existências. A ubiqüidade sugerida em retábulos menores, graças à perseverança de certos protagonistas, como os trechos de paisagem que testemunham várias gerações, perfaz-se no Julgamento Último, quando, em torno de nós se aglomeram as efígies de todas as idades, lentas ou convulsas na conformidade de seus erros; para escarmento de nossos respectivos pecados, as que mereceram de nós a admiração duradoura, desnudam-se do tempo de nosso repertório, e nos propiciam a visão do que não vimos por nos terem evitado; mal supunham que haveriam de chegar ao nosso conhecimento, desta vez repleto da total significação do pouco e do muito que dantes nos revelaram. Nos contatos com esboços do Julgamento Último, localizados aqui e ali nos percursos de nossas deambulações, a virtualidade das formas nos concede a vez de alcançá-lo por meio da visão, tal como em presença da praça onde arquiteturas diversas se pronunciam acerca do que foram; os vários pretéritos externando aos nossos olhos a simultaneidade de seus volumes, e na confecção de cada qual o respectivo autor não presumia a natureza geral do ambiente de inúmeros anos após: alheio que era às vizinhanças de seu edifício neste momento em que se tornam, diante de nossa lupa, os contemporâneos da perspectiva atual. Cada prédio nos suscita ao pensamento a conjectura de que o autor, fiel às imposições que a gruta primitiva determinava aos primeiros habitantes, estabelecera, para toda a vida de sua obra, e conseqüente albergagem dos vindouros, a imutabilidade dos cômodos à maneira de perpétuo acondicionamento aos hóspedes mais diversos; os quais atendiam e atendem ao ortodoxo desses ancestrais programas, apesar do desconcerto entre as posteriores conjunturas de estalagem e o definitivo da fábrica remota; entrementes, a rigidez de nossos delineamentos prossegue em relação aos que nas substituírem no uso de nossos moldes, pois é arraigadamente forte o pendor de transmitir, aos que nos sucedem, o abrigo feito para o estar de nosso vulto: forma de modelar a outrem – cujo nome nem ao menos é pronunciado ao nosso ouvido – segundo os ditames de nosso larário, vale dizer, de nosso corpo que assim volve a ser fisionomicamente em outros. As distâncias entre a nossa atualidade e as dos inauguradores daqueles edifícios, se atenuam se penetramos no recesso de tais monumentos e nele distinguimos como os transeuntes ou ocupantes de hoje repetem em idas e vindas os passos com que o percorriam os hóspedes de antigamente, como insistem na reprodução dos mesmos gestos, a despeito das pinturas que higienizam os portais, das manchas que o uso freqüente determina, da suposição acerca de o objeto parecer versátil, a que todos nos inclinamos; a arquitetura nos tem regulamentado a ela mais do que pensamos estar a mesma a serviço de nossas necessidades. No painel do Julgamento Último, o teor da sentença recairá em constâncias da conduta, em nominalidades que prevaleceram até o final momento da terra; nas interlocuções operadas no constrangedor ajuntamento, hão de ver-se as similitudes de episódios, as consangüinidades de ser, de agir e de contemplar, sempre ao módulo da repetição, como se todos os réus procedessem da fôrma de uma arquitetura que lhes imprimiu as atitudes na conformidade dos aposentos e dos órgãos de circulação.

2 – Na casa-grande de O. . ., o lar se instituiu consoante o corpo que a estabelecera, e não segundo as exigências de nosso vulto; assim por todo o tempo em que a habitamos, assistiram as paredes mobilidades e imobilidades de alguém que eram as mesmas de quando o aposento se inaugurou: gestos repetidos não só desse corpo, mas de quantos ocuparam o albergue no curso de sua história, sem contar os que haveriam de nele residir e enfileirar-se, portanto, no cortejo da uniformidade íntima. Moramos sob as prescrições de cheios e vazios, em plena sujeição para nossas específicas espontaneidades, inerte perante o jugo imposto ao nosso semblante pelas modalidades que se fizeram à revelia de nós, compelindo os nossos pertences a desertarem de nossa companhia única, e se incluírem na feição comum a todos os conviventes; à guisa de prevenção à profunda desordem, preferimos não revogar os ditames de tão rígida autoridade; antes, parecia-nos de boa prática oferecermo-nos em adesão aos móveis e com eles resignamo-nos a reconstituir fisionomicamente o processo de ser em casa, nos termos em que o desempenhou o nosso velho sósia. Não lhe pedimos nenhum esclarecimento, pois as atividades que exercera no interior daquelas paredes estão impressas aos nossos olhos, os vãos em que se debruçara, os corredores que percorrera, as janelas que fechara e abrira, devolvem conosco e à nossa lente o vulto de outra idade; o qual somos nós atualmente que nos abstraímos de nosso nome para nos contermos no genérico do habitante que o idealizador da obra estatuiu no momento de confeccionar a planta, mais rigoroso em suas normas que o jurista ao preceituar, atendendo ao rotineiro das relações humanas, as regras a que todos deverão obedecer; fixara o arquiteto alguns preceitos, para uso dos posteriores residentes, que nenhum legislador formularia com tão pronunciada argúcia, com o propósito evidente de condicionar-lhes os recessos de ser nas privadas conjunturas; de resto, não atentava

o artista que os seus lineamentos se destinavam a prender, num só molde, as existências íntimas de quantos se abrigassem sob aquele teto. A inadaptação do gosto que a princípio nos danificava, a nós que já nos fizéramos à imagem de outro quando de nossa prolongada estadia na cidade de R. . ., veio a nos inculcar o pensamento de uma arquitetura que permitisse a cada qual o modelo de sua própria concha, de forma a se libertarem do vazio ortodoxo as atitudes que seriam da singularidade do viver doméstico, e no entanto se estiolam ante a pré-estabelecida rigidez; arquitetura de apenas quatro septos, dentro da qual, à semelhança de certas oficinas, podem ser armadas, como departamentos solúveis, peças transferíveis ao reclamo de novo hóspede ou do mesmo quando se fatiga de pessoais costumes. Lemos as coonestações de uma tal arquitetura, e nos aprazia a idéia de prevalecerem à solta as versatilidades de cada um; entretanto, na decorrência dos dias, se suavizara a desacomodação de nossos gestos em presença dos invulnerados estorvos, o semblante de nossa personalidade sentia-se bem em recompor os conspectos de cenas remotas, malgrado o desconhecimento a respeito dos anteriores protagonistas; contudo, o nosso devaneio possuía instrumentos para promover a situação dos passados intérpretes, e portanto, com os dados que nos expunha o estojo, reconstruíamos cenas diurnas e noturnas dos que nos antecederam no albergue: o chegar, o sair, o permanecer, os passos que moveram ao som de quem tocara à porta, as vigílias sem causa, os incidentes de ser em domicílio que todos experimentamos, tudo, enfim, que representava o não viver em solidão. O nosso vulto, ao exercitar, às vistas de ninguém, o trecho a que se obriga, sente não estar só, mas em companhia de si mesmo enquanto desempenha um rosto de outro vulto. Havia uma saudade de nós mesmo na recordação do que fôramos em outra casa na cidade de R. . ., no transcorrer da qual notamos que se insinuava em nossa sentimentalidade certa simpatia por alguém de nosso repertório e que lá tivera por uns tempos o seu domicílio antes de nossa figura; acontecendo que, não obstante a reduzida afinidade entre nós dois – posto que nunca nos visitamos – nos adveio à mente a impressão de estar a sua vida devassada por nossos olhos, a sua intimidade doméstica sob a espreita de nosso miradouro. Agora, as franquezas da confissão levavam a compadecermo-nos de alguns dos explícitos aspectos; entre esses, o de ele transigir com as imposições da pequena capela de há muito desprovida do santuário, mas ainda objeto de veneração sob a forma de não haver sido ocupada por outros misteres, limpa e isolada de profanações, tal como se dera ao tempo em que prevaleciam as velas acesas e a solicitude do altar; a piedade que atinge o nosso vulto se transfere àqueles que são passíveis de piedade idêntica, e assim se fundem os valores da mutualidade humana: os emanados de nosso entendimento acerca do cotidiano dos que nos precederam, e os das futuras corroborações por parte daqueles que viriam a habitar o mesmo aposento; nesse caso, o nosso corpo a oferecer-se ao exame de quem, imitido na intimidade das peças e dos corredores, haveria de restabelecer um a um os passos de nosso acontecer doméstico, a teia de nossas atitudes ali gravada com a promessa de nem tão cedo extinguir-se. A esse alguém a nos suceder na concha, se porventura ele aplicar o miradouro na lembrança de nossa efígie, acudirá a sensação de que a nossa presença é a de sua figura, que ela repousa num ontem assimilável a suas vistas, ou melhor, trata-se de um hoje que se elastece a ponto de abranger o antigo morador que, confundindo-se com os demais em virtude da subordinação de todos às conjunturas do prédio, de si mesmo nada há a revelar ao observador em cena; ao contrário, tudo quanto este possa discernir, conduzi-lo-á à conclusão de que, colocado o belvedere no ângulo daquela arquitetura, os ocupantes vivos e mortos se diluem na fungibilidade, no seio do idêntico. Durante nossa permanência na casa-grande de O. . ., e a fim de bem disciplinarmo-nos às ordenações da mencionada arquitetura, perquirimos nas diferentes peças os lugares onde existiam os móveis de nosso antecessor; intuito que era parcial no tocante ao objetivo que desejáramos ter, o qual se traduzia na idéia de se capacitarem todos os habitantes a aceitar o disposto pela iniciativa do morador primeiro; mas, a ausência de uma crônica das intimidades e o quase certo de não coincidirem os arrajos e guarnecimentos do recheio, isto mercê das variações de pessoas e de fortunas, desiludiram-nos do integral propósito: apenas, coube-nos a preocupação de, como quem sugere o fio de uma praticabilidade, atender aos apontamentos advindos do último locador, às manchas deixadas no ladrilho, às marcas de telas nas pareces, às interrupções de cor ao comprido do revestimento, e sobre tais indicações apusemos os móveis que nos pareciam adequados, todas as coisas a repetirem as posições da véspera; em segurança do intento, sem contudo manifestá-lo na conversação, que o pretexto se encontraria lucidamente aberto aos olhos, convidamos a vir a ter conosco no domicílio a figura que dele se mudara há pouco; esta, ao verificar a nossa obediência aos reclamos de seu viver doméstico, tivemo-la comovida perante o que descortinava, dizendo que estava longe de supor que os dispositivos de ambos nós fossem tão bem ajustados; maneira gentil de pronunciar o agradecimento por se ver objeto de imitação, mas escassa com referência à argúcia de sabermos se as pessoas que ali se fixaram antes de sua estadia, estabeleceram nas coisas a ordem que nós ambos mantivemos; indagação muda, nem sequer suspeitada por ele que somente alegou não recordar-se do precedente inquilino, pois lá viera a habitar ao tempo de sua infância. Anos depois surgiu a vez de desertarmos do venerado aposento, outros seres o mutilaram sem seguir os ditames incisivamente expostos na pátina de nossa mobília; com que afeto percorriam os nossos olhos a indisciplina do residente que a tudo ignorava, inclusive o nosso nome, tristeza de assistirmos o desamparo de nosso vulto, o perdimento, bem cedo, das formas que quiséramos continuassem muito além de nós; da vereda, perscrutamos hoje ainda um elemento qualquer daquela casa que nos modelou por extensa época, tentativa inútil porque em seu lugar outro prédio se levanta com aberturas a nos atrair o miradouro, no entanto este não mais nos descobre, nem aos nossos antepassados em domicílio; o nosso ser em outrem é-nos sonegado sem ao menos um breve anúncio, que na história das demolições não há exemplo de o demolidor aproximar-se de um semblante e esclarecer-lhe que especial e prematura morte acaba de atingi-lo. Com efeito, é tanto por acaso como em virtude de corolários de informações, ou por tomadas diretas, que compreendemos estar o nosso rosto a suprimir-se em plena acuidade de nossa lupa, que nos investimos no testemunho de nosso próprio falecimento, malgrado, às vezes, as alvíssaras dos indiferentes ao nosso modo de ver; os quais, pretendendo ungir-nos com as boas novas da mutação, se apressam a nos declarar que a rua de antigos passeios a desoras, ou a casa que nos serviu de albergue, se acha vantajosamente enriquecida ou sub-rogada em outra, e que será de curioso proveito irmos em visitação a tal lugar; tudo como se nos dissessem que nem ao menos inscrições deixaram a respeito do edifício que, com o nosso semblante, repousa agora, e para sempre, na vala comum. Resta, à maneira de mais amplo envoltório a nos conter e aos demais participantes da mesma arquitetura, a presença da fungibilidade, da extinguibilidade pessoal; esta, diluindo-nos no anônimo das similitudes, estende o manto na havida comunidade de sermos, perante a indiferença de todos que não mediram o teor de nossos passos, que não sentiram o fecundo de nossos liames com as coisas e as pessoas que através da arquitetura reconstituímos. Permanecemos nos vestíbulos do nada e repleto da tristeza que nos sobrevém de sua obscuridade interior, quando, em painel do acaso ou em algum consistório a que devemos comparecer, nos defrontamos com a figura daquele alguém que nos transferira o processo de expor os móveis, sistema que a rigor obedecera às insinuações da própria arquitetura: então, ao vermo-nos assim despojado de tudo quanto nos promovia à identidade com o havermos sido, a tristeza que nos recobre vem a se tornar mais adejante porque se completa em ternura vaga, espécie de piedade de nós ambos, pois em seu corpo traduzimos a morte que se deu em nossa efígie; enquanto ele discorre acerca de motivos outros ou do assunto em pauta na convocação do concílio, voa longe o nosso pensamento para regressar e recair na face em palestra, na forma com que suportamos determinadas pinturas, vindo a comovermo-nos com os tipos nelas representados, desde que, desprezando a inferioridade pictórica, imbuímos as tais figuras com significados de natureza peculiarmente afetuosa e passível, portanto, de resultar em nosso interesse; como, por exemplo, o de avocar uma delas à conjectura de que se trata de alguém que sofrera a humildade de ser repreendido em ação em que visara somente ao benefício do repreendedor: ficções da alma que a mente formula à medida que contemplamos a tela imperfeita, ao extremo de agradar ao pintor se proventura surdir no mesmo instante, o qual desconhecendo a razão de nossa demora, acreditará, à sua feição, na naturalidade de nosso êxtase. Alheio à conjuntura do momento, não obstante proporcionarmos ao interlocutor a impressão de que o ouvimos atentamente, um cortejo de outra ordem passa-nos diante do miradouro, um cortejo de sentidos velórios, a seqüência das irremediáveis desaparições que o imergiram conosco na morte do venerando prédio; um a um, os retábulos se exibem como variações de luto, ora a peça em que todos nos reuníamos quando alguém nos visitava e que não poderia ser outra, e com a mesma irrevogabilidade apareciam a janela com as marcas de nossos debruços, a porta que só ela nos levava ao quintalejo, a varanda que nenhuma outra nos ostentava o rio, as comunhões da persistência e as comunhões do descortinar lá fora, tudo hoje extinto com a arquitetura que desmoronaram; e, com esse perecimento, o perecimento da possibilidade de – numa ocasião em que lá volvêssemos ambos, sob pretexto qualquer, como, de nossa, parte, o de mudamente sentirmos na visitação de nossos vultos a retomada do que fôramos – propiciarmos à figura acompanhante o afeto de nos ter unido à sua existência, em base semelhante à do parentesco mais próximo: a da solidariedade fisionômica, em face do modelo de um molde apenas; despertada em seu espírito a revelação desse elo, com que desenvoltura ele permitiria que usássemos de sua presença nessa hora de ratificação: as suas palavras a nos concederem os ambientes escolhidos no calendário de seu conforto, expressões que unicamente homologariam o nosso presságio, ele a indicar os elementos que o nosso vulto bastante conhece por havê-los experimentado nas mesmas condições; enfim, tudo que ressaltasse da memória de sua convivência entre as velhas paredes, caberia na crônica de nossos lustros a propósito do mesmo vão, em cujas partes lemos o cotidiano de inúmeras efígies, todas elas disciplinadas pela figura primeira e desconhecida que nem de leve pensava, no instante de transferir-se ao novo prédio, que, no fato do erguimento deste, ficava implícita a modalidade de ser de quantos o habitassem.

3 – Apesar de três séculos decorridos, os muros da Igreja de A. . . não nos deixam a impressão de ruína, mas de conjunto mutilado ainda há pouco, se bem que date de alguns anos o início do desmoronamento que a desfigurara; ao lado, em galpão que construíram para depósito dos salvados do templo, conservam-se as relíquias que nos atraem sempre que viajamos a N. . .: os objetos acomodados segundo o entrelaçamento que mantinham em passadas eras; certamente a razão de nos parecerem, muros e coisas, o resultado de recente desagregação, consistia na circunstância do improvisado albergue, havendo no interior da nossa contemplação a réstia de uma conjectura: a crença de se encontrarem prestes a uma adequação condigna; ali mesmo, em contigüidade, como a pretender expor a alguém um desastre ocorrido na véspera, sem o tempo ainda de se retirarem os despojos, a Igreja e os seus pertences ofereciam-nos um aspecto que não conhecêramos igual; alimentava-nos a idéia de que nem tudo se externava perdido, que na seguinte viagem os nossos olhos se regalariam diante do painel do templo refeito e reintegrado na posse de todos os complementos, esperança desiludida depois, apesar de ela ainda renascer dentro de nós na ida à cidade de N. . .. Sabíamos da existência de senhores que

desmontaram igrejas e as repuseram distante do sítio original, na persuasão de que deram mostras de religiosidade e de bom gosto, não aferindo a irrecuperável perda a que expunham a paisagem e as relações contidas dentro do invólucro; entre estas, os retábulos que aconteceram antigamente e que se não deslocam sem algum prejuízo do quanto ainda lhes sobeja; ao atual dono das terras de A..., conforme viemos a entender na confissão de sua voz, aplicamos a censura merecida, pois que os objetos do galpão lá permaneciam como coisas à venda, postas na montra a quem mais desse; entretanto, muitos viajores costumavam descer do veículo, e, em lugar de moedas, deitavam flores e orações aos pés do orago, sucedendo que em determinado dia do ano limpavam o recinto, sem contudo demoverem o senhor do intento de negociar o objeto de tantas devoções; houve um dia em que presenciamos certo ajuntamento em redor dos escombros e de seu anexo, e então, atendendo ao impulso da curiosidade, dirigimo-nos à assembléia dos camponeses que se detinam na observação da tarefa sob as ordens do proprietário, qual fosse a do apresto de todos os bens em depósito, com o fim de entregá-los ao adquirente, sem mais tardança, que o navio já se encontrava no porto, e era, com efeito, para muito longe que destinavam o religioso acervo; na data seguinte, depois de pernoitarmos em N..., o sinédrio rural revestira-se de nova aparência, não mais de vultos imóveis em torno do galpão, mas de efígies que se revesavam de um ponto a outro, sob a regência de motivo extraordinário: naquela noite indivíduos ocultos houveram por bem subtrair do altar, só agora carecedor de unânime interesse, a imagem do santo que ninguém sabia onde pudesse estar; não sendo diminuto o desespero do alienante que de logo se pôs em contato com o agente público, na ocasião solícito em desagravar o ambiente, alheio à consideração de que, escondido em algum recanto, talvez se prestava ao objeto do furto a mais tocante de quantas liturgias se promoveram em sua invocação; de nosso belvedere, divisamos os ritmos das providências, as idas e vindas dos circunstantes por todo o descampado da cercania, que o lar de cada um já fora devassado impiedosamente, sobretudo aqueles onde viviam pessoas que tiveram dos pais e dos avós a legenda do milagroso orago: suspeitos, portanto, de usurpar o bem que, sem dúvida, era mais de seu patrimônio que do próprio titular que dizia não poder, na hora, nos receber como desejava, isto por força do sucesso recente e cujo desassossego tendia a prolongar-se pela noite a dentro, até que descobrisse o paradeiro do santo; realmente, de raro vinha a nosso encontro, as atenções se aplicavam às turmas de rebuscadores que, à distância, lhe acenavam o inútil das pesquisas, para depois não cuidar dessas assinalações, preferindo estirar-se à rede e, pela ausência de mensageiro com boas novidades, se punha no conhecimento de que tudo persistia em vão. Os indícios apontavam que a escultura de madeira devia estar nas vizinhanças do engenho, e os utensílios de escavação foram entregues aos trabalhadores e aos policiais, enquanto a noite, ao advir, adicionava óbices que no entanto se resolviam incontinenti, com o prospecto de fachos de luz, a nos lembrar uma procissão a desoras como nunca se devotara ao santo, nem mesmo ao tempo em que o gloriavam no seu nicho ou em andor, pelas veredas, na festa que lhe dedicavam uma vez ao ano; por semanas ninguém se inteirou do destino da velha imagem, repositório de infinitas esperanças, testemunha das mais sentidas obsequiosidades sempre que, no espaço de três séculos, se ajoelhavam os romeiros vindo de longe ou os moradores que também, na seriação dos pecados, escolhiam um momento para interrompê-los e dar ao santo a melhor de suas atitudes; ordinariamente se punham à vista do orago os painéis sinônimos, cujo teor era o da humildade contrita, as distinções do proceder abandonadas nos vestíbulos do templo e do galpão, as similitudes dos gestos a se perfazerem no interior de ambos os recintos, e em ritual que somente eles dispunham e acolhiam, enquanto ele, do observatório do altar, se fazia concomitantemente a lupa e o objeto de todas as visualizações.

4 – O painel dos rostos em busca da imagem, diante de alguém que, na ignorância das ordens emitidas, o visse em completa desenvoltura, expressaria certamente que os atores, após tantos ensaios decorridos no tempo e onde residiam eles, vieram enfim ao perfeito desempenho do espetáculo; tal miradouro testemunharia que a paisagem, conseqüentemente fértil em sua concretização, se desmunia da versão original, para ater-se à meramente alegórica; em lugar do entendimento sobre a irreligião que movia o entrecho, esclarecíamos, ao contemplador da cena, que ela se exibia claramente fisionômica, o teor de seu significado a traduzir-se como o orientava a lupa de nosso belvedere: o estrado cheio do nome, do tema de algo que é perdido e cujo desaparecimento deixa inconsoláveis aqueles que têm, na coisa desaparecida, o seu próprio perdimento; e apresentam as suas atitudes a salvarem nela a trama de si mesmos, a salvarem o haver sido de antigamente e portanto o ser de agora com a sua necessidade de dispor do proscênio onde repetir-se. O palco das representações já se aluiu no tempo, muitas vezes nada mais resta do que fora; todavia, a lei da outorga, que prevalece por meio dos contatos, substitui uma velha cena por outra onde vem a instalar-se uma sobra qualquer do que existira, à maneira do que se lê em inquéritos outrora promovidos para a santificação de alguém; o daquele apóstolo, por exemplo, que, ao morrer, a visão e o tato da sepultura não pareceram suficientes à posse dos contemporâneos; estes quiseram ter junto a si um fragmento do amado corpo, mas acontecendo que os disponíveis não bastavam à distribuição, o simples toque num deles satisfazia a urgência dos que não alcançaram os sobejos melhores; na Igreja de A. . ., os muros carcomidos isolam-se das pedras que não estão mais à sombra deles, talvez espalhadas e a consumirem-se em outros recantos, algumas já disformes pela variedade das erosões; porém é admissível a eventualidade de alguém piedoso havê-las recolhido à falta de santo lenho, na tentativa de pôr em virtualização o altar e

a nave que a indiferença e a cobiça não mantiveram. Infelizmente, essas idéias se nivelaram apenas a conjecturas, mesmo porque as venerações de agora se amesquinham se comparadas com as de outras eras; afora isso, meses depois do cometimento, veio-nos a desmenti-las a descoberta do precioso vulto em loja de antigüidades, para alegria do dono e de pessoas suspeitas; ao chegar no engenho a notícia do sucesso, todos se contentaram como outrora sorriam em êxtase os peregrinos diante do orago a eles presente; acontece que a motivação se atenua mas não se esquiva da peça, isto em virtude de continuarem os mesmos atores, e ninguém se sobressai para mover o elenco à diversa representação, o grupo dos protagonistas a se perfazer segundo os contornos do ocorrido painel; agora, eles atendem à congênere interpretação, estando a repetir-se a cena da procura, da invocação à imagem que desaparecera; hoje, ao retornarmos pelo caminho de N. . ., em hora que no eito se aglomeram os homens, é uma procissão ainda que nos acode ao olhar, desta feita com a significação que nunca se dera na localidade: a de haverem os habitantes do engenho, em cultuação pelo acontecimento de buscarem no solo a imagem de seus fervores, estabelecido o ritual da lembrança de um dia encontrarem o santo que se esvaecera; o préstito das figuras a gesticularem como se verdadeiramente fossem ao encontro dele, culminando com a inutilidade dos esforços; a qual, entretanto, seria de profundo teor, posto que se referia à nossa inclinação de ver, nas retomadas de nosso ser antigo, a oportunidade de outros vultos acederem a igual propósito, se solidarizarem conosco nas atitudes de irmos às nossas fontes; no começo, eram os remotos antepassados que se dirigiam à capela, hoje, aqueles nossos contemporâneos que, em virtude de ser ausente o objeto das adorações, o procuram convencionalmente; o que, em última análise, é uma forma de tê-lo o de adorá-lo ainda, como os alicerces de demolida casa, por força de não haver melhor ponto ao fruimento da perspectiva, se prestam à ereção de nova arquitetura; e a quem lá vivera dantes, resultará menor a saudade do prédio extinto, que do atual ele pode readquirir os panoramas de antigamente; a rigor, existe uma cadeia de homologações que nos reajusta ao que fôramos, alegramo-nos sempre que descobrimos um de seus elos, e por ser infinito o número dos participantes de nosso repertório, temos que as viagens de regresso nunca se realizam improficuamente; ao contrário, passamos a sentir pelo objeto que nos coube ver, sem embargo de sua insignificância em nossa memória, uma afetividade que de outra maneira não se revelaria, e nenhum obstáculo nos impede de conceder, ao pobre elemento, a prerrogativa de amá-lo como pretendêramos no tocante à figura procurada e sumida. Na falta de certo rosto, consolamo-nos em deferir a ternura, muita vez, ao ambiente em que ele devera estar; consistindo as excursões, em torno de nós mesmo, na valorização de réstias de nossa personalidade, inclusive com a adesão de coisas de nosso desconhecimento, adesão ao estrado que reconstituímos; nessas recapitulações coonestadoras, a nossa lupa vem a fazer-se prodigiosamente ágil, cumprindo a tarefa mais desenvolta: a do estabelecimento de conexões e de analogias no decorrer da contemplação. Segundo a ordem fisionômica, existem conteúdos que morrem a fim de que se processe a perpetuação da caixa continente, externando-se a natureza, enquanto recinto, como a própria indicadora das figuras e dos gestos, no idioma com que traduzimos o teor de nosso ser: trata-se de um sortilégio que nos agrada particularmente e nos leva à conjectura sobre a inópia intelectual que seria se, em lugar da concha, viessem a perdurar os vultos residentes; as facilidades de restauração que nos sugerem os elementos onde se confundem as entranhas e a forma, possuem poder escasso no domínio da persuasão pelo subentendimento, à semelhança do indivíduo que, por mais translúcido que se manifeste nos encontros, jamais nos daria a intimidade que recolhemos no instante de lhe percorrermos a casa; quantas vezes nos movemos à alteração de sua idéia em nós, em seguida ao conhecimento do larário que ora nos obriga a retificar totalmente a impressão que nos sobreveio por suas palavras e atitudes, que ora nos impõe a proceder a retoques na gravura de sua personalidade, sendo poucas as visitações que nos restituem, sem reservas, a efígie tal e qual se expunha no correr de nosso repertório. As convenções sociais prescrevem, na entabulação das amizades, o conjunto frente a frente de nosso corpo e do semblante apresentado, quando, de melhor proveito nos pareceria, se, de surpresa e de preferência na hora em que ele se ausentasse, o rosto que nos abrisse a porta, ao mero anúncio de que íamos para conhecê-lo, nos franqueasse todos os recantos do aposento; quem sabe se, após a satisfação de nosso desejo, não nos surgisse, menos imperiosa, a necessidade de vê-lo no seu próprio vulto, a exemplo da atenuação que sentimos ao devassarmos a casa de G. . ., onde ele estivera mais além da infância; em verdade, morrera sem cumprir-se o nosso propósito de fitá-lo pessoalmente, apesar de extrema admiração por tudo que cometera no domínio de sua grande arte; porém, a força do velho intuito de observar-lhe a efígie, esmorecera ao afastarmo-nos de sua residência, isso porque a visitação representava mais do que o convívio porventura exercitado entre nós ambos, fora de seu teto. A nossa curiosidade estimular-se-ia caso os herdeiros do homem célebre, atendendo à conjuntura de existirem admiradores que pretendem conhecê-lo ainda, houvessem preservado de modificações, como a derrubada de maciços, o abrigo que o modelou na conformidade das peças; o qual, embora tendo exprimido por algum tempo a vera intimidade, nem por isso despertou, nos biógrafos, a lembrança de se albergarem entre as paredes, e durante largos momentos se investirem de sua composição doméstica e, em conseqüência, escreverem um tanto como automemoralistas, que, nessa investidura, vêm a identificar-se o anterior hospedeiro e o visitante póstumo. Entretanto, no domicílio de S. . ., que em vida nada fizera que merecesse a argúcia de veneradores, os descendentes até o relógio pararam no minuto da extinção; e quando o luto já desaparecera das vestes, e nos aproximamos do gabinete onde se punha na maior parte do tempo, acudiu-nos a impressão de que ele apenas fora ao espaço contíguo: e lá ficara a revolver as estantes, e se o ruído de seus passos não nos vinha à escuta, da mesma forma não nos chegava antigamente, que ontem, como hoje, a alcatifa lhes abafava os sons; os familiares de S... eram exímios na conservação daquele pretérito: os requisitos das coisas em abandono, tal o pó que serviria a coonestar a sensação de perda, os evitavam as zelosas atenções que, sem desfalecimento, persistiam em informar, aos que porventura ali acorressem na ignorância da morte acontecida, que a pessoa de S... não se demoraria a recebê-los com as efusões de sua espontaneidade.

Capítulo 5

1 – *Os desempenhos da realidade.* 2 – *A pureza da figuração.* 3 – *O ator.* 4 – *O coadjutor.* 5 – *O painel sem testemunha.* 6 – *A simulação.* 7 – *A prática do fingimento.* 8 – *O nosso rosto no preenchimento de memórias.* 9 – *A indiferença.*

1 – As exibições concedidas pela realidade ao nosso miradouro, com respeito ao modo de apresentação, constumam equivaler-se às intermitências que se operam no teatro por ocasião de se substituir o fundo que não mais convém à prossecução do enredo, similitude de mutilação advinda de igual comportamento de técnica: no cotidiano, os desajustes, as variedades impostas quer por nossa lente, quer pelos mesmos figurantes, são comuns em face do motivo que externam; no teatro, a imperfeição congênita da história, em sua maneira de expor-se em reduzido e imóvel estrado ou em arranjos de menor rigidez, de qualquer forma nos deixa a impressão de artifício; mas, em última instância, trata-se de artifício relevável, desde que as peças, que se desenrolam nas ruas, nas praças, no interior de edifícios, também incluem intervalos que incomodam a platéia desejosa da contínua fluência. No caso do rotineiro, não podemos contar com a finalização da surgida história, sentimo-nos como em teatro cujos atores – apenas basta um deles – por insuperável motivo resolvem suspender o trabalho de representação, e o público, avisado de que, no dia seguinte, a peça retornará à cena, decide volver ao espetáculo mas não se apressa a assisti-lo desde o começo, e sim retarda-se até o momento em que calcula dever iniciar-se o

trecho que ainda não vira; com efeito, não nos contentam as repetições do painel que já presenciáramos, existindo no interior do conto uma força mais atraente, qual seja a de convergir o inédito à nossa curiosidade; tem acontecido – o fato equiparando-se ao espectador que, sem resignar-se com as desculpas oferecidas pelo diretor da empresa, assoma aos bastidores e camarins no intuito de cooperar em pronta solução – fazermos insinuar, entre os seres mais propícios à continuação da urdidura, a índole do enredo cujos preliminares já havíamos obtido fisionomicamente; cumprindo-nos confessar o inseguro desse propósito que é análogo ao daquele espectador que desce a caminho da rua, protelando-se para amanhã a posse do que lhe resta conhecer, o melhor, sem dúvida, para o divertimento de sua emotividade. Todos os dias testemunhamos as ofertas da realidade, as aberturas de diversas pantomimas que entretanto se esvanecem logo ao acenderem a curiosidade de nosso miradouro, para desengano do intento em captar-lhes o conteúdo, desde o início ao término; o qual, a despeito da interrupção, nos anima a esperar que o tema se desenvolva a dois passos adiante, o que raramente sucede em virtude de aparecerem, em vez da prossecução do recente motivo, outros intérpretes a nos proporcionarem sedutores mas dessemelhantes contextos, difíceis de se ajustarem à anterior composição, porque à parte suspensa não se afina a que penetra o nosso observatório; a fluência de um enredo mais longo que o das situações em ato, não se processa como os assuntos que o novelista espraia ao correr da pena; ao inverso, ela se estorva por acidente de nosso olhar ou por dispersão dos respectivos atores, existindo, em conseqüência, nos intervalos que aborrecem o público em demorados e ruidosos instantes, algo parecido com os entreatos que perduram dias, semanas, meses, até que lobriguemos, em favorável ensejo, por intermédio de outros participantes, o subseqüente capítulo da gesta há muito principiada. Tumultuam em nosso calendário as fragmentações de imenso repertório, cruzam-se argumentos à vista de nossa lupa, sem que possamos destrinçar o novelo de tão maravilhosos fios; sendo o comum de nossa atuação a expectativa alerta e sem dúvida mais aleatória que a do assistente em sua poltrona a aguardar o descerramento da cortina, cheio de várias hipóteses sobre o final da peça, mas seguro de que este haverá de surdir à sua ânsia. O drama que se desdobra no palco é uma entidade específica e dessarte possui uma temporalidade que lhe pertence e se não confunde com a do espectador, embora esta venha a envolvê-la como simultaneidade num epifenômeno de minutos, de horas. No acontecer do cotidiano, revelam-se mais assíduas as ingerências da habitual temporalidade sobre a que vigora no assunto em visualização; sucede que de um painel a outro que lhe continua o pretexto, é freqüente a intromissão de durabilidade alheia ao seu teor descritivo, no transcurso da qual os intérpretes se removem de sua significação e saem do tablado do fictício evento, sob a recusa fisionômica em cumprir o enredo mediante outra temporalidade. No gratuito da contemplação, prevalecem no contexto das nótulas, com que existenciamos os fatos do miradouro, os atributos da empírica realidade que é subjacente em todos os estrados que as ruas, as assembléias nos proporcionam; por conseguinte, o estado da ótica se resume geralmente em solidarizar-se com o tempo em eventual exposição e de logo excluir-se dele por força dos malbaratamentos do acaso, pois nessa rubrica assinalamos as coisas que interferem em prejuízo do observatório; ninguém conhece os ditames de nossa lupa, não havendo, da parte da efígie interruptora, a menor intenção de desfazer o urdume tecido por nosso olhar; para segurança dos exercícios, selecionamos as oportunidades em que os rostos da indiferença, aqueles que não se elevam à nossa consideração, se reúnem como alvos mais propícios ao neutro das argúcias; embora nos dirijam as sonâncias da palestra, não os atendemos visto que as suas palavras resultam de menor importância que os gestos da fisionomia, adequados que estão aos pensamentos de nosso devaneio; mas, os protagonistas não se contentam com falar em vão, erguem a voz ou despertam abruptamente o interlocutor que lhes prefere as atitudes às sonoridades da explanação, e assim vemo-nos desarraigado do papel de espectador, para o convívio, sem arte, de suas conjunturas que tão pouco nos interessam; o desarticulamento se perfaz por iniciativa do próprio ator que, inconscientemente, destrói a teia em desenvoltura, rebelando-se de modo figurativo à interpretação por nós programada a suas expensas. Para gáudio das confecções, às vezes o gesto que parecia contrário à ordem que acertamos, combina perfeitamente com o cunho de nosso devaneio; diremos que, sem embargo de suas negativas, ele permanece em plena figuração do espetáculo, à maneira de certos acidentes que ocorrem durante a peça e ficam entretanto, para o espectador desavisado e em virtude das diligências dos intérpretes em avocar ao drama o que lhe fora em verdade alheio, consubstanciados inequivocamente com tudo aquilo que o público aceita como próprio da cursiva cenaridade; ao mérito de tais protagonistas, adicionamos o de salvarem-se da intromissão do tempo que a platéia readquirira nos intervalos porventura já expostos, ou mantivera até o instante de iniciar-se o desempenho; a recuperação do tempo comum opera-se na ocasião das palmas, quando os atores se curvam em agradecimento, instante em que só um universo sobrevive, o do tempo da platéia, a abranger, no mesmo plano do imediato e da rotina, os que minutos antes habitavam o teto de diferente cursividade.

2 – Uma tarde, na vivenda de S..., presenciamos certo episódio que se prolongou um tanto além do que em geral sucedia, parecendo que dessa vez a objetividade era mais franca em sua correspondência com os nossos desígnios; a tal ponto que os acréscimos posteriores aos preliminares da tessitura assumiram a completa liberdade de, isentos de nossa orientação, dispor do tema em causa, não a modo de novelo que se desmancha em fio, mas sob o aspecto de

variações de forma que assim nos mostravam a riqueza interna do assunto em si mesmo cabível em poucas palavras. Pudemos então concluir que, diferentemente de história que impõe ao nosso miradouro as dificuldades de colher as diversas fases que a constituem, a perseverança de um tema que se fecunda pela versatilidade sinonímica de suas manifestações, é mais adequada à natureza de nosso belvedere que, sem os adiamentos naturais a que nos obrigam as intermitências das representações, vem a captar a sucessão de painéis em torno de motivo único; nem por isso menos pródigo em nos preencher a curiosidade, indo, as mudanças na imaginária externa, desde a simplicidade alegórica às sutilezas de conexão de uma personagem que ingressa e de outra que se retira, sem falarmos da significação que repousa nas figuras que restam, tudo a mercê de nossos olhos e principalmente a coincidir com a duração de nossa estada na platéia. Os estorvos que encontramos nas tentativas de promover o duo entre a objetividade e a nossa mente consistem, em sua maior parte, em nosso propósito de recolher as incidências do cotidiano, livres dos coadjutórios das palavras e das inscrições resumidoras, que esses pertencem à literatura e nos interessa mais a pureza do fisionômico; certamente a atingimos nas situações em que somente as figuras explanam o sentido em rótulo, o qual tem limitações mais restritas do que quiséramos: as que dizem respeito à própria conjuntura de não contarem com a colaboração de elementos de outras matérias; evidentemente, nem todos os assuntos vêm a reduzir-se ao idioma facial, e para entendê-los faz-se mister que recorramos ao da dramaturgia, do romance, gêneros de letras, formas que atendem às desenvolturas com que se intumescem as histórias, os enredos que em muitos casos transcendem a vida de um participante e penetram em recintos anteriores à sua existência e posteriores à sua morte; os intervalos que interrompem o exercício de nossa lupa não nos consentem utilizá-la na ordenação de matérias tão propensas a digressões; às vezes, se amontoam à nossa preferência os protagonistas de um mesmo papel, e o ator da iniciação arrisca-se a não figurar no desfecho da história, e esse fato irrompe em detrimento do intérprete, naquilo que ele possa reivindicar de especificamente seu: o gesto que possua o tom inconfundível no meio de todas as individualidades do proscênio; os meneios originais de que se orgulha o respectivo detentor e lhe preservam a fama restam à margem do aproveitamento por nosso miradouro que, mercê da elasticidade do motivo em representação, acolhe no interior do enredo apenas a condição genérica de o figurante ser favorável aos requisitos do aparecer e do desaparecer, à unidade momentânea do assunto; a sua disponibilidade de desempenho se franqueia até um grau em que o incisivo da inadequação vem a tolher a perfectibilidade lógica da fatura. Entretanto, nos retábulos que se encadeiam em nossa ininterrompida visão, o ator permite-se inocular, na platéia de nossos olhos, as atitudes que lhe são personalíssimas, que as de outrem não se puseram a disputar, em nós, a prerrogativa de reter-se em nossa lembrança, tanto assim que acontece fixarmo-lo em aglutinação ao tema enquanto nos for dado revolvê-lo na plenitude da memória; se porventura existem em nosso repertório outras encarnações do mesmo lema, a que testemunhamos no vulto de S. . ., por exemplo, não se alui em face de congêneres interpretações, persiste ao lado de suas concorrentes; e todas, capituladas sob um só título, nos proporcionam o enlevo de julgar do mérito cênico de cada uma; o retábulo que de antemão sabemos incomum por efeito do motivo que encerra, se torna inseparável, em nossa rememoração, da nominalidade que o recobre; se esta se nos aponta, por estar no livro que lemos, nas palavras que ouvimos, o semblante que no-la veiculou em situação em ato, ressurge em nós como se fora, a um tempo, dramaturgo e ator da peça ora trazida à mentalizada rampa; no arquivo das recordações, é bem avultado o número de temas que, em virtude de seus espetáculos a nosso observatório, se despiram da abstração para não volverem a ela, unidos doravante aos rostos que a assimilaram; se um dia acaso nos surpreendermos com a reedição interpretada por novo intérprete, em lugar de aprazer-nos o ressurdimento do que nos parecia sobremodo raro, decepciona-nos esse corpo que se inscreve a competir, em nós, com a personagem por justo pretexto investida no hábito de nossas meditações. A idéia da renúncia de si mesmo, posta em exibição numa tarde, na vivenda de S. . ., figura, em nosso álbum de anotações, livre de duplicata a lhe esmaecer o mérito de ser um tema cujo teor não assistimos em outra parte que se equivalesse ao que nos deram quatro ou cinco episódios – se adotamos o processo de autores que dividem a sucessão em cenas segundo a entrada e a saída dos participantes – de acordo com deslocamentos daquele intérprete; inconformado com a mudança de residência a fazer-se no dia seguinte ao de nossa visitação, ele nos recebeu sem as provas normais de afeto, mas com indiferença que não nos feriu porque os retábulos posteriores se incumbiram de nos convencer da distância entre nós e o seu profundo pesar. Desde a infância até a velhice, ocupava o mesmo aposento e nele todas as coisas eram remotas e preenchiam recantos igualmente remotos, o recinto, o mobiliário e o dono a permanecerem como foram antigamente, a despeito da aversão que os familiares nutriam pelo aspecto de desleixo que, consoante falavam, comprometia o gosto das gerações mais novas, essas que solucionaram o conflito mediante a venda do prédio e a transmissão imediata ao comprador; em nossa presença, agora no interior do quarto, a figura de S. . . deu início à arrumação de suas coisas a fim de aprontar-se para a outra residência que ele nunca vira e nem sequer se interessara em saber das acomodações; consistindo, as suas providências, em inutilizar tudo quanto de velho lhe pertencia, o que representava quase todo o acervo do patrimônio, cabendo a algumas roupas e a frascos de remédio a significação de acronologias impostas à senectude do aposento; à medida que diafanávamos o miradouro, o painel do abandono de si mesmo, interpretado pela verdadeira vítima, como um autor que põe em termos de arte os acidentes de seu cotidiano, aclarava-se sob o teor do pleno suicídio, porquanto o que lhe ia a restar, inclusive o próprio corpo até esse momento em harmonia perfeita com os ditames de seu invólucro, haveria de corresponder a outro nome que o designativo de S. . .; de logo foram os escritos em seu poder, papéis amarelados de cartas à época da juventude, que ele rasgava sem ao menos reler as preciosas essências, depois vieram à destruição os retratos que não obtinham um último relance de seus olhos; a indiferença que nos dedicava, ali, a vê-lo gesticular, era de tal modo absoluta que entre as estampas consumidas não se excetuava a que lhe oferecêramos quando de nosso mútuo entendimento; após essas, as pequenas coleções que acresciam o prazer de suas horas em limpá-las, se bem que o intuito mais consistia em retrazê-las ao agasalho das mãos; também com tais objetos a impiedade incluía alguns que lhe presenteáramos e que tanto o enterneceram, nem jamais supuséramos que um dia os considerasse com tamanho desamor; à feição do dramaturgo que reserva para o desenlace da obra os mais eloqüentes e comovedores retábulos, S. . . acometeu os móveis, não atendendo à intervenção de nossos protestos, repelindo-nos, o que era o modo, no sentido fisionômico, de nos nivelar mais ainda às coisas de urgente e necessária desaparição; com efeito, interrompemos nessa data as relações de convívio, e assim passamos a cooperar, por exclusão, na morte que ele determinara para o universo fruído e usufruído entre as paredes do velho aposento; resultando óbvio que perecêssemos em conformidade com os seus desígnios, desde que o nosso vulto não era mais que uma parcela do emocionante espólio.

3 – À maneira do que lemos em obra alusiva a prelado de grandes virtudes, na qual o autor, que era exímio em bem escrever, e possuía o mérito de não precipitar o seu ritmo à aproximação de algum fato prodigioso – técnica de composição hoje abandonada e que, no entanto, muito realça velhos cronistas, como seja a de condicionar os valores do drama à fluência da prosa – à guisa do que lemos no dominicano acerca do primaz que, no percurso da ida à assembléia de sacerdotes, ocultava pelos caminhos além a sua condição de magno da Igreja, ordenando aos coadjutores que não dissessem de sua identidade, o vulto de S. . ., morto com o antigo aposento, não atendia, segundo informavam os figurantes do velório, a quem quer que à porta lhe batesse em busca do nome de S. . .; evitava o encontro com as pessoas fisionomicamente perecidas com ele, sem a caridade de erguê-las à ressureição por alguma forma, como a de refazer o ambiente que a alucinação de uma hora transtornara; as tentativas dos estranhos e dos familiares, que outrora assistiam os painéis de sua desenvoltura, inutilizavam-se diante dos propósitos de S. . . em permanecer ausente do que fora, à similitude do arcebispo, em direção a T. . ., o qual se albergava em mosteiros de sua ordem, impondo-se ao duro trato e às observâncias niveladoras, vigilante no zelo de conservar-se incógnito, e consternado se porventura alguém lhe descobria o nome que deixara de ser no momento que de Braga saíra; tendo emitido, no minuto em que o repuseram sob o título de dantes,

mas sustado pelo novo viver, a interrogação "por que me mataste" como quem se desespera ao perder a índole que ora desempenha, no caso, atestando-se-lhe a morte pelo despontar de uma ressurreição. O ator se agasta ao gesto ou à voz que mutila a sua espontaneidade; o cotidiano está repleto desses momentos em que, impulsionado às vezes por intuitos benfeitores, alguém da platéia decide interromper-lhe a grata exibição, talvez a experimentá-lo no exercício de outro argumento; redundando, inclusive, que o texto forçadamente imposto, parece, do ângulo do interveniente, sobremodo adequado ao vulto absorto em sua representação, e acorda-o do enleio figurativo para observá-lo no teor que ele, o assistente, presume ser o da preferência do importunado intérprete; no entanto, ele está esquecido de que a pessoa detém, com legitimidade, o critério de escolha quanto aos entrechos de seu repertório; de fato, a validez de tal discernimento, na generalidade dos ensejos, só se autentica em sua própria imaginação; entretanto, o espectador, que sem dúvida decepcionar-se-ia se testemunhasse o papel que o histrião, em mente, crê o mais propício a suas qualidades, não se move a perquirir qual o assunto que este reserva apenas para a mudez da meditação; em seguida, com a cooperação dos dois, que bem pode realizar-se, não por inteiro em proscênio à vista de muitos, mas em colóquio de ambos, um a permitir que o outro se desincumba daquilo que deseja, quem dirá que, na medida dos fiéis entendimentos, não há de aparecer, por fim, o coro de uma única motivação, à maneira do que participam, na véspera de acorrerem a determinado episódio, os que se aprestam a ir a ele, cada qual sem a iniciativa de pôr-se em combinação com os vultos que se lhe avizinham figurativamente; no painel do colóquio a dois, o simples fato de o assistente favorecer ao protagonista com a oportunidade, que este sonha, e consiste em confessar o pensamento, eleva o primeiro interlocutor de sua neutra visualização para o recesso do estrado onde o segundo se coloca, isto menos como colaborador em gestos do que na posição de agente que inspira o pretexto de ali se expor. O ator que narra o papel de sua aspiração, desempenha-o ao ritmo das palavras, circunstância que constitui um de nossos prazeres em palestrar com o artista da cena, porque nunca descuramos de pedir-lhe a personagem que almejaria viver no indumento de seu semblante, nem ele tampouco nos recusa descrevê-la, por ela se lhe anuir a consentânea para tal espetáculo; sobre nós ele verte o agradecimento que está implícito na certeza de que o veremos e ouviremos até o final, e na convicção de que nada temos para objetar-lhe o êxito, que essas transposições mentais são, no rigor de quem as pronuncia, inquestionavelmente perfeitas; no íntimo ele se dispõe a avisar, ao mais célebre dos ensaiadores, que a ingerência deste, se acaso quiser aproveitar-lhe o enredo e o desempenho para uma concretização perante o público, ficará muito aquém do que palpita e abrasa em seu cérebro. A auscultação que ao empresário compete proceder no ânimo do ator, prestigia a importância que este exerce ao longo dos desempenhos, sendo de proveitoso mister que se lhe escute a vocação de que se persuade, para que sobrevenha ante a platéia algum tanto das atitudes que ele move em suas cogitações: sutileza a que o dito empresário não costuma opor-se, em face de reger sempre a norma de que o intérprete se condiciona ao assunto; em verdade, o histrião ultima a sua carreira com a sensação de que seria capaz de ainda volver ao proscênio, isto por faltar-lhe sem dúvida a peça de sua própria criação, a urdidura de todos os fragmentos que em devaneios ensaiara para os seus respectivos olhos. Ele toma conhecimento das palavras que ouve, das notícias que lê, de tudo quanto lhe possa fomentar o desejo de encarnações, e para cada painel que a realidade lhe insinua, o seu rosto confecciona o gesto que ele aplicaria se fosse a personagem da história que ouvira ou lera; lamenta não ser possível mostrar a versão que vem de personificar, em pensamento, para depois esquecê-la ao advento de novas; mas, apesar da grenha de tantas faturas, a memória, quando quieta, repousa em várias que condizem com a sua idéia de si mesmo, com os valores consangüíneos à singularidade de sua existência, que no fundo todos se lhe oferecem como inigualáveis e merecedores de atenção artística; o cotidiano, que tantas vezes o assoberbou de tédio, dada a insatisfação por não ter ido além de veiculador de assuntos jamais coincidentes com os de sua pessoal e mental rotina, há de lhe parecer bastante para granjear os elogios da melhor platéia, conquanto seja ele o ator, mais experiente que nenhum, por antes já o ter assimilado congenialmente, a expor assim o auto em segunda edição com as emendas e o estilo que reclama a natureza do estrado; todos os sucessos que pretenderia apresentar, alusivos ao comum da existência, pela circunstância de lhe pertencerem, detêm algo de peculiar e inocorrível no cotidiano alheio; à força de tanto se ater ao que presume específico de sua privatividade, termina por convencer-se de que só as expressões de sua voz e de seus gestos são as suficientes para a narração de voláteis conteúdos: quais sejam os sedimentos de sua personalidade nesses instantes que, por isso mesmo que ditas essências pulsaram a seu modo, se não confundem com outros similares, acontecidos alhures, cumprindo-se então a instância de ele se constituir em ator de seu vulto, que, na realidade acontecida, se assemelhou a um texto teatral; em verdade, os devaneios da memória configuram uma dramaturgia em que o memorador, perfazendo os protagonistas e o mais que na rampa se acomoda, tem, na reedição de si mesmo, a obra-prima de sua carreira, com o realce de ele ver, de preferência, não o seu corpo respectivo, e sim o das pessoas e coisas adjacentes.

4 — O ator descontente de só externar situações de outrem e movido pela vaidade de trazer à divulgação um tema de sua vida, estimula painéis onde ele apareça em lances dignos de perpetuidade; no entanto, ele reduz a acepção de intérprete, que se patenteia graças à disponibilidade do rosto; de onde preferirmos, às suas confissões do gosto, uma página de drama desenvolvido em outra idade, e cujo

entrecho, todo ele adstrito às contingências de então, se sonegaria a corresponder às que lhe têm ocorrido no seu prazo de ser. A acepção de ator ainda se reduz, embora se prestigie pela influência que exerce na criação da obra, quando, pelo renomado que ladeia a figura do principal protagonista, a peça a desempenhar se elaborou com o propósito de ele, e ninguém outro, vir a interpretar o decisivo papel, numa inversão de elementos que de alguma forma transgride o absoluto da separação entre o palco e o público: tal a iniciativa do autor que, exageradamente impressionado pelo histrião em voga, se esmera na fabulação de personagem que incida nos atributos do previsto modelo; processo de confecção que recende à facilidade, e a obra, enquanto permanecer o anúncio de que se subordina ao citado avassalamento, causa no leitor a idéia de uma estreiteza íntima; idéia tanto mais acertada quanto o papel em apreço, longe de imitir-se na exclusividade de um único intérprete, e impossibilitado de permanecer em branco se não mais viver o próprio destinatário, se franqueia a inúmeros atores, dentre os quais certamente não faltarão os que lhe vêm a disputar os méritos, ou excedê-lo na representação do espetáculo; os comentadores futuros hão de desconhecer no protagonista, cuja fama se perderá logo depois das últimas palmas, a importância inspiradora da peça. Esta, e, de modo geral, a nominação, sempre se firmará, ainda nas ocasiões em que o espectador, sentado na derradeira fila, desfruta o que se exibe no tablado, e também recolhe as junturas e os entrelaçamentos que se verificam de uma parte à outra; ou nos conciliábulos em que nos parcelamos em dois, o que observa e o que se ajusta aos maneios do comparsa, a exemplo do acontecido por várias vezes na residência de T. L. . .; ele estimava a nossa visitação em virtude de havermos ido ambos à história do desapontamento e que se resumia na decepção alcançada na hora de ele receber o prêmio a determinado esforço; diante de nós, repetia as gesticulações que tivera, e os nossos braços, o enrugamento de nossa fronte, certamente, a claridade de nossos olhos, correspondiam ao tema em encenação; e, se alguém nos vislumbrasse, diria que tanto um como o outro rememorávamos um episódio em que estivéramos a participar; à satisfação de T. L. . . por nossa companhia, ligava-se a contingência de sermos o amparo de suas manifestações, o coadjutor retardatário que entretanto o confortava ainda; se não pudemos, no devido instante, associarmo-nos com ele em presença da figura que iludira, retomávamos em outro painel a posição de surpreendermo-nos também com o desolador engano. Na relação dos convívios, há múltiplos entrechos que não conseguimos devassar por motivo de nossa ausência na ocasião em que se deram; todavia, algumas sobras de tais acontecimentos ecoam perante o nosso olhar por intermédio dos protagonistas que os viveram e ainda os reconstituem, notadamente no tocante aos respectivos papéis, nos quais colaboramos à medida que se desenrolam as visíveis atitudes; desejaríamos que essas conjunturas se caracterizassem por maior nobreza de significação, que fossem mais substanciais que o painel na residência de T. L. . .; que, em troca do fato de não havermo-las assistido, nos sobreviesse a oportunidade de tê-las nos remanescentes que as descrevem; portanto, em vez de acidentes banais, belos entrechos se nos exibissem independentemente de nossas solicitações, por iniciativa própria e tanto mais apreciável quanto as boas coisas devem ser repetidas para edificação de quem as escuta e igualmente do narrador que o faria no intuito de vencer a raridade desses eventos; mas, apesar de tão fortes coonestações, a comunicabilidade do que merece estender-se resulta adstrita a pequeno auditório, sobretudo escassa à receptação de nosso miradouro que, pouco móvel e estéril de atrações, quase sempre recolhe através de terceiros as notícias esgarçadas daquilo que nos ficou à muita distância dos olhos. É-nos impossível, aproveitando uma história das que se contam do ouvir dizer, proporcionar ao duo de nosso rosto e da efígie que a veicula, a participação facial de nosso semblante na cena que o interlocutor mal interpreta por não tê-la assimilado com o seu desempenho, e por não nos oferecer a garantia de sua estada no curso do episódio, apenas reduzido à crônica; lastimamos a perda de tais sucessos e compreendemos a alegria das pessoas que se acompanham do herói quando não mais existe o painel que assim o consagrara; elas sentem-se como testemunhas dele e se deprimem se, por acaso, são esquecidas na convocação dos depoentes do prestigioso entrecho; a mágoa também as abrange se porventura a eminente personagem, na inquirição que se promove, silencia o ato de suas presenças junto a ele, o renomado rosto; existindo, nesse ressentimento, a certeza de que o painel é demasiadamente elástico, de que há liames que se projetam além de uma simples moldura; portanto, envolvem, sem diligências artificiais, o antes e o depois do mencionado cometimento, e quando nada, caberia uma alusão a quem o vira como ele era nos bastidores, à margem da cena que lhe trouxe a fama, qualidade de ser a que não se furtam os historiadores da gesta.

5 – Lembramo-nos da lamentação de quem se incumbe de descrever a vida de alguém detentor de excepcionais atributos: lamentação que deriva do descaso com que se houveram as testemunhas de determinados acontecimentos, que a tradição propala como de natureza milagrosa; as testemunhas se descuraram de estabelecer a documentação que fizesse recair na figura em apreço a honra da santidade; decorre, conseqüentemente, de tal descuido, a responsabilidade pela omissão que os vindouros não podem remediar, a despeito do fervor em a elevar à excelsa sublimação; o menoscabo perpétuo macula a memória dos que se premiaram com a prerrogativa de ver, com os seus olhos, o sobrenatural que tanto distinguira o principal intérprete e os demais comparecentes que entretanto não souberam gravá-lo para a permanente e clara comprovação. As testemunhas, como em geral sucede nas seqüências da visão, desatenderam à historicidade que, em potência, existia no painel que nenhuma voz

indicava pertencer ao tema da beatitude, mas o exprimia por meio de suas formas; no entanto, sem embargo do incomum que a todos revestia, ninguém se apercebeu de preparar o rótulo a prevalecer na designação da cena, de dispor os dados com que depois se lhe havia de fixar o nome de que é merecedora, porém é tarde agora que reparação alguma lhe consegue suprir os efeitos do perdimento. A virtualidade contida num painel escapa aos observadores, que o contemplam como se fora do ordinário de todos os dias, do corriqueiro que a lupa enxerga sem atentar na riqueza de ilações que transpira de cada um dos trechos, não excluindo os que são capitulados entre os rotineiros, que, a rigor, não há tela que se isente de infinitas extensões; a superficialidade costumeira e pródiga em nos desviar da virtualização, corrompia o miradouro daqueles que viram um grande milagre: a lente, que o registrou, somente possuía a leve acuidade com que apreendemos os vultos que transitam ao redor, sem que os conduzamos conosco na memória ao entrarmos no domicílio, quando não mais divisamos o tumultoso elenco; na data seguinte, o jornal nos informa que, exatamente no local e hora em que passamos, deambulava alguém de nossa admiração, a efígie que, acima de qualquer outra, nos excitava o anelo de conhecimento; contudo, é irretratável o instante que se nos ofereceu, e apenas sobra-nos lamentar a nossa incúria, de resto bem inferior à do episódio da prometida santificação, para cujos comparsas o divino contra-regra ali promovera o encontro, no intuito de também assimilarem o teor em representação. Podem, entretanto, ser absolvidos da negligência os coparticipantes que permitiram se obscurecesse o painel do santo, se considerarmos que o temor do envaidecimento os persuadiu à aluição do retábulo, à não-transferência do inaudito sucesso para o repertório dos contemporâneos e dos porvindouros, ferindo-se a humildade das testemunhas com a preocupação de inscrever em atas diuturnas o inédito de suas visões; porém, a modéstia dos visualizadores não prejudica a figura em graças, e as exteriorizações da angelitude vão a se reproduzir em mais de uma cena, sem esquecer a do Julgamento Último, onde os seus esplendores deverão brilhar à vista de todos os comparecentes. A divulgação dos próprios gestos, dos que são verdadeiramente dignos de publicidade, longe de fomentar a iniciativa de quem os articula, oprime-o particularmente, a despeito da coonestação, cabível sempre aos promotores do noticiário, de que a difusão de suas obras servirá de estímulo aos carecentes de virtudes; assim propalam-se os episódios à revelia e em constrangimento do ator que se exibiu à escassa ou nenhuma platéia. Todavia, no comum das representações, o intérprete se agrada da presença de espectadores, e se acaso nenhum existe, ele retarda o desempenho para a ocasião em que se aglomeram em sua volta; ou se contenta com uma só testemunha na medida em que esta lhe pareça em condições de propalar a sua conduta, jamais lhe surgindo tão erma a soledade como na hora de expor-se unicamente à sua própria lupa; se alguém de suas relações o visse no momento de proteger a ave caída ao solo, o renome da piedade correria, e tanto mais isento de astúcias quanto o providencial miradouro lhe anotaria a feição sem que ele vislumbrasse que estava sendo objeto de tal espreita, que dentre os vários recursos da presunção se sobressai o de fingir-se alheio ao oportuno belvedere; com simulação ainda, aguarda os proventos da ida ao bosque, enquanto a alma nem tenta verter, com destino à pessoa que se iludira na boa fé em enaltecê-lo, o sentimento, impuro pelo fato da ostentação, que ele emitira ao pássaro enfermo e, de qualquer forma, beneficiado por seu gosto; ao vulto que o assinalara ingenuamente, ele não evita que prolongue a comédia da caridade, impulso algum de retificação lhe acode a desdizer o amigo que, no conclave propiciador de reconhecimentos, narra o pormenor que descobrira, e se revela o autômato daquela fatuidade, mas que se constrangeria se soubesse da trama em que se envolveu; ao contrário, o favorecido consente que esta se efetue, dando mostras de que se melindra com a circunstância da publicidade; chega ao extremo de requintar o propósito com o arguí-lo, à puridade, trazendo a lume a ocorrência de que todos, segundo alega, seriam capazes; nos dias subseqüentes, aos encômios sobre o rosto que transluzira humildade, a testemunha crédula fará acrescer o episódio no qual, após a reunião, ela, a fomentadora de sua glória, lhe ouvira a melindrosa suscetibilidade; de posse do mesmo, ninguém de bom alvitre há de objetar tudo quanto ela veicula a respeito do elogiado intérprete.

6 — Quando o ato de transmitir provém da testemunha que se integrara na história em explanação, ela nos aparece mais orgânica do que fora se proferida por alguém estranho ao elenco da urdidura; para maior assimilação dos quadros que o narrador revela, cumpre-nos regular o miradouro à maneira com que ele, o depoente, se aplica a externar o depoimento, aos gestos mais ou menos adequados ao tom de que se utiliza. É mais satisfatória a recepção através do espectador do que se a obtivéssemos do participante em causa, que este, sob o opressor motivo que o assoberba, não dispõe de olhos para ver-se em desempenho, enquanto o espectador consangüíneo a tudo descobre e reserva para futura lembrança; a afetividade que o liga ao intérprete, não resulta bastantemente dominadora a ponto de extinguir a neutralidade da lente, antes lhe facilita o apanhado de muitas sutilezas que a indiferença contornaria sem alcançá-las; isto mercê do conhecimento íntimo que o leva também a prever as reações da difundida figura, inclusive a, no devaneio, soltar as imaginativas, com ela a exercer o significado tão a favor de sua desenvoltura. Em nosso arquivo, a parte referente à angústia de L. . ., contada por ele mesmo, não é tão completa como a divulgada certa vez por W. . ., o acólito de suas felicidades e infelicidades e dos painéis que oscilam de um a outro desses extremos; e que participou dos retábulos alusivos à perda, por alguns dias, do adolescente que nunca se ausentara de seu albergue, que em todas as complexidades era L. . . quem resolvia os estorvos, no intuito de poupar ao doentio temperamento as asperezas

de alguns cotidianos; a despeito da necessidade de tão contínua assistência, nas vésperas da partida, L. . . não se dispensou de ir à distante cidade de N. . ., de onde retornaria quase na data do despedimento do filho; como a experimentar em vida um sucesso que, tudo indicava, devia ocorrer após o seu perecimento, ele conferiu a W. . . o encargo de promover as diligências da separação – compreendendo a escassez de iniciativas do tutelado, ele cria que W. . . lhe fizesse as vezes – e, pretextando a urgência de ir à cidade de N. . ., conduziu, encerrada em sua resolução, a lupa do devotamento; apesar das recomendações, W. . . decidiu também ausentar-se, de modo que a pessoa entregue à sua vigilância, e que se mostrava tímida à falta, sem dúvida, de ocasiões para agir por conta própria, por fim se tornasse autônoma; foi de certo a oportunidade de oferecer ao filho de L. . . um desses momentos – e tanto mais precioso quanto dentro em pouco ele haveria de arrostar, fora da ajuda paterna, uma existência que impunha o domínio de si mesmo – que o moveu a dissentir das cuidadosas solicitações; ao praticá-lo, W. . . reproduzia o papel que L. . . interpretava, o de ser longe da presença que nunca se exibira sem modelar-se ao desejo do miradouro; com a diferença única de que o observatório de L. . . esperava preencher-se do objeto de suas preocupações, ao regressar e colher, do interposto vulto, as cenas transcorridas; enquanto da parte de W. . . havia a certeza de não existir ninguém a lhas relatar, sendo portanto mais rigoroso o seu propósito de retirar-se da platéia, deixando a sós o protagonista e os espectadores fortuitos que não viriam a expor-lhe o procedimento da personagem em estréia pública. As tramas arquitetadas, do tipo da que impusera o semblante de W. . ., não se passam de todo à revelia de quem as planeja, ocorrendo a sofreguidão com que este se precipita em sondar o ator acerca de sua desenvoltura, de como se desincumbiu da traça e dos acidentes que não previra ele, o contra-regra; restando ainda, para justificar a ânsia, as réstias da piedade que se infiltram sob a modalidade do remorso, as quais aceleram, no imprudente monitor, a ida ao local onde, se terminou o desempenho, deve o participante estar a refazer-se no interior do camarim e portanto sob os efeitos das palmas ou dos apupos que não silenciaram de todo: proveitosa eventualidade de sentir, no vulto do histrião e nos ecos do espetáculo, o acerto ou desacerto de suas providências; à similitude do autor que, na insegurança do êxito de sua obra, é o último a comparecer ao teatro, analisando as fisionomias desde o minuto de apresentar o ingresso, com a atenção unicamente endereçada aos assistentes, movendo-se e detendo-se a ouvir os rumores da platéia e a verificar se eles correspondem aos que imaginara para o decurso de tal episódio, cuja passagem, pela hora em que tivera início a peça, está exatamente a desenvolver-se agora, à semelhança do impaciente dramaturgo, W. . . correu ao logradouro de. . ., onde talvez alcançasse a efígie do recomendado; não a encontrando, perquiriu, de quem as podia dar, as novas sobre o filho de L. . ., descrevendo as características de seu objeto, as quais, não obstante a série das minúcias, nada de relevante insinuaram na mente do informador que até admitiu ser comum a fluência, ali no seu posto, de faces daquele porte; mas W. . . não parecia bastante isento para aceitar, ou a conclusão de que o número dos desajeitados e tímidos era bem maior do que se supunha, ou a dedução de que o procurado se saíra a contento, de tal maneira que nenhum reparo fizera sobressair o novel postulante, o que equivaleria a sabê-lo dentro do anonimato dos que cumpriram com perfeição o tema do rotineiro; chegando, incontinenti, ao domicílio de L. . ., aí deparou com o rapaz em acabrunhadora depressão, a confessar-lhe que desistira de comparecer ao logradouro de . . ., que certamente o pai o censuraria por haver, sem um acompanhante a par de negócios daquela espécie, tentado resolvê-los de forma que provavelmente não seria a mais razoável; e que ele, W. . ., o fizesse, contanto que lhe pertencesse, no conhecimento de L. . . alguns dias depois, a autoria do fato, que o segredo da simulação ficaria entre os dois, que o seu intento era o de aparentar-se expedito à ótica de L. . .; W. . ., a figura sub-rogada na posição do ausente, prometeu nada revelar, e quando inquirida, salientar a desenvoltura com que o ator escasso se muniu dos documentos; promessa que não tinha ânimo para negar e que se pôs a satisfazer mal avistou a L. . . de volta da excursão, a quem solicitou, à guisa de atendimento a súplice observatório, que demonstrasse ao filho a certeza espontânea de possuir este a capacidade de verdadeiro adulto, como provara na semana em que passou sozinho; se W. . . ia freqüentemente à casa de L. . ., mais estreita se tornou a assiduidade agora que este regressara e o moço vinha a despedir-se, duas circunstâncias que o visitador deveria controlar para melhor desempenho de L. . . junto ao filho que aprestava as bolsas; todavia, o afastamento do rapaz que, em face daquela contingência, nada teria a dizer como justificação à possível desistência da viagem, ao inverso, tal fraqueza pareceria estranha e em conseqüência, contraditória a quanto W. . . externara a L. . ., a viagem seria um dano maior à enferma sensibilidade do que o auferido pelo miradouro de W. . ., ao ver a farsa tocante de L. . . a pedir ao filho a exposição dos atos que este cometera, as linhas genéricas do acontecido, com L. . . cauteloso em não descer à indagação de minúcias que dificultassem o moço na plenitude da mentira; as respostas se formulavam céleres, que ele as estudara antecipadamente, com o fito de não deixar em L. . . a dúvida sobre a realização de suas práticas. Em nosso arquivo, há duas versões dessas ocorrências, a de L. . . e a de W. . ., ambas a coincidirem quase que textualmente no ponto que mais a fundo nos interessa, qual seja o dos vultos no esforço de aprimorarem o exercício da simulação; sendo que a versão de W. . . reúne, pelo que vivera na qualidade de contra-regra, doses muito amargas do fingimento, pois a sua lupa dirigira os rostos no plano em que a veracidade dos sucessos só prevaleceria em menoscabo de uma situação primeira, a de conservar sem ferimento o mais delicado belvedere; se bem que, para tanto, se sacrifique o miradouro melhor provido para transplantar o elenco a uma peça de mútuas sinceridades; com efeito, havia que respeitar o semblante do jovem, suscetível ao descobrimento de seu papel, e pôr em relevo, revogando o predomínio da verdade que nem sempre se afirma como regra absoluta, a salvadora quimera; tal na história acerca do falecimento do bispo dominicano que, desperto ainda entre os espasmos da moléstia, surpreendeu, no grupo que o testemunhava em artigo de morte, ao pintor que lhe fazia o retrato para a veneração dos que não se inteirariam do modelo; indagou de que se tratava, sendo-lhe respondido, em atenção à modéstia de sua natureza, que não consentiria em semelhante providência, que era um homem a cuidar de certas nótulas; e assim acreditou, facilitando a vigência do arremedo que ia ao cúmulo de sub-repções, principalmente na hora de obter-se que se abrissem as pálpebras; e enquanto o pintor se esmerava na confecção dos olhos, e para tê-los vigilantes, um dos comparecentes lhe perguntava se não o reconhecia, estratagema de piedosa coonestação, mas inarticulável à conjuntura de ser verídico perante quem estava a desaparecer. Dentre as legitimações do ardil, salientava-se a de merecerem os devotos do moribundo, dentro e fora da cidade, para mais íntimo encarecimento, o contato de seus miradouros com o retrato do antístete, e portanto era a possibilidade, senão a convicção, de subseqüentes lupas a se sublimarem com o objeto propício às tendências de suas visões, o que modificava o tema da morte para outro de diferente espécie; no decorrer do qual, o protagonista, crendo exercer determinado papel, interpretava outro de ordem tipicamente fisionômica; se alguém viera sem saber que o luto se apressava, contemplando da porta do cubículo o retábulo do perecimento em vésperas, diria ser um episódio disposto segundo as exigências exclusivas do pintor, entre elas, a posição do cavalete, e de si para consigo afirmara que a postura dos figurantes se mostrava exímia, quer no conjunto, quer na localização de cada componente.

7 – Na casa de L. . ., a farsa da simulação convinha ao nosso álbum, e pensando nele foi que W. . ., logo após o encerramento da comédia, nos acorreu ao domicílio a fim de prestar a colaboração de seus olhos, fazendo-o melhor que L. . . alguns dias depois; isto porque perturba os elementos fisionômicos o colateral de conjunturas que dispensamos ao trazê-los ao repertório; mas que se insinuam à margem da significação, ofendem a simplicidade que quiséramos só prevalecesse no idioma da pantomima; W. . . era senhor da qualidade de nossas preferências, comunicando-nos sem adornos, sem atributos de diversa realidade, a substância da mentira a fomentar o oportuno dos gestos, cada participante a se esmerar na posse do que não existira; e, coisa particular que sobremodo nos interessou, houve o momento em que, notando nos lábios do filho uma contração reveladora do fingimento, se adiantou L. . . a corrigi-la ante o receio de a verdade prorromper e destruir da rampa o teor ilusório e único a dever expor-se. O mesmo W. . . viu perder-se o tema da simulação e em seu lugar advir o constrangimento com que se incomodam os

falsários reciprocamente descobertos, ou os vultos que não escondem mais um do outro o exagerado dos cumprimentos, como no episódio dos dois dominicanos que tem por título a humilde, e consistiu em que um se pôs em vênia, indo ao solo em prostração, e o outro, por não julgar-se à altura de vê-lo a seus pés, antes entendendo ser ele o devedor da inferioridade, deixou-se também cair em terra, e sem que nenhum resolvesse a levantar-se, e como a demora lhes trouxesse o acanhamento, solucionaram ambos o risível a que se expunham, ao acertarem que se erguessem concomitantemente, que dessa forma ninguém sairia privilegiado; a fisionomia de L. . ., perante o *rictus* próximo a violar a peça em desenvolvimento, em vez de ocultar a sua impressão ou de alterar a voz para que o narrador, aproveitando o ensejo de calar-se, se recompusesse do súbito desânimo, remediou o perigo do desmascaramento com o valer-se da intrusa mímica, sorrindo-se dela e acrescentando, em atitude de quem se recorda, e então dirigindo-se ao rosto de W. . . que, como a este pressagiara, o primeiro encontro do filho com o intratável chefe, provocaria a depressão em quem a tal não era afeito; em seguida, ao perguntar se não tivera medo das atitudes do serventuário – dando assim um toque de pilhéria ao aparte, no intuito de fazê-lo o mais consentâneo possível com a sua aparente boa-fé – o pobre já reconduzido ao tema da falsidade, adiantou que o sofrera, mas, por força de alusões suas ao descortino e capacidade do referido chefe, ditas em tom de quem as havia por notórias em toda a cidade, conseguira, sem tardança, receber os documentos; e, para triste satisfação de L. . ., que no fundo lhe amargava o desempenho, aduziu que a decepção de ater-se com pessoas de rude sociabilidade, lhe conviria de experiência a vindouros e inevitáveis desajustes; ou porque a continuação da farsa lhe consumia a resistência, ou porque a posição de sua efígie no mesmo painel ameaçaria indispor o vulto a bem interpretar, até o desfecho, a seqüência de tantas imaginações, W. . ., com a licença que lhe permitia o já conhecer todos os sucessos, retirou-se ao quarto de leitura, e defendido pelo biombo acolhia, apenas as palavras agora presas a novo cometimento: o de ter ido a personagem ao correio, em cuja descrição se demorou talvez mais do que fora preciso ao êxito da credulidade; distantes da vista, as vozes se submetem a exames de clarividência, de oportunidade, de modulação que se não adquirem de par a par com o interlocutor: desta vez os sons não comprometiam inteiramente os lábios, em virtude de haver a presença de L. . . que, ao sentir o desatamento de uns e outros, os rearticulava com a sutileza de suas ajudas; W. . ., de quanto ouvira, entendera que os atores dominavam, fora de receios, os respectivos papéis, sendo que L. . . reunia a qualidade de histrião, a despeito da dolorosa contingência, à do ponto que, em sua cava, e jamais incluído entre os merecedores de aplausos, assegura o acerto de monólogos e dialogações. A prática do fingimento, como a de certas coisas verdadeiras, satura o protagonista que a exerce, ou se interrompe ao tender desfigurar-se; sucedendo que, na primeira hipótese, é a obstinação do motivo que conduz a personagem a satisfazer-se de quanto já obtivera;

no segundo caso, é a defesa do episódio que obriga o intérprete a não vê-lo de mistura com estranhas intercorrências que, algumas vezes, enriquecem e desenvolvem em outras coordenadas a nominação, o tema em foco; mas, há participantes de painel que não aventuram a concretizada cena ao risco de tais fortuidades, antes, contentam-se com o modesto e entretanto bem composto retábulo, à maneira de L. . . que, suspeitando da fraca oposição do interlocutor, o que significava demonstração de sentimento paterno, por conseguinte inconciliável com o julgamento de ser o filho correntemente hábil na fatura dos enganos, abandonou o tablado e cessando o torneio da fantasia, veio a ficar em presença de W. . ., deixando a só o anterior comparsa, não pressentindo este, na deserção, o menor gesto que o contrariasse. O tapume que separava a ambos, obliterava o miradouro dos olhos, porém o campo da escuta mantinha-se em aberto e desimpedido; circunstância que estimulava o prosseguimento da simulação, desta vez sem a contribuição ativa de quem passava ao papel de público: os dois a palestrarem sobre a pseudoconfissão, em rumores tão naturais que a efígie oculta deveras se comprazia com os dizeres dos comentadores; para maior segurança dos desempenhos, não havia em suas atitudes quaisquer meneios em desacordo com a índole e sonância dos vocábulos, sem dúvida temerosos de que o ouvinte os espreitasse através do septo ou surgisse de súbito por desconfiar da parlenda à revelia de sua ótica; depois de vários minutos, quando já pretendiam, por escalamento espontâneo das idéias, remover a conversação para assuntos em que se espraiassem livres de tortuosos manejos, a figura de L. . . indo a buscar alguma coisa além do tabique divisório, deparou-se com o recinto sem o conspecto do escutante que, sentado a ler uma revista, no fim do corredor, se fez mostrar em nova rampa; indicando assim que há bastante tempo se afastara da peça onde o supunham os protagonistas do inútil desempenho; uma sensação de vazio se fez acompanhar de encabulamento, feridos ambos os atores pelo desamparo que lhes impunha a platéia a que se dirigiam, forma vaga de se verem em ingratidão da parte de quem tudo recebera no auto do fingimento, e que agora, suprido do bom êxito de sua participação, se negava a prosseguir no curso das quimeras; o espectador a cujo olhar foi deferida a exibição, pode deixar em abandono a figura do intérprete; mas, desde que outro alguém continue a contemplá-la, a medir-lhe os gestos, o ator se conforta com esse testemunho talvez indiferente, ou mau tradutor das expressões por ele usadas, contudo, de certo modo é um consolo por se não sentir tão ermo; quando o consente o significado das atitudes, agrada ao intérprete vir ao encontro do retardatário, talvez no propósito de que este assistente transmita, ao ser que se afastara, os pormenores da cena que lhe ficou a meio, vindo a inteirar-se de toda ela graças ao ouvir dizer; inclusive, o interposto vulto poderá, com enternecimento, o remorso trazer à áspera e descaridosa efígie. Se nenhum espectador sobra na platéia, se o protagonista compreende haver sido debalde a sua conduta, que a pessoa a quem se ofertara não se substituíra por qualquer, à tristeza de se surpreender sozinho, adiciona-se a mágoa pelo irrisório com que se observa, de mistura com o amargo da indelicadeza por haver ela se ausentado sem se fazer pressentir, sendo mais aceitável que fugisse ostensivamente, cassando-lhe o gesto no instante de escapar, do que ir-se em silêncio e desdenhosa do incauto rosto, impiedade que sucumbe em maior melancolia o ator da vã desenvoltura. Na casa de L..., ambas as personagens sentiram o travor do acanhamento pelo recíproco testemunho de suas frustrações; sob o pejo de reconhecerem expressamente o ineficaz e cômico de suas posturas, L... e W... recolheram-se ao aposento de ainda há pouco, e, para aluir a possibilidade de mútua retratação, procederam ao auto das emendas, cada um a parecer mais interessado no motivo da palestra, desta feita um assunto banal que desprezariam em outra contingência, mas que se tornou de viva importância, as vozes aceleradas e impostas nervosamente, enquanto W..., que o relógio convidava a despedir-se, prorrogava a sua permanência a fim de que se resolvesse a encabulação, por mais constrangedor que se lhe mostrasse o painel; quando se decidiu a retirar-se, a frieza dos cumprimentos particularizou o episódio da partida de W...; e de regresso ao quarto, a figura de L..., ainda sob os efeitos da estranha ocorrência, agitava-se ao compreender a razão do sobrosso que ele não inserira entre os corolários da peça; conseqüência em verdade difícil de pressupor, dado que o intérprete em geral imagina as atitudes de encômio, de indiferença e de motejo que podem seguir-se à sua representação, mas as de embaraço pelo conluio entre ele e o comparsa de desempenho, por motivo do próprio teor em exibição, não se alistam nos presságios que formula o ator em véspera de ir ao palco; de volta do espetáculo, se alguém o acompanha, distinguirá mudas intermitências no corpo que só efusões deveria ostentar por terem sido perfeitos a dicção e os gestos com que se houve; mas, eis que se lhe inculca o pensamento em direção à platéia que se achava isenta de espectador, e com esse pensamento se entorna a angústia de verificar que muitas de suas expressões se demitiram da essência a que se subordinavam, do miradouro que, na platéia, era o pretexto de sua existência; na falta desse demiurgo que o aplaudisse, o esquecesse ou o apupasse, o papel de sucedâneo perfazia-se nele mesmo; apenas, não se manifestaria nenhuma daquelas três demonstrações, porém uma quarta: a de saber que se pôs a nu a circunstância do insucesso, do disparate de se lhe haver sumido a lente a cuja consideração ele se exercera com requintada maestria.

8 – O nosso álbum encontra-se repleto de episódios em que a lupa se abstém de observar o ator que estimaria gravar-se nela; dentre eles salientam-se uns de nossa participação, por unanimidade feridos do desapreço em face de não aparecermos, com interesse suficiente aos reclamos do olhar que nos enxerga, deixando-nos a sós com a desenvoltura que lhe endereçamos, e que entretanto, na falta de

quem lhe testemunhe o final, se estiola por valermos tão pouco à vista do presente belvedere. Queríamos que nos guardasse na lembrança, tal como vimos de interpretar, desde que o escolhemos para o mister de assistir a configuração de nossas atitudes, precisamente em auto por todos os títulos conforme com o seu gosto; na prática dos gestos, domina a preocupação de termos a nossa parte na fatura das memórias, contribuição variável segundo a natureza do miradouro que nos contempla; deriva desse intuito o contentamento que nos chega, na hora da convincente representação, se as atitudes se expõem em plenitude persuasiva; na vez da visitação a R..., o assunto se resumia em lhe prestarmos contas da empresa que nos determinara, e sem dúvida à satisfação de acolher o encomendado objeto, juntar-se-ia o júbilo de ver-se literalmente obedecido, tudo, portanto, a prestigiar o bom êxito de nosso corpo em presença de R...; mas, a admiração que nos inspira alguém, inclusive existindo a compreensão que esse alguém possui de nosso sentimento, costuma enfraquecer diante de pequenas decepções, de nonadas que nos suscetibilizam, a exemplo da surpresa de nosso rosto ao lobrigar a indiferença do vulto a quem destinávamos a entrega da coisa, cuja obtenção ele considerava dificultosa, sendo esta mais uma razão para bem nos ter ao seu lado; de costas para R..., enquanto retirávamos da bolsa o pretendido objeto, ao voltarmo-nos não vimos a ninguém, senão a nossa fisionomia em gesto vão e preso ao vazio do comparsa que se sub-rogou, por nossa iniciativa, na mesa que se achava mais próxima, amenizando-nos o desagrado a ressalva de que imperioso motivo o removera; triaga de inútil conseqüência, acudindo-nos de logo a idéia de que a desculpa, ao afastar-se, é um rudimento da gentileza, e a pessoa de R... se esmerava em educação; para as mais fortes conjunturas do sair, tinha sempre alguma palavra de oportuna delicadeza, de sorte que nos restava a conclusão de ser a indiferença a causa de havê-la esquecido em relação a nós; que o objeto nada mais valesse, mas a R... competia simular o prazer por sua aquisição, de modo a premiarmo-nos com a alegria, retornando-nos ao aposento sob a certeza de que, a todo o instante de recaírem os seus olhos na coisa entregue, era ele, o nosso rosto, que também se inseria na claridade de sua lembrança; aspiramos o miradouro a longo prazo, e a morte que mais a fundo nos sensibiliza é a daquele que nos possui na maior quantidade de episódios, de painéis que reputamos condignos; são os retábulos que, vindo a satisfazer as exigências de nossa idealidade, satisfazem igualmente as do observatório que nos perscruta; a efígie de R..., por figurar no reduzido número das que apreciariam o nosso esforço em busca de certo gênero de entrechos, movia-nos a atentas faturas, de maneira a só apresentarmos atuações isentas de outras que as contradissessem ou lhes diminuíssem o realce; contribuindo para tanto o fato de nos conhecer há pouco tempo, estando por conseguinte em aberto, a preenchimento futuro, os recessos de sua memória, reservados ao nosso vulto; os quais, diferentemente dos miradouros que receberam de nós as flutuações e versatilidades, mais disponíveis se mantêm e caroáveis aos desígnios de nossa fixação em sua lupa. Se nos dispomos a relembrar os pessoais desempenhos à vista dos que nos observam de há muito e que prezamos pelos seus méritos, entristecemo-nos por motivo de nossas variações no seio de tais repositórios; dentro deles nos situamos em relevos imediatamente corrompidos pela contigüidade de manchas que não podemos apagar, e conspiradoras da confiança que pretendemos imprimir nos seres da convivência; afetando-se, de ordinário, a idéia que eles anteciparão a respeito de nossa investidura em tema anunciado para o dia seguinte; receamos, em tais conjunturas, que o resultado de nossa participação não bem corresponda ao vulto que o aguarda, isto porque ele nos possui nas diversas modalidades em que o sucesso possa vir a desenvolver-se; ambigüidade de expectativa que nos incomoda, apesar da freqüência com que habita as nossas conjecturas, isto no tocante a quase todas as personagens do caderno, no instante de nos avisarem da agenda a ser suprida conosco em data próxima. Entretanto, no caso de R. . . não existia o passado de nossas ações, permitindo-nos a cautelosa escolha de significados que nos enobrecessem e sugerissem ao belvedere a sazão de procurar a nossa presença, de ir conosco aos espetáculos de difícil interpretação, a fim de nos olhar sem temer o malogro de nossos gestos; se porventura ele se verificar, não lhe faltarão desculpas a nos absolverem dos desarranjos, que à base de todos prevalece o bem intencionado com que saímos em direção ao proscênio; mas, a pessoa de R. . . não correspondeu ao aceno de nosso intuito, desviou a vista de quem o quisera tanto, e assim escarmentado do primeiro e melancólico esperdício, recusamos a possibilidade de nova frustração; doravante a exibirmo-nos sem o contentamento que reluz no intérprete ao aprontar-se no interior do camarim; pressurosa a emoção com que imaginaríamos a lente a nos aplaudir no mero ato de nos atender, sem suspeitar que aí se desenrola a fábrica de sua lembrança, o bem urdido painel que o acompanhará, ocultando-se em breves ou prolongadas síncopes, mas detentor de recursos a fazê-las remediáveis, de pontos de referência aqui e ali expostos para o retorno de nossa efígie.

9 – No catálogo das decepções, incluem-se os instantes em que, tentando revistar em alheia memória os retábulos que preciosamente construímos para perduração de nosso rosto, nela verificamos que de raro se mantém em sua pureza o papel que nos coube desempenhar; sendo comum a desfiguração de todo o nosso propósito, quer omitido no aspecto essencial, quer sob deturpações que lhe ofendem as bases; em ambos os casos, redundam em profanações de nossa natureza, em outras palavras, indiferença por nossa efígie, que esta não cultuam os observatórios que escolhemos. Os livros cuidadosamente conservados e que se não emprestam em virtude de necessitar o dono de reler as páginas queridas na hora de lhe ocorrer a urgência, são manuseados para clarificação da retentiva que, por

último, decora os trechos mais estimados; como também as obras empíricas volvem a expor-se à admirada lupa, e se acaso o museu que as ostenta se localiza a muita distância, o espectador supre o obstáculo, indo à cópia que lhe reaviva a lembrança; no domínio do cotidiano, ninguém se exercita em promover a reexibição do painel em perecimento, embora o ator resida a um passo de seu miradouro, solícito a todo instante em acorrer ao chamado daqueles olhos, e diante deles, estimulando o passado gesto, reconstituir na mente interlocutora o episódio digno de ser, como os versos, decorado. As lupas que recaem em nossa fisionomia, parece que a contemplam como a um vulto que passa, a um vulto em si mesmo; e não como efígie no curso de vários teores, dos quais um ou alguns suscetíveis de restauração, talvez um ou outro que representamos à revelia de nosso conhecimento, à similitude dos anuídos em situações de facial disponibilidade, mas nem uma vez sequer nos recordamos de havermos sido convocado a uma segunda interpretação do entrecho; todas as cenas se fundiram, todos os nossos desempenhos se mesclaram no espectador para efeito de uma idéia a que chama de nossa personalidade; todavia, a sobrevivência de um ou alguns painéis, apartados de outros que os contradizem ou desprimoram, cremos que despertaria no visualizador o ânimo de nos promover a melhores folhas de seu álbum; ele abandona o melhor desígnio da memória, que é o de perseverar na contemplação interna, e fomentada sempre, daquelas coisas que fazem jus à perpetuidade. A sua agenda, que aponta os motivos de intencional e virtuoso desempenho, faculta-nos variações de forma que, segundo nós, não permitem ao observador argumentar com os equivalentes que encontra na série dos colóquios com outrem, e se por acaso já possuírem nome todos os acidentes anotáveis, as circunstâncias em que nos envolvemos passariam a particularizar-se sob o rótulo de nossa individual efígie; entrementes, não poderia ele, o observador, increpar de comuns os painéis da indiferença com que nos feriu B. S..., em horas longas, ao tempo em que, juntos, habitamos o logradouro de O...; em verdade, B. S... nos conhecia desde a infância, acompanhou-nos o procedimento em retábulos inúmeros: no entanto, quando se ofereceu a oportunidade de nos expor fisionomicamente à súmula das impressões a respeito de nossa efígie, fê-lo para mágoa de nosso sentimento que se surpreendeu em descaso: menos perante o testemunho dos espectadores do que em presença de nossa pessoal verificação, até agora certa de descobrir a edição favorável e correspondente aos esforços, que empregamos, para alto relevo na lembrança de B. S...; em si mesmo, o episódio a realizar-se e revelador de como existíamos na preciosa lupa, resultava simples, nenhum enriquecimento de nosso rosto, nenhuma complexidade de entrecho lhe obrigava a ótica a munir-se de profundos poderes; tudo se resumia em viajarmos algumas léguas a fim de apreciar uma exposição de pintura, sendo de supor que, no veículo em que estávamos, B. S... introduzisse as pessoas ávidas de informações sobre as telas em amostra, pois que éramos o único a reter lineamentos acerca das qualidades do autor além do privilégio de há poucos meses termos visto as mesmas obras; a iniciativa de nos articular às figuras curiosas, pareceria o primeiro gesto de quem fosse o mais estranho a tais cometimentos, o que não ocorria quanto a B. S. . .; na hora do retábulo das distribuições, eis que nos colocou ao lado de comparecentes que nem sequer ouviram antes a palavra arte e, o que se figurava mais desolador, não se destinavam ao recinto da coleção e sim a um lugarejo precedente; desculpamos o contra-regra com o pensamento de que a cerimônia entre ele e os convivas não devera sacrificar-se em favor da saliência que assumiríamos no percurso do trajeto; ao justificarmos o arranjo dos protagonistas, assomava-nos o arrependimento pela insatisfação que, em última análise, exprimia o despeito pela sonegação de nossos méritos; e, o que veio a nos incomodar pesarosamente, a frieza de nossa desconsideração para os humildes comparsas, os intérpretes que nos olhavam com ingênuas alegrias, aumentou em nós o desejo de eliminar a busca de nossos reflexos na lente de B. S. . ., por sua vez, sem dúvida, desintencionado de nos diminuir, e possivelmnete a acertar com a ordem que estabelecera, compreendendo a nossa indisposição em discutir assuntos de arte, e ainda, utilizando-se da ausência, a incutir nos companheiros muitas liberalidades a nosso tocante; essa derradeira hipótese nos surgindo bem viável por força do pretexto a que se dirigiam, salvo se durante a viagem aparecesse algum tema de fervorosa atração; e a paisagem em redor poderia oferecer-lhos, uma bagatela de acidente que, de súbito, vem a instituir o coro dos interesses, das atenções que se demovem de algo mais sério, sem que ninguém promova o revivescimento do interrompido assunto; arrependemo-nos de tais conjecturas que abrangiam a nossa vaidade mais uma vez, e a suspensão desse devaneio se operou no momento em que perscrutávamos, numa e noutra beira do caminho, qualquer coisa do panorama que estivesse a rivalizar com os elogios entornados porventura sobre o nosso nome; era tempo de retrocedermos ao significado que se cumpria no interior do automóvel, com os homens prestes a se separarem de nosso vulto, demonstrando gradativamente que o desfecho se aproximava e então a cena ficaria deserta de suas participações que não soubemos aproveitar em termos condignos; atores apenas da fortuidade que, ao descerem, se despediram de nós, e nos gestos não havia a queixa pela indiferença em que os púnhamos; porém o breve remorso, que nos sobrou, preencheu a lacuna de merecida represália; enquanto removiam as bolsas, quebravam a mudez que existira, desejando-nos os votos de encarecimento que aplicariam a uma figura a quem devessem os favores mais instantes: prodigalidades fraternas de que seríamos incapaz se fôssemos nós o primeiro a abandonar o veículo; e nas palavras de retribuição, que proferimos, havia uma réstia amarga, a conter o desgosto de nosso observatório pelo nosso desempenho; quando chegamos à rua da exposição, B. S. . . e o grupo dos curiosos de arte saíam do prédio à revelia de nossa presença que entretanto se comprometeram a aguardar, parecendo-nos de melhor alvitre que continuassem a independer de nós, posto que o fizeram em conjuntura onde atuaríamos com alguma utilidade; sem que nos enxergassem, seguimos-lhes as deambulações, o que era o mesmo que acompanharmos o trânsito de nossa ausência: algo semelhante ao objeto que se distraísse em acercar-se do próprio estojo, vendo a cada passo como procederia se dentro dele estivesse; tal a nossa conduta a descortinar de fora o vazio de nosso corpo junto aos alegres passeantes, a rir de seus prazeres, a gravar um a um os meneios e as vozes de seus vultos, isento todavia das atenções retribuidoras; quando subiram ao carro para uma volta ao subúrbio, ninguém estendeu o olhar ao quiosque, mas, dentro dele nos vimos em posição de declarada tristeza.

Capítulo 6

1 – *A oração a despeito dos gestos.* 2 – *Realidade e ficção.* 3 – *A integração de figuras em nosso elenco.* 4 – *A vigência das nominalidades.* 5 – *A morte fisionômica.*

1 – A alma religiosa de M. . . sofria por não poder divulgar-se, refreando-a o amor próprio de ele se ver elogiado desde muitos anos, em virtude de princípios que todavia afrontavam o que, em última instância, era o mais sério de sua natureza; porém de algum modo ela se manifestava, apenas o fazia não aos olhos de outrem, mas à lupa de si mesmo, valendo-se, para tanto, de gestos comuns que todos os dias exercitava enquanto diferia o pensamento a eles simultâneo; M. . . aproveitava os gestos corriqueiros para as orações que, por motivos óbvios, não proferia em voz alta nem em posturas do rosto que alguém, ao notá-las, dissesse que ele se recolhia em piedoso devotamento; à noite, ao arranjar-se para dormir, o rotineiro de tais atitudes compunha o ritual de sua dedicação a Deus: as rezas emitidas, desde o descalçar das botas até o lavar das mãos, não eram as que aprendemos na primeira idade, estas já em olvido e não suficientemente consoladoras; as preces de sua autoria representavam solicitações de ventura e longa existência na terra a si e aos seus; e como serena e modesta felicidade de há muito recaía nos seres de seu íntimo afeto, chegara à crença de que Ele lhe ouvia as súplicas, M. . . enternecendo-se com as provas de que, desde que as iniciara nenhum dano ocorrera entre as pessoas de sua predileção; dos aposentos contíguos, os vultos prestes a adormecer e acostumados

aos sons que, por se repetirem todas as noites, à mesma hora, significavam o ordeiro e quietador retábulo de M. . . ao vir ao descanso, acalentavam-se aos ruídos sem a suspeita de que a habitual cadência regulava a oração às ocultas; o monólogo das postulações representava um processo que não se encontra nos missais em uso, extremamente pessoal mas revelador da profunda necessidade de pedir; sendo a ventura dos familiares o objeto da diária aspiração, e não querendo omitir algum por parecer em rasura o seu amor, enumerava pelos nomes as efígies do larário, segundo discriminação atenta à hierarquia da idade, elidindo-se, ele próprio, da desvelada nomenclatura; não que dispensasse o divino socorro, talvez, mais do que ninguém, carecedor de tal ajuda, e sim porque ao solicitá-la em benefício dos caros figurantes, se incluía tacitamente na relação dos indicados às celestes mercês, que todos o queriam e portanto não poderiam obter a felicidade sem que ela também o atingisse. Nas férias que passamos na residência de M. . ., desde a primeira data coligimos a estranheza de suas atitudes que, eram de supor, deveriam caracterizar-se por indagações a nós: assim suscitava o repertório que lhe trazíamos a respeito de coisas e pessoas, no entanto o foco de sua lupa incidia em algo diverso de nosso depoimento; na noite seguinte, procedeu da mesma forma, apenas com o acréscimo de nos oferecer a chave do edifício, com o corolário de que, acolhendo o nosso costume de não dormir tão cedo, ficássemos a rever amigos sem a preocupação de o importunar a desoras, maneira elegante de livrar a sua liturgia da intrusão de nossa presença; acatamos em parte, mesmo porque não nos atraíam os eventuais interlocutores existentes lá fora, sendo-nos preferível, como resolvemos adotar, recolhermo-nos ao aposento, de cujo leito e à semelhança dos demais, compúnhamos os pensamentos que antecedem o sono, ao ritmo de seus passos lentos, da cadeira que o recebia para retirar as botas, do barulho destas ao caírem no chão, do guarda-roupas que abria e depois cerrava, novamente os passos em direção à pia, a higiene das mãos e do rosto, enfim, tudo que externava a peça de sua muda oração; cerca de dois lustros após, interrompeu-se o divino atendimento a suas rezas, sob a modalidade da morte atingindo e prometendo atingir mais a ventura dos seus, e quem lhe soubesse da observância a que se impunha na hora de agasalhar-se, esperaria que ele maldissesse da inútil esperança; mas, ao inverso, a fé se despiu do acanhamento com que se velava, e apareceu como poucas vezes acreditamos haja aparecido: o fervor de sua manifestação explicava-se pelo contentamento de vê-la em público, indo com urgência particular às testemunhas dos ruídos, para explanar, a modo de quem se penitencia, as solicitações noturnas feitas em concomitância com desapropriados gestos; embora pudesse doravante ajoelhar-se ao oratório, empunhar o brandão nos desfiles de preceito, vestir a opa dos acompanhantes, não deixaria de, antes de deitar-se, emitir a prece ao mesmo tempo que se dedicava aos arranjos do corriqueiro, agora sem perigo de embaraços, visto que lhe conheciam a litúrgica os remanescentes da família.

2 – O nosso belvedere, que desvenda a intimidade dos circunstantes, incide também nas mentalizações que nos pertencem, em espontaneidade que assinalamos quando elas vão a meio, produzindo-se ao mero anúncio de que um acontecimento anormal surdiu em torno de algum semblante; a nossa iniciativa atribuindo-se o mister de criar uma versão sem dúvida diferente da verdadeira, mas fisionomicamente merecedora de figurar junto àquela, por serem variações do mesmo tema; agrada-nos a preocupação de conferir uma com outra, em cujo exercício passamos a julgar das perfeições e imperfeições de cada uma em relação à respectiva nominalidade; avocamos a conjuntura de presenciar, de certa maneira, o evento que parecia, por se ter desenrolado longe, dever neutralizar-se de nossos sentimentos ou persistir em branco; também, por força de um aviso que mal escutamos, desprendem-se entrechos que a notícia, muitas vezes constante de duas palavras, estimula à revelia do mensageiro, que a substitui por outra ou se demove do assunto ao acreditar em nosso aparente desinteresse; ou insiste em corporificá-la em pormenores, na presunção de que nenhuma outra peça está a nos preencher a receptiva senão a promovida por seus lábios; explica-se a febre, com que o arauto se precipita na divulgação, em parte ao convencimento de que o ouvinte lhe abrira, unicamente para a sua composição, a porta da disponibilidade em auferir o que lhe vem de fora. Sucede, não raro, que enquanto a voz reconstitui o que o título designara, a nossa atenção se desvia em proveito do auto a se desenvolver dentro de nós, sem sequer necessitarmos de conhecer se a obra coincide, em algum ponto, com o relato do interlocutor; basta-se a si mesma e disciplina-se apenas ao dístico genérico, à informação preliminar, tanto nos é possível, a nós, por intermédio do devaneio, diversificar a urdidura proposta pelo ocorrer verídico. Após afastar-se o companheiro, se outro vulto lhe toma o posto em nosso observatório, a novidade que lhe transmitiremos é a que mais se avizinha do conto recém-traçado, e não a que se criou à base de nossa imaginativa; o devaneado conto, se não estabelecermos a sua fixação no caderno de nótulas, tenderá a aluir-se na fraqueza das memorações, apesar do valor de que se revestem muitas dessas formações íntimas e estanques à vista de outrem; cabendo-nos portanto a iniciativa de esconder dos demais os episódios que reconhecemos de algum mérito, e até suscetíveis de figurar em coleções de criatividade artística. A rigor, não podemos afirmar quais sejam mais férteis, se as produções do pensamento, se as faturas da objetividade, mas o importante é que o tema surge provido tanto de um como de outro manancial: ambos os dois a concorrerem ao elastério do nome, do título, sem contudo separar-se de sua órbita, sendo-nos de deleitável recreação, se no-la permitem as contingências da oportunidade, justapor, no mesmo boletim de recordações, os painéis construídos pela mente e os originados, empiricamente, fora da lupa e aos quais tivemos acesso pela voz de interposto semblante. Combinações positivas se sucedem na tessitura de que participam as coisas do devaneio e as do cotidiano alhures, pois que evitamos apartá-las no proscênio que as nótulas indicam,

postas as duas fontes em igualdade de tratamento e regidas, quanto ao primado de nossa escolha, pela norma de preenchermos o nome em causa com elementos de natureza fisionômica; ao promovermos a idéia da aliança entre os dois territórios, lembramo-nos do conclave antigo e franqueado a estranhos e a magistrados, cujos éforos discutiam determinado problema sem obterem a condizente solução, que depois surdiu graças ao parecer de alguém modesto e por conseqüência inadequado a proferir a salvadora sugestão; a qual todavia se tornou aproveitável com o desvio do proponente para fora da assembléia e a substituição deste por outrem investido de consentânea respeitabilidade, que se encarregou de repetir, como se somente o ritual valesse, as palavras que o seu humilde antecessor dissera mas que se não deviam considerar por partirem de alguém impróprio à solenidade da anunciação. À maneira do acontecido no episódio dos lacedemônios, cumpre-nos destituir o intérprete da realidade em favor do intérprete da fantasia, na crença de que ao rótulo mais se ajusta a sub-rogação; advindo muitas vezes a piedade que não consente, que se não resigna em perpetuarmos, na fixidez do caderno, o desempenho que foi uma desventura do protagonista verdadeiro; como tal, a impor a providência de encarecermos a sua exclusão da dolorosa peça, se bem que o assunto sobreviva por grandes qualidades, mas a pena, que o ator nos inocula, impede que lhe registremos a face; a fecundidade da imaginativa nos conduz a convocar, do seio de numeroso elenco, um semblante que, pelos pregressos desempenhos, possa interpretar com êxito uma formulada designação; contudo, a piedade do afeto, que nos obrigara a suprimir o figurante, se transmuda em piedade do raciocínio, não nos parecendo curial que a nossa aversão se estimule ou se satisfaça ante o propício de um tal evento; riscamos a personagem que o primeiro impulso nos levou a preferi-la em nossa encenação, e em seu lugar costuma vir alguém que de certo nunca houve, um ser de ficção e para cuja existência contínua e individualizada não urge que, com pormenores, lhe desenhemos o rosto à beira das situações escritas: ele persevera em nossa memória, e reforçadas ficam elas que são o continente de suas plasticidades, conformando-o e reconstituindo-nos a conformação toda vez que as lemos; a fidelidade que nos faculta o caderno é a de protagonistas que selecionamos e também a de nosso miradouro que se conserva no modo de escolher e de incorporar: sempre que se inclina sobre os palimpsestos, afloram os participantes do inicial momento, refaz-se o convívio entre os da quimera e os do real cotidiano. Quantas vezes um protagonista chega a nós certo de representar o tema que delineiam as circunstâncias, exercita a desenvoltura como se muitos ensaios a precederam; entretanto, à revelia desse ator, utilizamos-lhes o desempenho em história diversa da oferecida pela realidade, incluímos a atitude de agora no trecho em branco entre os vários de nosso caderno; ocorre que dessa mudança de logradouro nenhum vestígio de inadequação revela a nascente de onde o transplantamos; ao atendermos a determinado convite, acode-nos à mente qual a fatura que poderá prover-se durante o prometido consistório; e o atributo da previsão nos facilita a estabelecer a peça da probabilidade e concordante com o próximo entretenimento; pode acontecer que a pessoa que nos segue ao encontro se assegura de que nos associaremos às personagens e conversações de daqui a pouco, esperança que de ordinário se confirma, porém nada proíbe que outro enredo, em nós, se abasteça daquele que vê o nosso acompanhante.

3 – Em inúmeras confecções do repertório, mutilamos a objetividade que se desenvolve em nossa presença; isto em virtude de, na maioria das ocasiões, só nos interessar do episódio exposto os gestos que se aliem a um dos significados já inscritos em nossa agenda, ou que atendam à ordem fisionômica: dessarte, abrimos, com a dadivosa conjuntura, um capítulo a mais ou uma peça nova ao extenso cabedal de figurações; há uma parte de tédio nos colóquios a que nos entregamos, a parte que diz respeito aos inaproveitamentos, à série de posturas que não correspondem ao ensejo de nosso miradouro; no transcurso da qual, por motivos óbvios, manifestamo-nos desperto diante das inutilidades que apreendemos, como a suprirmo-nos de matéria para ulterior e eventual aplicação: talvez em auto que tenha por desígnio a própria externação do tédio, com os atores a persistirem na recusa de nos proporcionarem o desempenho que aspiramos, sem todavia convocá-los a esse intuito, para tristeza de nosso pensamento que se vivifica toda vez que vem a ratificar-se. O desejo de que os vultos ocasionais interpretem a motivação que lateja dentro de nós, se capitula no processo com que nos defendemos do fastio de ver a objetividade em dispersão; ou de observar que os painéis tendem, quando chegam a tanto, a uma ordem alheia à estatuída por nossa preferência, por conseguinte sujeita a percalços que não podemos corrigir sem interrupções na espontaneidade dos que se movem perante a nossa lupa; além disso, a correspondência entre o retábulo e o produto de nossa idéia, permite que o ato de representação se inocule mais profundamente em nossa memória, vale dizer que a mesma presença se despe da habitual esgarçadura, da propensão a perder-se na corrente das efemérides; a ponto de, ao efetuar-se um episódio em ligação com a nossa conjectura, ficamos ciente de seu regresso em nossa lembrança. Em geral, os colóquios se abastecem de vultos e de significações que bem cedo se esvaem em completo olvido, restando de tais conjunturas, quando nos sucede memorá-las, um ou outro fragmento; se algum vínculo de ordem nominal não as reforça, as parcelas escassas se isentam de nos exibir todo o contexto em que se fizeram, assomando-nos as dúvidas sobre a época e o recinto do cometimento, sem falarmos em protagonistas que lá compareceram; estes para nós sem mais emprego desde que os esquecemos e assim não poderão acudir ao nosso chamado, se urge que reconstituamos o episódio que, ao tempo, nada prometia mas, por efeito de posterior e imprevisível importância, veio a se nos tornar o precioso objeto, agora a se acentuar nas réstias da recordação. A presença, que se não reveste de feições

que nos possam interessar – e nesse capítulo aglomera-se a maior parte do cotidiano – distancia-se da obra de arte por não ter sido composta à base da cogitação com que haverá de ser vista por subseqüentes espectadores; faltando-lhe exatamente o preparo em permanecer nas suas formas, lacuna que nos propomos a compensar através da convocação do elenco, em mira, à peça que registramos no caderno de nótulas; a presença, que modelamos ao nosso gosto, supera, no plano de sua historicidade em nós, a presença construída só de fatores e de inspirações da objetividade; configurando-se, a que se gerou de nossa iniciativa, sob as mesmas diligências com que o autor de uma obra de arte se muniu ao pretender levá-la, tal como se desvela agora, a museus ou a coleções futuras. O painel de hoje, se articulado apenas ao pretexto a que se associam as atenções dos comparecentes e a nossa inclusive, todas elas a formarem o conjunto das interlocuções, o painel de hoje não nos propicia, nessa mesma hora, o mister de avaliação com referência à faculdade de ressurgir depois em nossa memória; sucedendo ainda, que, absorto no motivo da conversação, de costume não ocorre, para esteio de nosso regresso ao comum retábulo, incidirmos o belvedere em algum semblante fortuita ou particularmente escolhido – como o termo sublinhado na escritura facilita ao leitor o encontro da página e ainda a lembrança do assunto posterior e do anterior ao ponto salientado – o qual seria, nesse momento de preservação, a figura a virtualizar em si o revivescimento do grupo inteiro; tentativa de resguardar o instante feita às expensas de sua espontaneidade, porquanto, ao elegermos a protetora efígie, desviamos da nominalidade em episódio o interesse de nossa lupa. Aos valores de convivência que perseveram em nós mercê das afeições ou pelo só motivo de haverem estado em nosso miradouro, e muitos conservamos sem sabermos a causa da permanência, tanto mais estranha quanto inúmeros, de mais incisiva tonalidade, se perdem no sumidouro que também há em nosso arquivo, às personagens de nossas relações, se presentes no auto porventura desenvolvido a preceito de seus gestos, adicionamos a mesma prerrogativa, o especial relevo com que estendemos ao companheiro de trabalho, em ligação conosco em horas de rotina, o apreço peculiarmente devotado por ter sido participante de esplêndida aventura. As retroações da lente, recaídas em intérprete de antiga representação, e à revelia dele, não se confundem com as revistas a semblantes que, nem de sua objetividade nem de correspondência às nossas faturas, nos deram o menor ensejo a aproveitarmos a corrente de sua mímica; e tampouco vêm aquelas ao tipo de disponibilidade que deparamos nessas últimas, inéditas da fixação em nosso texto; enquanto a presença de inusitadas figuras favorece o aliciamento de seus dons ao exercício de nossos devaneios, o retorno de velhos protagonistas ao nosso observatório incentiva, em nós, a reconstituição das cenas por que transitaram; restringe-nos o poder de criação nessa hora em que os revemos, para só prevalecer o retábulo que era dantes, do qual a efígie em regresso à nossa lupa é o agente virtualizador do que demora no passado; porém, se se exibe com as atitudes de quem só distingue a ocasião de agora, longe está de atribuir aos nossos cumprimentos a saudação que proferimos ao ator de remotos ou remoto painel; em cujo decorrer desempenhara a pequena história, a nonada de um tema a sugerir intérprete fora dos quadros de nossa imaginativa; assim proporcionamos às coisas da realidade empírica um elo a mais para a sua integração no elenco do existir, na substância de nosso belvedere.

4 – A experiência dos colóquios nos demonstra haver na objetividade a inclinação a nos oferecer painéis que reproduzem nomes, temas, já auferidos por nosso miradouro: reedições de assuntos não só incitadas por alguém que os desempenhara antes, como instituídas por elementos que diante de nós os encarnam pela primeira vez; ocorrências que nos informam ser o motivo algo que ainda não se esgotou, e não se esgotará enquanto houver efígies que apareçam e, em conseqüência, se prestem às nossas traduções, às idealidades de nosso pensamento que, dessa maneira, colabora na plenitude do que existe desde a aparição dos homens: a vigência dessas entidades da abstração, nominalidades a toda hora preenchidas e marcadas por quantos a elas se dirigem voluntariamente, ou para lá se encaminham apesar de suas recusas e indiferenças; essas entidades – os temas suscetíveis de representação – constituem o universo no qual, ao incidir nele a nossa lupa, descortinamos um processo de ser e de acontecer que contraria as normas a que somos habituados no plano do tempo, no dia-a-dia do calendário comum; parecendo aquele universo a congregação de atores recolhidos, não apenas do agora de nossa atualidade, mas do ontem que atinge a todas as efemérides que nos precederam; dentro do qual se nivelam – à similitude do arquivo onde o empresário encontra, para aproveitamento na programada peça, os endereços de todos os histriões que aguardam no domicílio o anúncio ao comparecimento – os vultos de hoje e os do passado; todos prontos a atender, com o desempenho, à convocação de eternas rubricas, em proscênio que se situa em qualquer lugar onde o assunto se realiza, ora com menor freqüência, ora com geral e irrevogável execução. Infletindo o observatório sobre os nomes perpétuos, diremos das figuras que lá estão a exercê-los, que são concordes com a significação em causa, e se porventura o rosto, que no momento nos defronta, exibe um desses retábulos de todas as épocas, excluímo-lo do grupo de nossa contemporaneidade e o catalogamos entre os demais que outrora se submeteram ao idêntico teor; a lupa da consideração desvia-se do costumeiro com que vislumbra e capta os rostos à medida que se sucedem, para admiti-los sob a cobertura, infinitamente elástica, de muitas acepções, e cujo poder uniformizador nos abrange os olhos se atentarmos que, à semelhança de nossa lente, outras se debruçaram e viram e se comoveram ao contato do mesmo nome e dos respectivos intérpretes. A convicção de que o sofrimento padecido agora já o fora por milhares no transcorrer dos tempos,

não minora o fluxo dos gestos que irrompe à notícia de que morreu alguém da intimidade do novel participante, de nada lhe servindo os painéis análogos que ele mesmo testemunhou até então, a cena se efetiva como a primeira de um temário inédito; a parte de coadjuvação, de que se incumbem os assistentes do desespero, dimanará de quente sinceridade, não obstante eles, os atuais protagonistas, a haverem praticado em inúmeras ocasiões; tudo para a perfeira conservação de autos que ressurgem sem perderem o tom e a verdade de outras eras, para o só domínio da nominação que não possui datas e que se manifesta, assim, numa presença enorme. Os semblantes se revelam imunes de fadiga, nem o pretérito espetáculo costuma envolver os atores no mal da saturação que, nas longas permanências do teatro, aborrece a todos da companhia; os quais regulam o término das apresentações pelo aumento das cadeiras desertas, enquanto o primeiro se reproduz sob a constância dos comparecentes: o reduzido número de hoje e a grande afluência de agora, a perfazerem o escasso e o abundante de outras épocas, sem surdir do pequeno ou grande elenco uma defecção a empecer a urdidura em perpetuidade. As presenças, que se desenrolam, configuram preenchimentos de significações, cuja quantidade, se o miradouro se eleva aos rótulos das extensas acepções, se resume a um programa bem menor que o obtido por nossa lupa no correr do ordinário cotidiano; equivalendo-se este aos entreatos despidos de valor, mas que divertem os assistentes enquanto se muda o cenário para os entrechos vindouros; o repertório das nominações compreende o elastério que se retrai a alguns dísticos, ao mesmo tempo que deixa nos próprios lugares os vultos interpretadores; isto de forma a presumir-se que uma lente simultânea à de nossos poderes, passe a traduzir, no painel em foco, em vez do nome exposto à nossa acuidade, o assunto que lhe parece óbvio à vista dos gestos e à escuta dos rumores; à feição do cometido na entrada de nossa residência, quando, ao aguardar a visitação de R. . ., cuidávamos de saber da vizinhança, atenta à janela, se ele não surgira na estrada, e vendo escura a nossa habitação, não voltara crente de que saíramos ou já adormecêramos; concomitantemente à resposta de que R. . ., por demais conhecido na redondeza, ainda não se mostrara, eis que a figura do amigo aponta a nosso miradouro, proferindo à distância as graças costumeiras; ao chegar mais perto nos disse que então viera apenas para nos dar o boa-noite, que razões imperiosas o obrigavam a ir alhures, episódio trivial que entretanto no dia seguinte se converteu em painel de dolorosa significação, ao inteirarmo-nos de seu perecimento, quando o boa-noite que supúnhamos prevalecesse por vinte e quatro horas, se revestiu do adeus para sempre; em virtude de não o captarmos devidamente no último instante em que se nos oferecera, a nossa lembrança fatigou-se no exercício de rememorar, um a um, os pormenores de sua presença como se nesse minuto soubéssemos que o retábulo era o de sua derradeira exibição; tormento de recompor o passado de ontem, sem dúvida insatisfatório, mas positivo à nossa alma que assim reergue, sem transgredir a ordenação da cena, o corriqueiro de uma tessitura a motivo maior e de análoga freqüência no acontecer da terra; mas, a nosso favor existia a claridade do sofrimento, que é solícita em abranger a véspera, intensificando a cor e a linha de tudo que se verificara e a não colhêramos como agora o fazemos; resultando ser o painel da última noite o contexto criptográfico e entregue somente agora à decifração de nossa lupa; o vezo que se arraiga em nós, oriundo de circunstância bem assídua no cabedal da convivência, como seja, o de despedirmo-nos com o ânimo de perder, em nosso olhar, a figura que um dia, uma semana, um mês, anos após, nos dissuade, pela morte, de revir ao nosso encontro, o vezo desse pensamento, que no fundo é o da fragilidade da vida humana, estimula-nos a imaginar que o vulto do interlocutor, ao nos dizer adeus, o diz para toda a existência; a conjectura, não obstante sombria e desalentadora, ao extremo de perturbar, em nós, o prazer com que o contemplamos, serve todavia a propiciar, à presença às vezes incolor, uma atenção mais viva que pode comover a pessoa em ato de despedir-se; sobretudo mantém em relevo o painel que, livre de atuação do lutuoso pensamento, cedo apagar-se-ia de nossa lembrança, aliás nítida e fértil, sempre que similar apoio vem a detergir de vulgaridades os episódios.

5 – De todas as personagens do repertório, as que recolhemos com o antecipado luto de estarem em vésperas de nossa extinção nelas mesmas, visto que, mortas com possível brevidade, desapareceremos nelas, como em algum dia desaparecerão conosco, no ato de falecermos, essas fisionomias tocadas particularmente pelo profundo receio de nossos olhos, se realçam no disponível de nossa lembrança, por efeito do fúnebre cuidado; no caso do imprevisto restabelecimento da saúde, embora tenham decorrido muitos anos da data em que tal pensamento despontou em nós, no instante de revermos a pessoa em causa, é a recordação de que já nos despedimos dela como se fora por derradeiro, a que mais se aviva na conjuntura do novo encontro; se bem que, de ordinário, este não nos devolva, com toda a exatidão, o antigo e funesto pressentimento, salvo se a estrutura emotiva, que nos acompanha agora, padecera de atmosfera igual à última, quando sombrios antecedentes, alguns deles impalpáveis à nossa busca, se moveram a fomentar dentro de nós o agouro de perecermos em comunhão com esse alguém; o novo contato não estabelece, necessariamente, no duo entre o nosso olhar e a efígie que, nos retornando à lente, prova ter sido quimérica a suposição do prestes desaparecimento, a volta do primitivo receio; a rememoração no-lo conserva como o figurante de outros episódios, sem que nenhum, entretanto, venha a apresentar a ênfase desse painel em que o desânimo de um próximo fim, não o de nossa morte em nosso corpo e sim o de nosso falecimento na morte do companheiro, perfaz o nome com que o podemos designar. A precariedade dos miradouros que nos conhecem, induz-nos a esperar a todo momento o aviso de que a morte fisionômica – a operada pela extinção dos seres que

nos têm em seus repertórios – se inere a nos vitimar assiduamente, sobretudo porque a idade dia-a-dia acrescenta o número de detentores de nossa imagem, aumentando em nós a possibilidade de morrermos alhures dessa morte que também se verifica sem que nos informemos dela; porquanto sucede que vários se distanciam de nossos olhos e lá se perdem, e ninguém nos transmite o fato de seus perecimentos: nesses casos, aluímo-nos sem sabermos de nossas extinções; contudo, a despeito de isento do pesar, que nos confrange quando eles se comunicam a nosso conhecimento, nem por isso nos dispensamos de vez por outra indagarmos o paradeiro de alguns que não mais nos freqüentam o observatório; e se ninguém nos responde, entre as possibilidades de seus destinos salienta-se a de estarem a essas horas nos respectivos túmulos, onde também nos sucumbimos; se acaso um dos semblantes havidos por mortos, chega ao nosso quarto ou se defronta na rua ante o nosso olhar surpreso, eis que nos acomete a prática de efêmera ressurreição do que éramos na posse desse recém-vindo, continuando-se agora as páginas do período em que ficamos juntos, reatestando-se a nossa existência no miradouro que, para alegria, permanece com a sua claridade a nos manter na vida de seu repertório. Lembramo-nos da figura de V. S. . ., na tarde em que, ciente nós da moléstia irremediável e dos ardis que os circunstantes improvisavam no intuito de que ele não soubesse do próprio aniquilamento, nos dirigimos ao hospital na certeza de ali, ao pé do leito, um estratagema qualquer, e por nós arquitetado, desviaria do doente a suspeita da próxima ultimação: enganoso mister, a cujo êxito bastava a obstinação de viver ainda e a credulidade em tudo quanto se prendia ao seu restabelecimento; com efeito, desempenhamo-nos com perícia e desenvoltura, tanto assim que, ao solicitar que lhe disséssemos o ocorrido com alguém de nossa intimidade, não lho indeferimos, porque se o fizéssemos, ele poderia desconfiar que a sonegação do episódio visava a eximi-lo de imprudentes comoções, a ele que se presumia às vésperas da cura; portanto habilitado a receber a cena que a nenhum outro contaríamos, nem ao mesmo V. S. . ., se não fora a presente situação, dado que o painel, agora em confidência, devia conservar-se em absoluto segredo; o exercício da caridade não exclui as intenções cautelosas sempre que em sua aplicação entra em jogo o resguardo de terceiros, tal como no momento da visitação, ao aliarmos, ao propósito de tê-lo na ignorância da enfermidade, o inofensivo de nossa confissão que, pronunciada com reserva a quem iria morrer dentro em pouco, de nenhum modo prejudicaria ao vulto que no deponente sucesso se envolvera; assim, a discrição, de que nos sentíamos devedor, não era gravemente rompida com a nossa delicadeza em relação ao moribundo. Alguns dias após, ao regressarmos do enterramento em companhia da pessoa a quem se vinculava o segredo, não era bem a circunstância de havermos perdido, para nunca mais, o semblante de V. S. . ., o que nos fazia a alma contrafeita pois, no tocante a esse particular, já existia uma tristeza que tornou menor a angústia de irmos ao cemitério; era a que se sobressaía do conjunto de nossas depressões, precisamente a nonada de termos sido indiscreto, sem embargo das inconseqüências da piedosa leviandade; debruçando-nos sobre a origem do sentimento, coube-nos descortinar o motivo de nossa preocupação, o qual dizia respeito ao amigo que, por nossa culpa, falecera mal de sua morte fisionômica, de seu desaparecimento no miradouro recém-extinto de V. S. . . que, se não fora a revelação, o levaria ao túmulo sem a mancha que de certo lhe ficou na mente; completaria ele os seus dias em V. S. . . com a distinção e o apreço alcançados nesse observatório, até o instante de nossa interferência; a nobreza de atitudes não permitira a V. S. . . denunciar o entrecho do desdouro, nenhuma outra efígie recolheu de sua voz o que se passara; contudo, as coonestações ao nosso procedimento não nos diminuíam o pesar por haver impedido a alguém de perecer de mais elevada morte. Um fato subseqüente, ocorrido na Igreja de . . ., na ocasião das exéquias de V. S. . ., às quais comparecera a vítima da furtiva delação, veio a agravar o dano de nosso arrependimento: talvez movida pela seriedade do ambiente, depois do retábulo das homologações de pêsames, ela nos conduziu à puridade a fim de nos expor as razões de sua conduta e comovidamente referir-se à contrição de agora por tudo quanto praticara: episódio de moral reabilitação que advinha tardiamente em alusão a V. S. . ., e compreendemos, no agradecido olhar que nos lançou, a certeza de que o absolvíamos da grande falta; era evidente a emoção de nossos gestos, mas dirigia-se à conjuntura de não mais viver a pessoa de V. S. . ., a quem propiciamos a tela do desvalimento, mas sem podermos, como ordenaria a virtude, propinar-lhe a cena da recuperação; ao considerarmos o acabrunhamento a que nos submetíamos no meio de todos, víamos o nosso vulto na mesma posição dos familiares que, dentre as melancolias que a morte costuma ensejar, nutrem a de deverem ter sido – eles, os familiares – mais atentos, mais obsequiosos, na assiduidade junto ao semblante que não voltará para receber as atenções e os afetos recompensadores.

Capítulo 7

1 – *O gosto do passado.* 2 – *O retábulo da iniciação.* 3 – *A inoperância do co-ator.* 4 – *A clarividência do lugar.* 5 – *A persistência fisionômica.* 6 – *O prazer da reconstituição.* 7 – *A cultuação de determinados episódios.* 8 – *Ciência e insciência das participações.* 9 – *A existência fisionômica em nós.*

1 – Quando vai repetir-se um acontecimento que, em versão passada, nos trouxe alguma afecção de júbilo, endereçamo-nos ao proscênio com o palpite de ser viável o retorno desse mesmo júbilo; parecendo existir, à base de tal anelo, uma ordem não de todo estanque aos nossos requerimentos, desimpedida a nos oferecer alguns milagres: dentre outros, o de consentir em nos devolver o almejado painel, bastando ao demiurgo reduzir por instante a prodigalidade de suas teias, e confirmar, pela repetição, o que ele dera de sua legitimidade: a motivação antiga e os mesmos intérpretes que a expressaram; todavia, a espera ingênua dilui-se diante das negativas da realidade, obviando-se de proveitoso apenas o relevo que readquire o velho retábulo em nossa memória; assim, a desejosa lente nos estimula a percorrer os contornos do segundo acontecimento, os mesmos da ocorrida exibição, mas ela se faz intransigente em só nos mostrar participantes inéditos, motivação outra que não a efetuada ao nosso enlevo; o invisível contra-regra a nos sonegar, ao miradouro, a cena tão simples de voltar a ser, de tal modo simples que, se a solicitássemos a alguns dos passeantes, eles talvez não se negariam a nos proporcionar o tema, o nome; porém agora pretendíamos, além do

assunto, os figurantes da outra vez, cuja identidade era de nosso conhecimento e bem há pouco os vimos com as indumentárias daquele desempenho, faltando, para o retorno do passado painel, apenas o ato de se unirem como o fizeram antes; mas eis que um ocasional grupo nos tolhe de aguardar o evento da recomposição, preterindo, com a singularidade de novo urdume, o ensejo daquela reexibição ao nosso miradouro. As necessidades da vista, desde que procuramos satisfazê-las com as ofertas que as praças, as avenidas nos facultam, comumente se desenganam a respeito do objeto que demandavam, sucedendo que o olvidamos em virtude dos atuais atrativos; estes estorvam, de ordinário, o nosso desígnio de encravar o acontecimento de ontem no seio da contemporaneidade de hoje; perdemos de reconstituir a tela deleitável por efeito de abundâncias inerentes à realidade das ruas, copiosa na linguagem com que nos indica o universo que nos acompanha, que permanecerá conosco na medida de nossa existência, a despeito de não imaginarem os seus habitantes que um elo os articula ao fato de nosso observatório aberto; demoramo-nos a espreitar o ajuntamento que substituiu a ressurreição almejada, e após a conclusão do tema que se revelara nele, verificamos a disparidade entre a antiga e a nova conjuntura; assim, ao compararmos, depois, o papel de uma e outra em nossa sensibilidade, e não obstante os ecos ainda a envolverem o mais recente episódio, pronunciamo-nos em favor do mais pretérito que, pelo tempo decorrido, se poetizara em nossa lembrança, enquanto o de agora não se nutrira do eflúvio da saudade. Talvez futuramente, quando integrada na perspectiva que absorve os acidentes, inclusive os desagradáveis que a ela aderiram, como a poeira que na estrada ofende a contemplação, mas que não regressa com a suave memória da paisagem, a representação de hoje virá a inscrever-se em página da ternura, e então disputar com a outra, em nós, o privilégio do devaneio. O gosto do passado, que tanto nos obriga a recordações, vincula-se a várias folhas do repertório; a predileção por uma delas, às vezes é regulada pela natureza do fastio, do tédio que no instante nos incomoda; a qualidade de certos desapetites conta com a compensação atenuadora desse medicamento que reside em trazermos um painel em que o tema cede a ocasião a outro que nos contenta; basta-nos também a lembrança de quadro idêntico para vermo-nos consolado de inferior sucesso, pois que redunda suficiente, à diluição da mágoa, o sabermos que ele já se dera alhures e a personagem em detrimento conseguiu reviver ao cerrar-se o pano; tanto assim que hoje não descobrimos em sua face, a não ser se lhe vulneramos o amor próprio ao lhe rememorarmos o repulsivo entrecho, o menor vislumbre da remota consternação. O conforto, que nos oferece o retábulo já vivido por alguém, e a idéia de que todas as figuras do gênero humano são suscetíveis de passar e repassar pelos mesmos temas, pelos mesmos nomes que nos desesperam, não vêm a sanar totalmente os desvios de nossa representação, se nos coube a responsabilidade de atitudes: isso porque, transcendendo à norma das recuperações morais, existe a lei que preside os fatos cênicos, a lei da irrevogabilidade do painel acontecido, que, por mais persuasórias que se manifestem as conjecturas e as dições do remitimento, costuma fixar-se, entre outras, na memória do desventurado intérprete; se este já possui a sensibilidade endurecida, quer por efeito de coonestações supervenientes, quer por motivo de congenial obliteração do afeto, ainda assim desejara não tivesse havido o episódio; este, se porventura repousa no olvido por parte do leviano ator, pode, a despeito dos lustros e do espaço, revestir-se ainda da coloração e da plenitude com que se verificara há anos, em algum miradouro que, manuseando o respectivo álbum, nele encontra o registro merecedor de transitar além, de ir de escuta a escuta sem que essas comunicações omitam a identidade do ausente rosto. Sobra, entre as diversificações que podem aproveitar ao protagonista do escuro flagrante, a debilidade de quem rememora, useiro em adulterar o que o tempo diluiu sem o respaldo de apontamentos, contidos em algum caderno de nótulas; a proteção em benefício do intérprete nem sempre vigora, subsistindo o agravante de que são escassos os discretos silêncios diante de desfavorável colóquio, nenhuma segurança a garantir o esquecimento de todos em relação ao fatal sucesso.

2 – Nas deambulações através de ruas, de avenidas, o movimento de nossos passos estabelece, sem interrupção, a não ser que fechemos os olhos, a fluente continuidade de figuras vindo ao encontro de nosso miradouro, inscrevendo-se nele em companhia de aspectos e qualidades que se prendem à sua natureza fisionômica; e de modo tanto mais fácil quanto rosto algum, já conhecido, desponta a nos compelir a considerações alheias ao explícito da visibilidade; o fluxo dos anônimos informa-nos preliminarmente que eles atuam com as idades respectivas, aparecendo, nos painéis que se desfazem em contejo, o flagrante de suas visíveis temporalidades; a presença dos passeantes amolda-se a poder de anacronismos, desnivelados os intérpretes na exposição do tempo consumido por eles até agora, indicando cada rosto uma permanência na terra que nem sempre coincide com a de outro participante; de tal maneira que, se quiséssemos ouvir de todos o depoimento alusivo à impressão que lhes causa a demora de viver, em lugar da unanimidade quanto ao que ainda esperam e desejam perdurar, receberíamos a dissimilitude dos pareceres, igual à que nos propiciam as faces visualmente expostas. As diversidades de tempo que se patenteiam nos retábulos de nossas perambulações, franqueiam as oportunidades de devassarmos nos circunstantes os temas que sugerem ou mostram, segundo a graduação de seus aspectos; porém, nos interessaria obter uma série de figuras na qual houvesse motivo unânime, e nos oferecesse semelhança equivalente à que nos proporciona o mar; e com ela atingirmos o repouso que aspiramos em face do tumulto a que tende o nosso repertório, que dia-a-dia se acresce de novas cenas, de nominações que se juntam a outras mais antigas em nós, como também se separam,

cada uma a desenvolver-se em autônoma plenitude, sem entretanto se tornarem defesas à nossa lente que as incorpora ao seio de sua generalidade; mas, os comparecentes ao observatório nos dissuadem de pretender o coro das fisionomias, no transcurso do qual, pudessem os nossos olhos manter as pálpebras cerradas e nos firmar a convicção de que os gestos se expunham obedientemente às formas que nos descortinaram quando as tínhamos abertas; assim, tudo ao contrário dos episódios que nos sujeitam à vigilância permanente e ao controle das significações que venham a manifestar: dificultoso mister em virtude de a vista, regulando-se pelo movimento dos passsos, não deter-se para melhor alcance na leitura dos sucessivos episódios; quando de volta ao aposento, reconstituímos o decorrer das aparições, o teor das continuadas cenas se reduz ao mero fato de terem surdido como rostos perante o nosso belvedere, nenhum bosquejo de assunto se desenha, a não ser essa conjuntura de, pelo surgimento, ratificarem, em nós, a circunstância de nossa existência, de estarmos ainda na posse de nossa lupa; então, os objetos em visualidade, os rostos que de si mesmos nada nos disseram, atuam à maneira dos que se deparam a quem retira dos olhos a venda que lhe pusera o cirurgião, e, ao rever as coisas em redor, alegra-se ao verificar o bom êxito do tratamento, a certeza de que não ficara cego, enquanto os vultos, que lhe confirmam a recuperação da ótica, esses não merecem do convalescente outro significado senão o de haverem cumprido o papel de reveladores de sua visibilidade; a gratidão do enfermo não se prodigaliza em guardar os pormenores de tão positivos desempenhos, não lhes pergunta os nomes nem tampouco se apressa, se consiste em entes inanimados, em reter os característicos das minudências e dos contornos; apenas, em sua lembrança persevera o que eles exibiram de mais vago: os aspectos que se confundem com os de outros semblantes do mesmo gênero. A identidade de quantos estiveram no desfile da rua, não se fez autenticar em nosso conhecimento, restando o convencimento de havermos perdido a ocasião de suster o rosto ou os rostos que possivelmente hão de, em data ulterior, se aliar ao nosso afeto; suposição exeqüível desde que as conjunturas do cotidiano nos levam a ampliar o círculo do devotamento, podendo permanecer ativa a agudeza do belvedere sempre que um inicial flagrante, sobre determinado grupo, vem a alertar-nos de que vários amigos talvez sairão da promissora assembléia; portanto, equivale a insucesso da lupa a verificação posterior de que alguém, vindo a integrar-se à nossa afeição, lá compareceu disponível à claridade da lente que no entanto se descurou de fixar o precioso objeto; existindo, portanto, na história das relações alusiva a esse alguém, a lacuna da primeira página que, bem quiséramos, fosse provida com os relevos que nos marcassem o início do descobrimento, provida por meio da estampa incontroversa de seu vulto. Certo número de semblantes, que se tornaram detentores de tal encarecimento, inseriu-se em nossa intimidade com a reserva de que perdemos o registro de suas estadas em nosso miradouro quando do preambular momento, competindo-nos agora compensar a omissão com o desvelo que nos encaminha a buscar o ambiente onde se desenvolveu o prelúdio da amizade; a emoção que na hora nos penetra, em pleno recinto onde o nosso semblante teve o contato que nos escapou aos olhos, é um sentimento particular que deriva da intenção de, na impossibilidade de reavermos a figura incógnita, ao menos readquirirmos o cenário em que se efetuou a sua apresentação, as paredes que a contiveram e os móveis que a testemunharam; a valorização dos vestígios do painel em apreço, pertence tão-só à faculdade de nosso miradouro: a figura, que depois nos veio à estima, está longe de imaginar que o nosso regresso ao ambiente do primeiro encontro se harmoniza com o intuito de refazermos de algum modo o tablado irremediavelmente deserto do antigo participante; mas persiste o estojo ainda intato, o invólucro que nos facilita a restauração do que se dera ao nosso olhar desatento, embora nos tivéssemos munido, na ocasião, da idéia de que futuras intimidades haveriam de prevalecer entre nós e um ou uns do ofertado elenco.

3 – Em companhia de L... percorremos um salão em que outrora nos vimos sem, de nossa parte, promovermos a anotação do mesmo L...; descuido que entretanto não fora recíproco, de vez que o nosso rosto se gravara na lente do companheiro de agora que, assim dotado de mais completos elementos, poderia, melhor que nós, dedicar-se à reconstituição daquela cena; contudo, para nossa tristeza, não eram coincidentes os propósitos de nós ambos, sendo inúteis as tentativas de ler em seus gestos o retorno ao antigo retábulo, ou uma alusão ao menos que nos comovesse e homologasse a conjectura que, presumíramos, se arquivava em seu caderno no tocante ao nosso comportamento; no capítulo das afeições, em geral não se veneram os lugares que, fortuitamente, ou por imposição de seus dispositivos, ordenaram os painéis de amoráveis desempenhos: esses lugares se revestem, poucas vezes, de liturgias do agradecimento e da saudade; a não ser os atores que, de distantes recintos, estendem a eles uma lembrança do puro pensamento, os que dia-a-dia os percorrem com seus passos, pela circunstância mesma de estarem tão próximos, nem sequer assumem a iniciativa de pequeno ritual como o de lerem no vão da janela ou da porta o acontecimento ali havido, a data, os nomes, que lhe pertencem. Na visita restauradora, continuando o estudo sobre a capacidade rememorativa de L..., inclusive removendo-o conosco à antiga ambiência, verificamos que, nele, a baliza inicial de nosso afeto como que se mostrava extinta, parecendo ser aquela a visitação primeira que nos levava ao sítio de nossa peculiar consideração; pois que L... discorria em atitudes e em palavras exclusivamente acerca do comparecimento de agora, nada nos indicando sobre a maneira como se conduzira no vestibular momento, de todo avesso às insinuações de nossa rebusca, malgrado o explícito das paredes e dos móveis, e também de nosso semblante que procurava, tanto quanto lhe era possível, recompor-se conforme o modelo

que, como supunha, externara na primitiva cena. Revendo, no tomo de nótulas, as páginas atinentes à personalidade de L. . ., deparamo-nos com lugares outros, dentro dos quais o rosto amigo revigorou, com referência a nós, a fertilidade de seus sentimentos; como quem se deleita à medida que estimula as manifestações de amor no objeto amado, estabelecemos o roteiro a prosseguir juntamente com a figura de L. . .; o itinerário obedecia aos recantos onde o seu desempenho, de acordo com posterior registro em nosso caderno, se assinalara pelo decisivo e autêntico das exibições; se bem que a experiência do último episódio nos dissesse da precariedade do intento em relação a L. . ., de nenhum modo grato ao sítio da inicial e comum presença, alguma esperança nos restava de que o exercício de rever a série de logradouros, articulados entre si pela significação que lhes impôs a história de nosso afeto, despontasse, no consócio das mesmas estadias, a clarividência quanto à unidade dos aludidos logradouros; unidade conseguida pela presença, neles, de nós ambos; conseqüentemente, identificaríamo-nos os dois no apego às vigílias onde estivemos conexos para maior aglutinação de nossas vidas; era, aliás, reduzido o número das localidades, vizinhas umas das outras, porém, a fim de não despertarmos em L. . . o abrupto reconhecimento de nosso plano, intervalamos as idas a cada um dos ambientes, de forma a gastarmos algumas semanas em empresa que se realizaria em poucas horas; a conduta de L. . ., ao corrermos os diferentes recantos, variava segundo os atrativos de agora, tão solícito era em observar o que se lhe expunha à lente; só uma vez lhe acudiu reportar-se a um painel de outrora, assim mesmo a comparação, que formulara, prendia-se às coisas do mero panorama, nenhuma referência à conjuntura de havermos sido intérpretes de algo que se compusera ali sob a cumplicidade de nossos vultos, o nome, o tema, enfim, que nos coube desempenhar e nos parecera incisivo a ambos; e hoje adstrito com nitidez apenas em nossa memória, no seio da qual ele, o tema, não se desune do recinto, em comunhão tanto mais enternecedora quanto laço algum existia entre o estrado e a representação, os dois a se aderirem por efeito da casualidade; havendo, portanto, na corografia de nossos passos, os ambientes que assumem largas prerrogativas graças à presença de nosso corpo no solo ocasional, e indelével a partir de então. Na história que elaboramos a respeito dos lugares, nos detemos na crônica das pessoas, nas circunstâncias de mais saliência no tocante a elas, deixando à margem as que não condizem com a dignidade da perduração: assim praticamos no caso dos recintos por onde deambuláramos, fixando, na ficha dos memoramentos, só as situações que nos pareceram excepcionais; no prédio em que nos abrigamos nós e L. . ., em profunda aliança de presença, alguns outros retábulos se exerceram aos nossos olhos, mas carentes da importância de que se recobriu aquele especial momento e agora este outro instante em que, à sombra do mesmo teto, a indiferença se antepôs à sensibilidade de nosso acompanhante; e induziu-nos a rever o continente de passada alegria sob o contraste da decepção que, mais forte, por vulnerar o resíduo do contentamento, nos obrigará talvez ao desvio de nosso miradouro se novamente acercamo-nos da edificação. Com efeito, os dois episódios vêm a disputar a incidência de nossa lupa, sucedendo que o painel segundo, mercê de contingências óbvias, além de se ter exibido mais perto de hoje, há de sobressair-se ao outro na tela de nossa rememoração; ao mesmo tempo que nos leva a lamentar a iniciativa de havermos, para desencanto nosso, reexposto a figura de L. . . em reduto que melhor ficaria em nós se não acolhesse o regresso do insensível ocupante.

4 – Quando apenas a indistinção nos preocupa, desestimamos as modificações posicionais dentro do painel, com os figurantes a se deixarem ver sem que os singularizemos; desestima que surge do escarmento em face de entrechos, cujos participantes, advindos da presença geral e anônima daquela primeira hora, se esmeram em nos ferir a lente; refletimos sobre a condição de, entrados na identificação em nós, jamais volverem à cena primeva que recordamos, e cujos protagonistas se mantinham no coro da impersonalidade. A indistinção dos intérpretes faculta, em nossos devaneios, o pesarmos o flagrante de equivalências, de efígies que se nivelam no instante de ele nos penetrar a ótica; nenhuma a ter, em particular, qualquer coisa que nos obrigue a submetê-la ao solo de nossa retenção; apanhado que se emulsiona quando, ao lembrarmo-nos da cena, em fase, portanto, de pré-história, cujos elementos se manifestam sem nome e sem faces exclusivas, descortinamos similitudes que depois são retificadas; como também divisamos o ar genérico a uniformizá-las todas, inisnuando-nos o pensamento de que saíram da mesma localidade onde obtiveram análoga aclimação, se bem que cada uma haja partido de seu bojo peculiar; e o ato de se comporem semelhantemente, deriva da conjuntura de se tornarem membros da assembléia onde estamos a vê-las sem precisá-las. O miradouro passeia na superfície das faces mais próximas, penetra no grupo ordenado diante de nossa efígie, e entretanto a mobilidade dos olhos não altera a impressão, que nos segue ao retirarmo-nos, de que a reunião de agora corresponde à existente no ano anterior, à mesma hora, no mesmo recinto, e que nos ofereceu depois a mesma versão, com o anonimato a presidir as telas, e os figurantes a incidirem fungivelmente em nossa visibilidade; tal como ocorrerá com o conjunto deste instante, prestes a ser substituído por outros, e com atores que, por sua vez, haverão de repetir tais retábulos, tão de nosso conhecimento. Nas excursões em que os logradouros se sucedem, a perícia da lente, mal disposta a exercitar-se em efêmeros e individuais encontros, aliena a curiosidade em favor do indistinto que estimula a contemplação, facilitada a partir de certo instante pelo precedente de símiles entrechos; do extenso percurso voltamos com a idéia de que a viagem resultou menos proveitosa, dado que ao partirmos, as nossas intenções se capitulavam no emprego da diligente argúcia, e não pensávamos trazer de retorno a sensação de termos visto a mesma paisagem em horas diversas, como se a conduzíssemos conosco e a colocássemos diante de nós; a variedade dos momentos

era, na ordem figurativa, o único fator que homologava, em nós, a certeza do percorrido itinerário; e com o tumulto que o tempo incita em nossa memória, à falta de particularização em cada um dos locais, torna-se dificultoso reconstituirmos a série geográfica de acordo com o trajeto verdadeiro. A fim de não desintegrarmo-nos desses objetos, em vez de ao nosso dispor existir algum mapa acerca das devidas ratificações, se acaso não preferirmos a sensação do uniforme como a suficiente à nossa lembrança, se porventura nos decidimos à viagem desse gênero, à véspera de fazê-la tracejamos o intento de, em cada uma das paragens, como o descobridor munido de padrões a erguer em novas terras, implantar uma atitude cênica de sorte a nos servir de identificação e de esclarecimento aos topográficos devaneios. A exemplo do viajor que não somente se dedica à observação do meio, como também se apura em gravar a inscrição de sua presença nele, para anúncio a todas as memórias, analogamente construímos com painéis da invenção os marcos a se referirem à nossa passagem; apenas, a validade do rótulo não se aplica aos demais, senão ao nosso uso exclusivo e mnemônico. Ao praticarmos, em excursões alhures, as medidas que em nós garantem a retenção dos vários logradouros, interferimos de algum modo na composição dessas mesmas paisagens, incorporando nelas os episódios que arquitetamos para efeito de sua perduração inconfundível, em nós: verdadeiros elementos originados de nossa inventiva, que lá se reúnem aos meios geográficos a fim de os distinguirmos uns dos outros; de maneira que, se folheamos o nosso repertório na parte que se refere a tais percursos, havemos de encontrar, como indicadores dos ambientes expostos – em vez de só os acidentes que a terra de si mesma aponta, as veredas, os rios, as encostas, que assumem costumeiramente as funções características dos recintos e do papel de salvaguardas de suas respectivas existências em outrem – os retábulos que ali inscrevemos, invisíveis a estranhos romeiros e aos próprios vultos que povoam essas regiões; mas indispensáveis ao ser de todas elas no miradouro que as existencia em nós. Nas palestras em que se alude às configurações à margem de um caminho de nosso conhecimento, enquanto os interlocutores disputam o acerto concernente às formas das disciplinadas perspectivas, sujeitos a enganos que a analogia favorece, os nossos marcos pessoais afluem assim que os locais aparecem com seus topônimos, ou, por não os possuírem eles, com os equívocos aspectos; nenhum dos presentes viu nos logradouros os entrechos que deixamos, e ao ouvirem a informação que nos compete, em virtude de nossos entendimentos, persuadem-se de havermos sido um habitual viandante àqueles territórios, quando na realidade os percorremos em uma única viagem; porém o bastante para determos as coisas que, confundíveis, se condenavam ao esquecimento em nós. Os desempenhos que formulamos em proveito de tais recintos, prestam-se conseqüentemente a singularizar-se na receptiva de nosso miradouro como os padrões que se erguem à vista de todos os comparecentes; contudo, nesses marcos, inscrição alguma é lida que venha a revelar a outrem, que não a nós mesmo, o conteúdo que serviu de identificador das posições que, sem ele, facilmente se aglutinariam às de similar aspecto. Tais desempenhos são exercidos, em geral, pelos que nos acompanham, e se porventura os companheiros ou o companheiro, quer por motivo de anteriores interpretações, quer por dificuldade que nos tolhem a fatura, nos sonegam a oportunidade de um entrecho cênico, resta-nos a decisão de o nosso corpo o efetuar, sem esquecer que o mesmo óbice, imposto pelos acompanhantes, já se está revestindo desse teor, desse condão de assinalar o ambiente; uma das precauções tomadas por nosso observatório tem sido a de não delegar a único ator um número de desempenhos que nos possa induzir a confusões, prevalecendo, nas horas de fixarmos os recintos, a cautela de não expormos o vulto a demasiadas figurações, do contrário teríamos posteriormente de perdermo-nos no excesso de tantos indicadores; incluindo a natural inclinação com que a memória abandona o objeto de sua incidência – no caso o logradouro que retiramos de desordenados recessos – para interessar-se tão-só por semblantes e atitudes vindos apenas como colaboradores da fundamental recordação.

5 – Ao longo das épocas percorridas, por mais atentas que sejam as consultas ao calendário, a menos que tenhamos a preocupação de em cada folha anotar o episódio ou os episódios da efeméride, a lembrança descobre a fragilidade de seus recursos; tal no momento em que, ao aplicar-se a alguma situação acontecida em quarta-feira de trevas, não se persuade do ano em que aparecera, e nessa impossibilidade, inserimos, em quantas se oferecem a envolvê-lo, o contido no retábulo que flutua sem a localização que lhe dera o tempo; ao recebermos um benefício anônimo, atribuímos a sua procedência a um dos seres suscetíveis de no-lo proporcionar, abrangendo a nossa gratidão o conjunto de protagonistas dentre os quais figura certamente aquele que se decidiu ao obséquio, porém ignorado de nós, a despeito das investigações empreendidas; e a dúvida sobre o verdadeiro responsável apresenta isso de proveitoso ao entendimento com as personagens sob suspeição: avivadas são as nossas maneiras de tratamento, e em todas as efígies adotamos análogo apreço, equivalentes modos de manifestarmo-nos em dívida, sem contudo excedermo-nos a ponto de confessarmos a uma a impressão que a todas distribuímos. Se algum dia se descobre o beneficiador autêntico ou outrem, indiscreto, nos transmite a identidade do generoso vulto, no íntimo lamentamos que não se demorasse mais o incógnito, pois tanto nos convinha manter, sem privilégio, o afetuoso tom dos contatos junto aos componentes do consistório, unidos em nós pela incerteza de nossas deduções; os pronunciamentos da voz e da mímica se derramam com igual ternura, eles vêm a repetir-se em expressões de afeto, desde que os elementos a acolhê-los se equiparam, fomentando a uniformidade de nossas atitudes, à guisa da seqüência das imagens santas, a cujos pés se prostra, independentemente de qualquer escolha, a figura que aspira a felicidade, e não satisfeita com a humilde genuflexão, reprodu-la no altar da mais próxima

igreja, e de quantas se situam em seu caminho, todos os oragos a merecerem do fiel idênticas gesticulações; por fim, se acaso vem a obter a desejada ventura, não sabe a quem dirigir a gratidão, fazendo-o ao conjunto dos sagrados intercessores; o favorecido, mais bem aquinhoado que nós no tecer das conjecturas, é animado a admitir à cooperação de todos a vitória de sua causa, enquanto a nós a urdidura do acontecimento impede que reconheçamos, no coro dos protagonistas, a responsabilidade pela doação que só adviria de um único intérprete. As maquinações da curiosidade resultam mal sucedidas, porquanto nos compete respeitar a delicadeza com que o autor tenta eximir-se da generosidade, precavendo-se de emitir a menor insinuação acerca do prestimoso evento, esmerando-se na espontaneidade dos dizeres que contornam o objeto de nossa perscrutação, vindo ao extremo de negar, se interposta pessoa, ciente do ocorrido, lhe pegunta se não fora ele o agente da caridosa dádiva. Por último, contentamo-nos com a conjuntura de ocultar-se o promotor do desinteressado galardão, justamente porque, nas horas do conclave, o nosso miradouro se não reparte em diferentes considerações, apesar dos ardis que nos cumpre executar a fim de que alguém, na presunção, muita vez real, de conseguir de nós preferências íntimas, não chegue a melindrar-se com o uniforme de nossos encarecimentos; ardis tanto mais dúcteis quanto pode ser a efígie, com quem palestramos, a do senhor da benesse que orienta e cadencia toda a nossa conduta no simpósio. O motivo da mercê de há muito que nos surgiu no repertório, entretanto, ele continua a presidir o nosso comportamento sempre que se efetua a grata assembléia, ou ficam alguns de seus componentes, ou mesmo um só em presença de estranhos à sociedade; se, desta forma, se constitui o agrupamento, movido pela participação desse vulto que resta, estendemos aos demais circunstantes ainda que estejam isentos de nossas conjecturas, pois que de nenhum modo teriam contribuído na confecção da oferenda, as mesmas atitudes que destinamos ao possível diligenciador, o que seria o processo de não revelar a este o nosso conhecimento de sua bondade. Onde se apresenta uma das personagens do concílio, este reaparece fisionomicamente, e os novos comparsas se deixam exibir no tema da indistinta gratidão, que a eles consagramos e que o não recusam; ao inverso, se expõem com o prazer de se sentirem o alvo de nosso devotamento, de tal sorte satisfeitos no ato da despedida, que se comprometem a voltar ao nosso encontro, e fazendo-o, desta vez sem a companhia do velho ator, a maneira de nossa recepção, a pretexto de lhes não quebrar o ritmo do anterior painel, há de ser regida pelo teor do acontecimento que ignoram e que nenhuma colaboração um deles veio a prestar. A infiltração do motivo por entre personagens que se empregam em outros argumentos, permite-nos apreciar a extensão que assume às vezes o conspecto de um episódio, o qual alicia ao seu conteúdo os intérpretes pertencentes a alheio significado; integração que se opera não unicamente no campo exclusivo de nossa lupa, onde se verifica o nascimento do entrecho, mas também sob a cumplicidade dos confrontantes que, ao regularem, a caminho, os seus gestos segundo o molde de nosso procedimento ao recebê-los há pouco, os exercitam consoante as atitudes, que modelamos, à base do ignoto promotor da benemerência.

6 – Com que desalento, ao regressarmos, depois de muitos anos, à cidade do R. . ., pudemos verificar que vários episódios não mais se restaurariam com a interpretação dos mesmos atores; não que eles se achassem realmente mortos, mas incapacitados de reproduzir os temas que desempenharam e nos fizeram mais forte o desejo, na ausência, de antecipar a partida, de lhes acorrer ao encontro, e, juntos, promovermos o restauro das peças que, era de supor, regalaria a eles e a platéia de nosso observatório. Com a ânsia de chegar, concorrera um regime de angústia que consistia, já na cidade do R. . ., no desconfortável de vermo-nos sem o apoio das velhas companhias; positivava-se a urgência de nossas recuperações, da retomada dos episódios que lá, no distante e agreste recinto, alimentavam a noção, que havíamos por segura, de serem os respectivos atores na constância de tais desempenhos, fiéis à índole das anteriores participações; estas, além do mais, eram simples de viver, e o fio da tessitura prestava-se a numerosos programas, sendo desnecessário a cada um deles, para alcance da ventura que aspirávamos, imiscuir-se em raros planos de comportamento; compatibilidade tanto mais exeqüível quanto a urdidura, a que outrora se aplicaram, consentia em exporem-se a vários gêneros sem perderem o estilo dos buscados painéis. O vulto que abandona o procedimento que o particularizara evita o encontro com a lente que se afizera a tal desígnio, procura ocultar-se dela, tanto pelo temor de óbvia censura como pela ojeriza em saber que não recolherá aplausos da lupa atualmente incômoda: assim refletimos após a surpresa de algumas cenas e o relato, que nos forneceram diversas testemunhas, pois nos interessava o desempenho acontecido em nossa ausência; se bem que teríamos logo descortinado a sua índole se não fora a boa fé de nossa lupa, de nossa credulidade, ali mesmo no momento de sairmos de bordo, quando vimos o pequeno grupo à espera, nenhum representante do elenco a estimular em nós a alegria da chegada; depois, ao tentarmos a renovação do convívio, a inicial impressão foi a de que os vultos solicitados não estiveram tanto tempo alheios à nossa vigília, parecendo que os vários anos se restringiram a um ontem nitidamente recordável; preliminar feliz, porém melhor examinando as figuras dos interlocutores, líamos a separação de muitos lustros, e, aprofundando mais o observatório, qualquer coisa de inédito como se lhes falássemos pela primeira vez, não obstante a presença, em seus gestos, de arroubos a nós dirigidos e desproporcionais à natureza da conjuntura, ademanes de arrebatamento que na hora nos decepcionaram; mas que em seguida, ao vermos o inútil de nossos propósitos, passaram a ter a importância de estréias na seqüência de interpretações, agora simplesmente faciais, no uso que nos permitimos em torno de suas disponibilidades fisionômicas, em pleno

exercício dessa linguagem em novos textos. A contrariedade sobrevinda por ocasião dos recentes painéis, conduzira-nos a remover do intuito as visitações aos mutáveis companheiros, dado que ao fazê-las, o anfitrião nos recebia como se a história de nossas relações estivesse a nascer desse contato; entre outras provas da desoladora captação, sobressaía-se a maneira de preferentemente se preocuparem com assuntos em que todos os presentes, com a exceção de nossa efígie, se achavam incursos, obrigando-nos a permanecer em silêncio por desconhecermos a matéria em pauta, à similitude do recém-adepto que se faz mudo nos primeiros consistórios, a fim de assenhorear-se das condições da ambiência para depois se ostentar ao nível dos entendimentos; quando seria mais natural, e conforme com a gentileza, que o hospedador nos situasse em melhor papel, erguendo-nos à primazia da externação, competindo aos demais preencherem a cena como coadjuvantes de nosso rosto a narrar os sucessos que vivera alhures, ou circunscrever-se a palestra a motivos que outrora eram comuns a nós todos; durante muito tempo deixamos de aparecer à vista dos intérpretes, cuja volubilidade ia ao cúmulo de insistirem por nossa participação em peças a que não nos sentíamos predisposto, sem compreenderem que a retornada exige compensações litúrgicas: atendimentos no sentido de promoverem os antigos comparsas a reconstituição que o recém-vindo escolhe em seu pensamento, em lugar de pretender, como supõem os que lhe ficam à espera, a novidade ocorrida quando de sua demorada ausência; havíamos desembarcado e muitas coisas tínhamos a fazer: liminarmente o gozo de, reunidos em outro local e sobre os eventos que juntos cumpríramos, relembrá-los todos, que, para o júbilo da rememoração existiria a necessidade do devotamento por intermédio dos próprios vultos em apreço, à feição da solenidade que em dia certo vêm praticar os remanescentes do combate histórico, vestidos das roupas com que se indumentaram no instante do acontecimento, já descoloridas e sem corresponder aos semblantes de agora, as quais foram conservadas para o austero preito a repetir-se todos os anos, até que, em data a vir, a cerimônia pareça incompleta aos habituais observadores, por não mais exibir o mesmo número de anciãos, desajeitados mas orgulhosos do fardamento. Pessoa idosa costuma, diante dos mesmos ouvintes, recontar as cenas que considera mais importantes de seu repositório, e se acaso o interlocutor menos distinto lhe demonstra já conhecer os retábulos, nem por isso ele interrompe a seqüência da urdidura; permanece a relatá-la na persuasão de que o não fizera com as veracidades deste momento, nunca se lhe figurando demasiado reproduzir o entrecho que lhe merece tanto.

7 – Os co-atores dos painéis na cidade do R. . ., livres da orientação que se impuseram durante os primeiros dias da chegada, e quando vencido o escarmento de tê-los em diuturnos encontros, prosseguiram a nos favorecer a curiosidade, produzindo novos desem-

penhos, quer por sua iniciativa, quer por nossa direção; sendo que, desses últimos, alguns representavam fragmentos de tentativa em repor os intérpretes nas antigas atuações; não que em face desta eles recuperassem, conscientemente, o teor remoto, que tal seria difícil porquanto unicamente nós sabemos de nossas confecções, mas para efeito da liturgia que, impraticada por quem a devia exercer, de certa forma era realizada por nossos desígnios, valendo-nos de suas disponibilidades fisionômicas; dessa maneira, imitávamos a pessoa idosa, cuja narração emitia pelo gosto de contar, apenas menos venturoso que esse vulto a gravar mais ainda no escutante o quadro de sua preferência, expedíamos, para o nosso exclusivo olhar, algumas réstias das situações de outrora, indo a buscar os participantes dentro de suas atualidades para o retorno, apesar deles, ao convívio a que se escusavam. Se bem que pudéssemos conseguir o mesmo intento em faces estranhas, que os motivos inolvidáveis se amoldariam a todas as figuras, era de nosso interesse particular repeti-los através dos atores que no-los haviam obsequiado antes; como vestígio de cordialidade concernente a eles, resultava humano que ainda os utilizássemos, mesmo porque assim procedendo, teriam de minorar o tédio e sem dúvida a desilusão que tais efígies nos proporcionavam ao surpreendê-las tão distantes do que foram em nosso repertório. Há também que considerar a fadiga do miradouro que, na juventude, se dirigia a encontros sob o total desconhecimento quanto aos rostos a defrontar, convicto de, qualquer que fosse a emergência, desincumbirmo-nos para satisfação de nossos respectivos olhos, enquanto hoje recorremos ao auxílio de terceiros, solicitando-lhes que nos informem a respeito do vulto com quem vamos a tratar, o aspecto físico da pessoa, o gênero da conversação, a qualidade da mudez, o tom da voz e a natureza do humor, desconfiante, que nos parecemos, dos recursos, dantes férteis, em acomodarmos o interlocutor ao ritmo de nossa presença; desprovido o miradouro daquelas habilidades que, além de nos defenderem de ásperas inadaptações, incutiam nos comparecentes uma aura de afeto no tocante a nós, convinha portanto que convocássemos ao antigo assunto os intérpretes já afeitos aos mencionados desempenhos, lucrando o nosso observatório e os protagonistas do auto, o primeiro por assim aproximar-se da simpatia que perdera, os segundos por cessarem, no momento da exibição, os gestos que ao nosso ver se maculavam de contínuos desvalores; e nos era agradável ao sentimento a visão dos episódios cujos atores não os souberam cultivar nem ao menos sob a forma de leves ressonâncias, à guisa daqueles seres que em túnicas amarfanhadas compareciam todos os anos ao festejo do cívico rememoramento. Se porventura lhes disséssemos que agíamos, certa noite em casa de M. . ., à feição do contra-regra que distribui as faces consoante determina o autor da obra, com as posições e as atitudes por eles assumidas a durarem enquanto em vigor o pretexto que formulamos, não se submeteriam à programação de nossos olhos, visto que a naturalidade de tais desempenhos se manifesta à medida que ignoram o teor de que se inoculam; depois, a impressão de farsa que transpiraria do comum entendimento, seria o bastante a deixar ruir-se todo o nosso propósito; depois ainda, ficávamos à mercê – e a experiência dos últimos convívios legitimava tão penosa conclusão – da resposta, que em casos semelhantes articulam os ironistas que se não confessam, de que dispensariam a reprodução da cena porquanto o seu conteúdo estava sempre a reger-lhes as pegadas, contrafação da conduta que apagaria por completo o nosso ânimo de suportá-los, embora fisionomicamente. Na confecção do episódio em casa de M..., procuramos algum motivo de conversa que movesse os protagonistas ao coro da aprovação à determinada norma; fomos, inclusive, ao esmero de explanar um acontecimento em cujo decorrer se situavam explícitas as circunstâncias do bem e do mal, sendo o nosso intuito medir as reações em torno de tais incidentes, aliás verídicos e feitos de personagens que eram do conhecimento dos atuais expectantes; conjuntura que nos servia na dosagem de seus sentimentos quanto a vultos, quando nada, merecedores de gratidão; o plano redundou favorável, isto é, as opiniões emitidas corresponderam aos prognósticos; apenas, sobre a segunda parte do habilidoso inquérito, a tristeza se nos exacerbou ao verificarmos que a ternura a seguir outrora as personagens da narrativa, desertara de todo, e em seu lugar a fria indiferença impusera-se; mas, sobretudo, o que veio a denunciar a posição íntima de nossos interlocutores, o desapreço com que eles se informavam das virtudes estrategicamente expostas, foi a tácita confissão, que percebemos nas atitudes e na ausência de atitudes, de que seriam incapazes de escolher, por iniciativa própria, os papéis que antigamente desempenharam e que ainda se insinuam como oferecidos a quem lhes quer provar o valor, a grandeza da simplicidade. Talvez a freqüência com que tais motivos se expõem em todos os locais, e se prestam a atender à vocação da face mais opulenta à mais humilde, tenha determinado em nossos companheiros a desdenhosa recusa em incorporar aos ditames do papel a presumida especificidade de suas pessoas que, para cumprimento a elegantes requintes, buscavam o luxo dos raros episódios e, na carência deles, volteios no falar, de acordo com a modernidade da época; à saída do consistório, compreendemos que a razão de assim procederem, residia no fato de que há muito não lhes surdira a menor causa de afligimentos, que nenhuma infelicidade se abatera em qualquer dos nossos comparsas; se dantes, ao tempo em que nos agradavam com o seu concurso, eram prestes nos retábulos do humano entendimento, devíamos a beleza das atuações à proximidade de desventuras que se deram nos lares de todos eles; as quais, desapercebidas em suas lembranças, se substituíram por duráveis e opostos cometimentos. Com efeito, alguns anos depois, e consoante uma ordem em que não interferem os homens, um a um ressurgiram em nossa casa os velhos atores, tarjados do luto com que se corrigiam a tão elevado preço; e, tendo em vista a experiência da vez anterior, as reuniões que nos ligavam agora, cheias de expansivas permutas, vulneravam-se no entanto, em nós, ao concebermos que os sofrimentos não são perpétuos, que, extinta a fase da desacomodação e do nojo, voltariam à opção pelos episódios sem profundidade; a convicção de que tornaríamos a perder os densos contatos e com eles a restauração de longínquas cenas, não nos impedia de incentivá-los a permanecerem conosco; dispondo nós para tal, além de recursos de gentileza, da persuasão a respeito do mérito de vir a ser cada um em coerência com passadas apresentações; induzíamos nos atores a necessidade de reverem mentalmente os painéis que lhes propiciaram a consciente satisfação, inclusive os que se verificaram sem o testemunho de ninguém; e de posse desses retábulos, ligá-los a outros que, pela repercussão que tiveram em público, granjearam fama à vista dos aplausos; renome que somente agora, ao aplicarem em si a receita de uniformização moral, os protagonistas de tantas peças concluirão da validade de seu merecimento. Dizíamos àqueles pródigos semblantes – depois das análises eles notariam a similitude entre os episódios que a humildade e o generoso afeto presidiram – que o número de temas a reger a levantada conduta é tanto menor quanto se fundem uns nos outros, e conseqüentemente favorece a casta obstinação de persistirem os intérpretes em sua vida isenta de remorsos. A monotonia do comportamento, que alegam os cultivadores da versatilidade, não abrange as cenas que se medem ao ritmo da cordura, mesmo que elas se repitam literalmente como no domicílio de R. . . o entrecho das esmolas todas as manhãs, sem que variasse o aspecto dos mendigos nem o zelo da caridade; havendo ainda em abono do fraterno procedimento, o fato de existirem as alterações dentro desses assuntos, como o da obsequiosidade que praticaremos onde esteja o nosso vulto, formando um repositório inesgotável em gestos; o qual nos indica pertencer ao mister da malignidade o temor de parecer enfadonho, à maneira do que presenciávamos em companhia de G. N. . .; insatisfeito sempre das últimas sátiras, ele conduzia o dano a rostos ainda inéditos, ampliando assim o repertório da impiedade pelo receio de os íntimos pressuporem o término de sua inspiração, sendo ele orgulhoso de tal atributo, a ponto de enaltecer a quem o pusesse no centro de sua personalidade; ainda mais, o escrúpulo de parecer monótono, unido à divulgação de suas excelências nesse particular – diferentemente do proceder dos bons que não procuram evitar a reedição de seus episódios – resultava, com o tempo, em exaustivo e urgente esforço, desde que a sua vaidade não admitia que, sobre a figura a encontrar, expusesse o dito anteriormente acerca de outrem; por inconfessada escassez do depósito, quando a exploração nos interlocutores talvez já o insatisfizesse e lhe convinha remover o tédio, G. N. . . passou a dirigir o processo de maldizer, não mais contra quem quer que fosse, mas contra a sua mesma efígie que, para êxito superior, se prestava realmente ao exercício das vituperações.

8 – Outrora os amigos se positivaram em nossa presença: a circunstância de que fôramos da intimidade de seus respectivos mortos, prevaleceu por muitos meses como sustentáculo da convivência: o bastante para lhes sugerir a fazerem litúrgica a memória dos

painéis em que se mostraram a contento de nosso miradouro; e agora, vindo a ele sem que a tanto os convidássemos, tínhamos a ocasião de lhes desenvolver a parênese que em vozes nos seria de constrangedora efetivação; a fim de melhor ungi-los com a lembrança de suas virtudes, não chegamos a entretê-los com os apólogos da ficção, mas com os apólogos que eles viveram, o que nos simplificava o intuito; não esquecíamos de contar, para efeito de estímulo, que na cidade onde estivéramos, muitas pessoas receberam com emoção e elogios a história de suas gestas, veiculadas por nós; como a insinuarmos aos atores que, no dia em que lá regressássemos, os curiosos de condutas nos indagariam dos atuais comportamentos, e então ver-nos-íamos obrigado a atendê-los com o rol de tão duras decepções. A parênese fisionômica era a adequada, e em si mesma recobria o painel das reuniões com um halo a favorecer a perduração, em suas mentes, da forma como eles deviam comparecer ao nosso caderno; acontecendo que a espontaneidade da recordação, toda ela fluentemente discorrida, que para tanto sabemos aproveitar a deixa e excluir as mostras da artificialidade, tinha no ambiente, que fora o mesmo dos episódios em mira, o adjutório a fazê-los tão acentuados como se na véspera dessa visita ao aposento, a cada um dos próximos participantes houvéssemos distribuído o tema a rememorarem, com lucidez e desenvoltura, perante os nossos olhos a lhes perscrutarem a mente; a reconstituição do retábulo, se promovida no logradouro onde se deu o evento, não só aviva a lembrança dos intérpretes como também lhes ocasiona o exacerbamento da emotividade; ambos os efeitos a nos servirem no propósito de reencaminhar os seus pensamentos à contemplação do que havia sido, aos painéis que restabelecemos segundo uma ordem que diferia daquela em que apareceram, quando os fios da virtude se entrelaçavam com interstícios de anos, de meses; agora, eliminávamos da composição os sucessos que se inseriram de uma a outra das ocorrências, em simbiose todavia consentânea, pois que o nome bondade nos concede o ensejo de, sem esforço e deformações, associar sob o mesmo ângulo da lupa, as circunstâncias aparentemente díspares e situadas em tempos diversos, contudo harmonizáveis num único texto, que se alguém o traduzisse na ignorância de sua fatura, não descobriria a existência de intervalos; tanto assim que os hóspedes, os legítimos figurantes de tais cenas, nem uma vez sequer objetaram a omissão do que nos parecia inútil e extemporâneo à agenda. O difuso da realidade reduzira-se à sedimentação de alguns elementos, com o tema do programa àquela noite vindo a prevalecer livre de acidentes desnorteantes, os episódios encadeados de acordo com a disposição que atendia ao nosso desejo; desavinda, aliás, do arranjo em que se houveram primitivamente, agora portadora de cronologia não à base dos surgimentos, e sim de lógica fisionômica induzida pela intensidade do assunto, graduando-se a seqüência dos fatos sob a medida comum das novelas, partindo da frágil insinuação ao vértice do desfecho. Equivalentemente às peças que, à feição de prólogo, exibem uma figura estranha ao desenrolar do entrecho, embora necessária porquanto de suas explicativas dimanam esclarecimentos à desprovida platéia, iniciamos o plano da fatura com a alusão à nossa efígie que, sobre o atlas, nos oferecera depois a significação do isolamento; com esse preliminar figurativo, o intuito, não exposto à atenção dos comparecentes, era de ministrar-lhes a ilustração de que um gesto, muita vez despercebido pelo miradouro de quem o perfaz, é o elemento que algum dia poderá reaparecer mais forte e na verdadeira função; o ato de ter surdido anteriormente, quando não o aproveitamos, explica-se à maneira de mera inserção no índice de nosso repertório, com o aspecto, as características do vulto arquivadas à espera da convocação a expedir o empresário que há em nós; se isto acontece com os pequenos quadros, com as bagatelas do cotidiano, que diremos dos retábulos que demonstram, logo no minuto de origem, o privilégio de valer autonomicamente, de insular-se no mérito de sua composição e prescindir de nova publicidade em nossa lupa. Pretendêramos também comunicar-lhes, posto que o aviso estava incluso na precedente admoestação, a vigília que nos compete exercer na presença de olhares que incidam em nós, precaução justificável ante a dúvida se os nossos gestos se desenham para logo se apagarem sem remissão, ou, ao inverso, para se esculpirem na memória do observador: tal como se verificara com os painéis que eles, os escutantes, nos proporcionaram outrora, mal supondo que o efêmero de uma visualidade, em si mesmo desprotegido de saliência e catalogado junto às situações de rotina doméstica – assim capitulávamos os entrechos que seguiam o do prólogo elucidador – pudesse fixar-se com tanta nitidez e nos nutrir o engenho na peça que apresentávamos aos descuriosos de seu próprio ser fisionômico. Reconstituímos, segundo a ordem projetada, os fragmentos daquele pretérito que foram apreendidos de tal modo que acreditamos na aceitação da platéia; mas no fim, em vez de aplausos, obtivemos as confissões dos atores, com respeito aos painéis de vigor mais intenso e que eram bem lembrados, não obstante as contraditas das posteriores condutas; nos pronunciamentos emitidos, a sinceridade dos intérpretes nos convenceu do engano em que laborávamos, e, conforme os depoimentos, as circunstâncias que considerávamos impolutas quanto aos motivos, tiveram que ser retificadas no tocante ao legítimo teor; contudo, a parênese de nossa linguagem mantivera-se irremovível, e não se perdera, em nós, a impressão de havermos propinado à platéia o melhor elenco de que dispúnhamos.

9 – As corrigendas efetuadas pelos protagonistas que nos vieram afirmar que era bem outra a significação de seus papéis, valem principalmente no que tange ao acontecer do nome, permanecendo intatos os episódios na versão em que nos apareceram. Alteração alguma inscrevemos, por não existir errata ao longo de tais cometimentos, quando muito, ao lado dos textos de nosso miradouro, justapomos os textos de autoria dos próprios intérpretes; os quais não manuseamos em detrimento de nossas faturas, embora tomemos a

iniciativa, em favor dos participantes, de procurar o assunto que lhes coonesta o desempenho e nos capacite a divulgar, como pressuroso de que alhures os hajam entendido à feição de nosso julgamento, o que em verdade se dera no âmago dos respectivos atores. De qualquer forma, terão de persistir os retábulos, tais como se mostram nas folhas do arquivo, abertas a realidades de mistura com episódios da ficção: entrechos que, a rigor, exprimem a natureza de um idioma cuja gramática é, em si mesma, o jogo de aplicações suscetível de acomodar-se ao sentido de nosso ser: a presença de nosso vulto enquanto detentor de visualidades, quer as de origem alheia a ele, quer as exibidas por sua escolha; todos os fatos da contemplação e do testemunho a se consubstanciarem no investimento a que os submete o nosso miradouro que, de sua vigia, capta o universal panorama que a nós pertence e, com a mesma dimensão, a ninguém mais. A tradução que extraíramos das atitudes faciais e a prevalecerem por tantos anos, era o exclusivo produto de nosso olhar, efeito enganoso de algumas horas em que a boa fé do espírito, sobrepondo-se à necessidade de envolver os painéis com as argúcias da neutralidade, os recriou, em proveito dos protagonistas e igualmente de nós que, à base deles, pudemos nos aprimorar nos entrelaçamentos do afeto, assim procrastinando a antipatia que por último veio a predominar em nossas relações. Não seria curial à consciência que, de posse da empírica interpretação, excluíssemos do álbum as folhas alusivas à quimera, agradáveis ao devaneio e a nos inferirem que, em derradeira análise, eram os mesmos atores os figurantes de tais episódios; como tal, não havia porque pretendermos que se cristalizassem numa só espécie de conduta, pois é dado a eles a versatilidade de procedimento diante da platéia; mas, além do costumeiro público, existe o que observa de dentro dos próprios histriões, e as conjecturas que habilitavam, em nosso repertório, a permanência dos volúveis participantes, resultavam insuficientes a nos convencer, de todo, que se lhes devia permitir o uso de quaisquer disponibilidades: notadamente as que se desarmonizam com a dignidade de ser que nunca se demite da autocontemplação de cada intérprete; razão por que nos parecia inescusável, mesmo à vista das melhores seduções, não desavirem os atores com o contra-regra da malignidade, ou com os elogios que o interlocutor impiedosamente externa à revelia do olhar que vê o respectivo corpo. Quando compreendemos que os painéis da ficção nos propiciam exemplos de grandeza superiores às versões reais, louvamos a iniciativa de nosso observatório que, por intencional ilusão, ou por desconhecimento dos bastidores, formula os retábulos sem trazer à consulta os correspondentes protagonistas; como defesa a vindouras decepções, munimo-nos de resignação cautelosa, toda vez que um painel, já sancionado em nosso repertório, periga ao nos ser proporcionada a explicação pelas vozes dos mesmos atores; ainda considerando a hipótese de se fazerem vizinhos ou mesmo de coincidirem o nosso texto e o dos respectivos protagonistas, é de nossa preferência evitar confrontações retificadoras ou homologadoras, tudo com vistas aos privilégios de nossa urdidura. Por tudo isso, selecionamos, na fatura das notas a nos preencherem o caderno, as conjunturas da realidade e da fantasia que nos expuseram de si mesmas o potencial de seus conteúdos; às vezes renunciamos a prolongamentos deles extraíveis, embora sejam faciais e externem a condição de serem em nós; contudo, esquivamo-nos de relacioná-los e se possível os removemos do miradouro, havendo, para justificar a recusa em estarmos alerta acerca de todos os episódios, a convicção de que o reduzido número de contatos é bastante a nos persuadir, pela densidade de virtualização em cada vulto, em cada painel, de nossa posse sobre tudo quanto existe à disposição de nossa lupa. O universo se nos mostra de tamanho igual, quer o consideremos do bojo dos mais rápidos transportes, quer de dentro do domicílio, onde, à falta de renovações, a presença das coisas habituais, as móveis e as imóveis, se incumbe de nos oferecer a existência que não haveria sem a existência de nossa personalidade; de cujo teor se projetam, mas restando imanentes à nossa ótica figurativamente criadora – à maneira da luz que sem ela não se manifestariam, em existência ocular, as faces em que incide – os urdumes de direta e indireta contemporaneidade, conosco.

Capítulo 8

1 – *A outorga e o substabelecimento.* 2 – *A memória aperfeiçoadora.* 3 – *Os episódios formados por fragmentos dispersos.* 4 – *Os painéis aglutinados.* 5 – *Os entrechos reais e os entrechos da quimera.* 6 – *O nosso esquecimento de certas efígies.* 7 – *A intuição da virtualidade.* 8 – *A efígie absorta.*

1 – Na festa em casa de B. S. . ., a face de N. . ., para surpresa dos circunstantes, anunciou, por mensageiro, que não podia estar presente; a rigor, a solenidade era o pretexto que o anfitrião nos consentia, a uns, de revê-la, a outros, de efetuar o conhecimento da esquiva personagem; assim, ia o hospedeiro à modéstia de transmitir a outrem a prerrogativa de ser o fulcro das várias cenas, conquanto a alegria reinasse por algumas horas, e cada um dos convivas, de regresso ao aposento, lastimasse haver a reunião se extinguido tão cedo, e adicionalmente a essa lamentação a idéia de que nada impediria novo encontro em casa de B. S. . .; não se realizaram as conjecturas que teria tido o aniversariante, a assembléia, todavia, se formara, nos melhores momentos, sob a consideração do vulto que lá não comparecera com o próprio rosto, mas por intermédio da efígie do mensageiro; este, sem pleitear a figurativa outorga, veio a assumi-la mercê de explícita aclamação de todos os presentes; outorga evidenciada pelos gestos que a expunham sempre que surdia à baila o nome da pessoa faltosa, aumentando o número de meneios dirigidos ao recém-chegado à medida que os relatórios sobre N. . . pouco a pouco se estabeleciam como os únicos a preocupar o consistório; por fim, a ninguém mais se

moviam as atitudes senão ao correio que enviara N..., de modo a parecer o concílio uma sessão de lisonjeadores a submeter ao próprio alvo os aspectos da lisonja, contingência que se não verificara se, em vez do representante, estivesse o ente representado. Silencioso no decorrer dos painéis, ele ouvia as narrações a propósito da figura de N..., e no ar da fisionomia manifestava, entre satisfeito e modesto, o assentimento a quanto se explanava, e todos proferiam as vozes com atitudes que se destinavam a ele; se por acaso um dos presentes subdividia o episódio ao entreter-se, à puridade, com o protagonista mais próximo, mesmo sem olhar o representante de N..., infletia-lhe os gestos como a apontar o verdadeiro herói da legenda que ele segredava; houve o instante em que, sem ferir a ausência configurada de N..., um dos participantes veio a dividir por dois o papel da outorga, referindo-se, em meneio súbito, não mais ao semblante que o exercera até agora, mas ao bilhete de que se servira N... para explicar a razão de não haver comparecido; enquanto a coisa inanimada se mantinha em discreta investidura, aquele que viera com a missão de incorporá-la por seus próprios meios, não se ressentia diante do esbulho ao seu desempenho, ao contrário, continuou na significação que lhe impuseram, apenas atenuada nesse instante para logo depois reassumi-la com exclusividade; de seu lugar, o mensageiro nos parecia quase como o ator que, prestes a entrar em cena, se situa à porta do estrado, tendo consigo um tanto deste e algo ainda dos bastidores, à espera da ocasião de acolher em si unicamente o sentido que lhe descobre a platéia; na expectação de retomar o fio da desenvoltura em plena outorga, observava o desempenho da missiva que, sobre a mesa, vinha a ser o alvo dos olhos e das mãos sempre que se aludia à face de N...; ambos a valerem equivalente significação, dispostos à sinonímia que lhes inoculavam os atores da palestra em louvor do ausente; e cuja duração se extinguiu com a atitude de B. S... quando, vários minutos após, cioso da preciosidade de possuir um documento do punho da grande personagem, o escondeu no móvel das gratas relíquias; ficando, por conseguinte, como só intérprete, a figura de quem nenhum dos circunstantes cuidara de saber, através de uma pergunta, que seria tão amável, o autêntico da pessoa, a identidade da efígie que ele, o representante, depois de afastar-se do agrupamento, haveria de recobrar; isento de si mesmo, o protagonista em substituição a N... era o primeiro em não possibilitar a revelação do que se dava no íntimo de si próprio; convervava-se mudo a respeito de sua vida nominal, como a prevalecer-se das referências que se lhe faziam ao semblante, sem embargo de se dirigirem a outrem, as quais lhe pareciam honrosas e de certo nunca ouvidas nem avistadas quando em pretexto os méritos de sua normal conduta; o procedimento em não desviar a conversação em proveito de sua personalidade, de permanecer fiel à delegação que lhe constituíra N..., realizava-se à medida que o nosso sentimento se compunha de admiração e de piedade, as mesmas que nos penetram ao testemunharmos alguém que, no intuito de evitar maior dano, oculta ao autor da ofensa a tristeza de se achar ofendido, ressalvando da mágoa esse vulto a quem ele deve gratidão; nada mais simples e natural que o mensageiro emitisse alguma opinião ou julgamento quanto a um dos painéis evocados, mas, o que dissesse importaria em decompor a sua natureza de histrião, trazendo, ao motivo que desempenhava, a intrusa contingência de descer do tablado e unir-se à platéia, vulnerando a unidade de nosso miradouro que apenas o concebia na posição de intérprete; ocorrendo que qualquer episódio, por mais limitado e corriqueiro, tem em si possibilidades fisionômicas, só despercebíveis a espectadores de escasso observatório, não seriam os da residência de B.S... que no-las sonegassem, a nós que no momento havíamos assestado a lupa à significação que desde muito se impusera; conservando-se a conjuntura de ele estar em outorga, o emissário, ao pretender assentir a uma alusão expedida a N..., o fez, não pelo gesto proverbial de mover o rosto, mas, desprendido de seu mesmo semblante, ele aquiesceu em aceitar a legenda e esse consentir efetuou-se em apontar o centro da mesa onde estivera o bilhete remetido a B. S... e a concorrer também à prerrogativa de ser a presença de N...; a substituitividade que no instante favorecia a similitude de tratamento a um e a outro dos representantes, produziu-nos o receio de, quando se retirou da cena o ator inanimado — o papel introduzido na gaveta — falir, na exclusividade do mister, a figura desacompanhada do bilhete; com efeito, no desenrolar do consistório, deparamo-nos mais de uma vez com a atitude do emissário a dirigir os olhos à cômoda em que ficara a missiva que dessarte cedera ao móvel a disponibilidade de ser em lugar de N...; o que nos levou a acreditar em novas transferências de protagonista, se porventura a palestra continuasse no contíguo salão; aí sem ter na lente o objeto em que se substabelecera a carta, um novo substituto haveria de encontrar na parede divisória, e conseqüentemente lançaria o olhar nessa direção, gesto bem claro e compreensível por quantos se demorassem ainda na festa que fora menos de B. S... que de N....

2 — Os exercícios da recordação nos alentam a não desesperar do episódio que acabamos de perder, episódio que possuía muitos aspectos condizentes com o nosso gosto, sendo preferível que se tivesse retardado mais, que sempre nos estivesse ao alcance dos olhos, a fim de atender aos reclamos da saudade; para isso contamos com as oferendas da memória, apesar de si mesma suscetível de adulterar ou de esquecer o painel efêmero e não obstante necessário a ser perpetuamente à disposição de nossa lupa; não devemos desesperar de perdê-lo, em virtude de existir a eventualidade de seu reencontro, embora incorporado ao desempenho de outros protagonistas, quer em face de nosso intento de reconstituição, quer por fatura do acaso; havendo ainda os flagrantes que, pela similitude com o desaparecido painel, acendem a rememoração que o tempo e o tumulto tornaram desobsequiosa; e, ainda mais, no seio da própria recordação e à revelia de externos instrumentos, às vezes se forma um processo de retomada tanto mais exeqüível quanto os elementos da confecção des-

cendem da pura interioridade. A recriação do pretérito é aleatória em muitos casos, e ordinariamente interrompida por atrações de outra espécie; enquanto lhe sentimos aproximar-se a nitidez que a mente faculta, ela não nos persuade de virmos a reobter a claridade com que se mostrou por meio de nossos olhos, mas sim de obtermos uma claridade que, exclusiva de nós, mais condizente ressuma que a despontada antes, conduzindo-nos a conjecturar que é preciso, no entanto, o inicial aparecimento, a feitura diante de nosso olhar, o modelo sobre o qual se configuraria, depois, a tela, a obra executada na oficina do pensamento; em nós, que a transportamos na intimidade, se torna ela a pintura reposta em nuanças e transparências novas e que se instala profundamente em nossa retentiva; nas ocasiões de rememorar o painel, vantajosamente restaurado no espírito, há de ele prevalecer sobre o original, sobre o da imaginária externa, por motivo de pessoal e mais consagüíneo relevo. Na prática dessas memorações, apreendemos que a coisa memorada, salvo no instante de ressurgir em nós, com a tonalidade que não pressentimos quando do empírico surdimento, não se efetivara como devera ser, segundo comprova a edição da interna iconografia, esta, sim, a edição mais acomodada para o estojo que somos nós; nem uma réstia imponderável nos insinua, no minuto da visão real, que algo mais consubstancial conosco poderia advir na exposição em termos de ideamento, de nada importando o consciente esforço que porventura no momento fizéssemos com o fito de precipitar a perfeição da obra, tal como viria depois, na plenitude da imaginária interna; a inútil tentativa assemelha-se, em posição inversa, à que nos obrigamos na ausência de determinado rosto, quando insistimos em relembrar a figura inacessível ao nosso observatório, com os traços, a despeito do afetuoso conhecimento, relutantes em nos devolverem a unidade de aparência; ante a fadiga da procura, aliviamo-nos ao encontrar na parede ou no álbum de fotografias o rosto em esquivança obstinada, porém igual ventura não nos remunera se nenhum retrato existe que nos reponha em tranqüilidade; então, à saudade da pessoa se aglutina a tortura de não reavermos, de todo, embora continuemos a diligenciar, a efígie que se demora ausente. Melhor do que se mostrara na hora em que F. . . escondeu a M. I. . . a mágoa de haver sofrido, com as suas duras palavras, a calúnia que facilmente se divulgaria, pelo grande conceito que desfrutava o caluniador, se nos mostrava agora, na imaginação, o entrecho da bela humildade sem que, dentre os objetos que nos ladeavam, nenhum exibisse a mais leve similitude com algo referente ao painel de outrora; a primazia, sobrevinda depois de tantos meses, originava-se de processo que, pertencendo-nos todavia à imaginária interior, não nos vinha a oferecer as pontas de seu mistério; bem adestrado nos exercícios da recordação, não teríamos que lastimar a deficiência por acaso acontecida no ato de acolhermos o episódio ao miradouro; nem ainda empenharmo-nos em reconstituir a realidade da cena que nos pareceu vulnerada por nossa desatenção, desde que disporíamos, à vontade, dos meios de fazer inefavelmente sublime a reedição, na imaginativa, do episódio que talvez não assimilamos por inteiro. Mas sucede que os recursos necessários a esse alcance nem sempre se positivam, cumprindo-nos aguardar que o fortuito imponha o superior acabamento à situação que nos surgiu incompleta ou mal formulada. Assim nos escaparam as razões por que mentalmente recontemplamos a mudez de F..., mais do que nunca a externar o propósito de empecer em M. I... a impressão de que se entristecera à vista de tão séria ofensa; que mais grave lhe seria o dano se M. I... soubera que molestara a ele, o vulto a quem M. I... devia tanto; F... impregnava no ideal desempenho o ar, apenas agora inteiramente exposto, de não compreender a injúria que M. I... lhe atirara, e portanto não estar ferida a pele de seus sentimentos, cuja delicadeza ia ao cúmulo de ocultá-los com piedosa e salvadora mentira. Se a recordação facial se verifica tão freqüentemente, atingindo painéis de menor apreço, cenas que relegamos às folhas esquecíveis do repertório, sem dúvida lamentamos que sob a mesma claridade se nivelem as coisas da preferência e as coisas da repulsa; por ora, desprovido de meios que só nos atenham às formações do agrado, deploramos o riso translúcido, que não nos parecera tal, no instante em que se estampou veridicamente aos nossos olhos; com o qual M. I... revelou entender a intenção de F..., e, para tormento deste, o riso significava que a expansão do rancor não se transmudaria em remorso; ao inverso, nutrir-se-ia da propagação da calúnia que os testemunhantes mais aduladores fomentaram, com certeza, na mesma noite do acontecimento.

3 – À margem dos painéis prestigiosamente gravados na memória, nela existem inúmeros retábulos que por motivos diversos, entre eles a incúria em lhes captar ou adivinhar o mérito, se esquivam a plano inferior, mas, vez por outra, retornáveis à recordação assim mesmo embaciados e dispersos; formam verdadeiramente um acervo à parte que utilizamos sempre que o devaneio nos conduz a tal recesso, resultando-nos impossível resguardar com nitidez o que é difuso e nevoento; aplicamo-nos em estabelecer na tela a unidade de nominação sobre anacronismos de vários entrechos, pois que a lembrança é parca em distribuir cada um desses painéis em seu exato e respectivo tempo; contudo, ela não nos sonega a confecção de uma obra em que, valendo-nos das situações revoltas, constituímos, com a contribuição delas, uma série de episódios cuja autenticidade se reduz às efígies e à significação que desempenharam; podemos escolher dentre as participações de outrora, dentre as que assim demandam à nossa lupa interna, os retábulos ou fragmentos de retábulos que se deixam reunir sob o mesmo rótulo, porque todos se inserem na consangüinidade do gênero, como o tema da humildade cujos atores são os do real e primitivo aparecimento, mas a localidade e a época se tornaram inoperantes, concedendo ao nosso arbítrio a disponibilidade de removê-los, sem que a adulteração de espaço e de efemérides venha a

perturbar o que somente aproveitamos: o teor nominativo que é idêntico nos retábulos e que desse modo demonstra ser o fio único a reunir os esparsos eventos. Experimentado por força de tantos momentos semiperdidos, intentamos, logo que se nos avizinhe alguma cena reveladora, fixar o belvedere de maneira a descortinar no episódio a relação entre ele e o título da humildade anônima, que este de preferência nos agrada em virtude de atingir variações que nos incentivam ao mister de agrupá-las; sobretudo porque pessoalmente nos expomos a ele, que outro não haveria para designar os entrechos que nos impuseram, ou por fatalidade de nossa aparência, ou por soberba predominante em alguns interlocutores, tudo há muitos e muitos anos, na pequena cidade de V.. .. Junto à casa de B. . . residia L. . ., o primeiro, a aumentar dia-a-dia a opulência em contraste com o segundo que, em cabana arruinada, era um dos colaboradores daquela magnificência, percebendo-se que ela se adicionava à medida que a destruição vinha a corroer o casebre; em verdade, B. . . não pretendia que o faustoso aspecto se sobreexcedesse a expensas da pobre contigüidade, mas quem surgisse na vereda não demorava os olhos na vivenda obscura e sim na mansão que, dessa forma, extinguia a presença do que lhe estava à sombra, o solar resumindo em si mesmo todos os louvores que à paisagem se fizessem; todavia, o caminhante, ao aproximar-se, descobriria a habitação de L. . ., e reerguendo a vista à enorme fachada, a impressão de esplendor maior nobilitava mais ainda a residência de B. . .; circunstância que o senhor não ignorava, entretanto não apoiaria, de viva voz, os aduladores que se não resignavam com a permanência do mocambo que, diziam entre si, destoava da majestosa arquitetura; quando, na realidade, era prestimosa em estar ali, persistente, como estímulo à admiração dos recém-chegados; conseqüentemente nem por isso cuidava B. . . de levar a L. . . a gratidão pelo entusiasmo com que os hóspedes viam de frente a massa do edifício, ao contrário, dava mostras, às vezes, de querer livrar-se do adjacente aspecto; no entanto, o tugúrio se mantinha graças a duas resistências: uma, alusiva à impossibilidade de dispor o castelão de toda área ao redor dos altos muros, e a outra, referente aos proveitos que de alguma sorte desfrutava o modesto habitante, dentre os quais o de se garantir à noite com o conspecto do vigia que, sobraçando a arma, estendia a espreita à insignificância de sua residência, assegurando-lhe a quietude; se bem que a probabilidade de agressão ao domicílio lhe fosse particularmente remota, e nem uma vez sequer lhe acudiu à mente a suspeita de que o vigilante noturno alongava sobre a cabana desconfiados pensamentos, conjectura ofensiva mas incomunicável à boa fé daquele morador que teve, em certa ocasião, um alto desempenho sob o rótulo ainda – como se a fatalidade do tema o impedisse de afastar-se dele – da humildade anônima, e fomentado pelos demais atores do elenco. A memória escassa nos recusa a certeza quanto ao comportamento do guarda àquela noite, porém, a circunstância de haver sido o próprio B. . . quem batera à porta de L. . ., informava estar ele, o guarda, ausente do episódio, cuja densidade impunha a atuação de vários protagonistas; o assunto espesso não se reduzia diante da carência de intérpretes, tal indicavam a dor e o susto na fisionomia de B..., que bem quisera se distribuíssem em mais de um figurante; ele, perfazendo o ritual da súplica, veio a pedir que L... afrontasse a escuridão e os caminhos lamacentos à procura do médico a desoras; pela madrugada se recompusera a enferma e então ele pôde dormir sem a cédula que voltara às mãos de B...; L... se sentia venturoso por ter sido útil e por haver deixado no vizinho a impressão de o afeto valer mais que o dinheiro; alegria só de alguns instantes, pois ao amanhecer, de novo se interpôs a ponte levadiça e o senhor, julgando suficiente a remuneradora atitude, recolheu-se à antiga naturalidade; tanto assim que, ao reencontrar o médico, sempre repetia, e contente ficava se era na presença de estranhos, que, se não fora a diligência dele, B..., a viuvez recaíra sobre o formoso solar; alegação que o mesmo L... ouvira e ratificara junto a pessoas de seu nível, divulgando-lhes, como se escutara apenas, e não participara dele, o painel móvel, sob a chuva, do profissional a exercer o mister em condições a que raros acorreriam; na maneira com que elogiava o médico, havia a crença de que aos pobres este dedicava o mesmo fervor de servir, idéia que, em análise última, percutia em sua condição de lá ter a residência, à vista protetora do palácio.

4 – Painéis que a displicência não nos permitiu catalogar na hora, geralmente se reúnem, quando os liga a unidade de significação, em caderno à parte; e sem registros que os tornem mais recuperáveis à lembrança, por isso mesmo que, libertos de vínculos estruturais no tempo e no espaço, eles se ajustam às ordenações de nosso arbítrio, à feição da breve história que teve como personagem um médico, em local e dia que não podemos hoje positivar; inclusive, porque nos chegou pelo ouvir dizer, mas nenhum motivo nos impede de situá-la no proscênio da casa de B..., na madrugada em que a mulher escapou da morte, graças ao tratamento que aplicara o médico; a legitimidade dessas fusões sobremodo nos interessa por sugerir a esperança de que, esgarçado pela doença ou pela senectude, o repertório, que acumulamos, ainda se prestará a obedecer às linhas de nossa criatividade. Da mesma forma que atualmente justapomos, em uma só folha, ocorrências em recinto e ocasião diversos, possivelmente alguma hora advirá em que muitas coisas, até então arquivadas sob nominações díspares, aparecerão inter-relacionadas, embora sob o efeito de névoas que nos atordoarão a mente; mas, em todo caso, suscetíveis de nos restabelecerem o unívoco e talvez o uninominal a que tende a nossa contemplatividade; em virtude de não possuirmos, em diafaneidade completa, os entrechos que a diligência incluiu em nótulas à margem, os resíduos de velhos acontecimentos passam agora a aglutinar-se, e a destreza com que os arranjamos sob a mesma designativa nos conduz a desconfiar de que no próprio domínio das omissões, no que diz respeito às lacunas da memória, rege também

a inclinação seletiva de nossa individualidade, como que desestimando aqueles acidentes que se não aliam à réstia unificadora e modeladora, ao estilo com que a nossa lupa delineia os sucessos de seu universal repertório. E sendo ela a única a nos preservar as existências que nos ocorreram, as quais se subordinam ao olhar que é a nossa própria existência, não parecerá de todo ilegítimo que, vulnerando a ordem fixada por ocasião dos surgimentos, promovamos uma outra ordem em proveito de mais consentânea tessitura, como os organizadores de antologias colocam em contigüidade os fragmentos cujas relações residem na similitude e proximidade de inspiração e de forma, segundo a maneira de planear que atende ao gosto lógico do respectivo compilador, e por isso mesmo lhe erguerá o nome acima do mero trabalho de reunir os textos. À peça do mosaico à noite, quando se salvara a companheira de B. . ., justapomos o retábulo que nos apareceu vários anos após e entre situações inacomodáveis e anfigúricas, ao contrário dos eventos que se seguiram à entrada do médico na casa de B. . .; estes, apesar da distância no tempo, eram os verdadeiramente propícios a ladear o episódio de um homem que também curara certo agonizante, e estivera sob o constrangimento de aceitar, em vez do óbulo da gratidão – que tal preferira, dadas as contingências de bastidores – a remuneração em moedas como se negociasse, à vista, o que em sua mente representava o sacerdócio, a alegria de ser útil a quem empenhara amor fraterno. Desbastando o segundo painel dos elementos desnecessários à composição de agora, e convertendo os seus figurantes em efígies que compareceram à mansão de B. . ., diremos que este, logo ao verificar as conseqüências do remédio, se adiantou, sem indagar o preço da benéfica intervenção, ao móvel onde guardava o dinheiro, e isento do pudor de perifrasear, com a delicadeza dos gestos, o abrupto da iniciativa, estendeu ao médico as cédulas da grosseira inoportunidade; para não ferir o inábil participante, nem tampouco o desempenho de quantos respiravam ali a atmosfera de alento, que a enferma estimulava com o júbilo nos olhos, era incabível, entre outras emendas, a de esclarecer a B. . . que, naquele instante, nada se pagaria com a quantia exposta; porquanto B. . ., o descortês intérprete, retificaria em voz alta que o seu propósito consistia mesmo em remunerar, sem tardança, o contentamento em que se achava, redundando preferível a estratégia de manter intata a insólita gratidão; mas, pelo menos, fora do belvedere e da escuta de quem não devia, de logo, inteirar-se de tão consternador procedimento, do médico que ladeava a tônica do ensejo, fingindo interessar-se por qualquer coisa estranha à conjuntura: no caso, pelo semblante de L. . . que, em auxílio por omissão, se desviara da cena para acercar-se do leito com ofertas, entretanto prescindíveis, que o teor de sua natureza se reduzia à completa disponibilidade de ser, livre de qualquer consulta, em subordinação a todos que lhe determinassem o préstimo; sem outra atitude que a de aceitar o dinheiro, desde que a escusa representava impiedoso gesto àquela forma de estar em agradecimento, coube-lhe obtemperar que era excessiva a importância e agradecia a idéia de regressar em companhia de L. . .; a noite se demorava ainda, e às estradas e à chuva não se sentiam afeitos os olhos míopes; contava com a ajuda do recente companheiro que, fisionomicamente, se demoveria do sono que também não usufruíra no anterior episódio, para seguir ao lado do médico, sendo à vez o guia cuidadoso e a alma a que ele recorreria na urgência de confessar a melancólica impressão. A fatalidade de ser humilde não se privava de acontecer diante de outrem que também passara, havia minutos, pelo tema da submissão, que diversas modalidades possui; embora repercutisse profundamente no médico, não fora bastante para que ele, trazendo a si o peso que assinalava o semblante de L. . ., apesar de este não o sentir em sua suscetibilidade, compreendesse o exagero da proposta em transferi-lo do sono para a fadiga da nova caminhada; talvez que o médico ignorasse a posição de L. . ., cuja vassalagem a B. . ., meramente fisionômica, o isentava de cumprir o desejo exposto, como se se tratasse de algum doméstico; havendo o agravante de as palavras insinuadoras se terem dirigido não ao vulto pobre, porém independente e dono de sua vontade, mas ao protagonista que a cena indigitava detentor de honras e poderes: inclusive o de decretar ao servo a obrigação de atender ao serviço dele, o útil visitante que, por ausência de solidariedade à criatura humilde, a tornava mais consentânea ainda ao tema, ao nome da humildade, e cuja inteireza reside na condição de suportá-lo sem protestos, sem a própria auto-observação do teor que no momento exibe; mesmo que lhe acorressem à mente o demasiado incômodo de L. . . conduzi-lo de volta à casa, e a natureza excepcional daquela presença em recinto onde de raro estivera a despeito de morar tão próximo, mesmo que a afetividade do médico abrangesse com ternura a condição de L. . ., ainda assim não seria de esperar-se, na dialogação havida ao longo do regresso, da parte consciente e ferida em seu orgulho, uma alusão ao descaso que sofrera, dada a força com que norteia tais episódios e princípio de que os abatimentos da soberba não são comunicáveis entre os detentores após a efetivação; reserva cada um para si, como ostentação mútua de superioridade, o silêncio a respeito do dano que lhes foi comum; no entanto, na viagem de retorno, a mudez do médico explicava-se também por não lhe parecer o comparsa à altura de lhe ouvir as queixas, existindo a norma de tais sofrimentos não se exporem à platéia dos desafortunados, a despeito de esta, mais do que a outra, entender melhor os subterfúgios e os matizes das exteriorizações.

5 — Os painéis que consignamos para revê-los agora, delimitando as possibilidades do inédito em nosso miradouro, persuadem-nos da negligência em não havermos incluído, no volume das atas, os sucessos que se perderam em razão de descuidos; caso tivéssemos registrado a todos, maior seria atualmente a impressão de posse e de dependência fisionômica dos retábulos de nosso testemunho, no tocante a esse mesmo testemunho; no entanto restringimos a lente da curiosidade a fim de mais poder, em relação às coisas já arquivadas, medir-lhes as

doses com que ratificaram o sentido que lhes demos; de maneira a contemplarmos o explícito panorama, como algo a nós circunscrito, que persevera enquanto a lupa de nossa memória fizer reviver a sua existência, até o instante em que a paisagem se extingue conosco, no seio de nosso perecimento. Em certas ocasiões, ao sairmos de um espetáculo, se alguém nos pergunta o juízo sobre a peça que acabamos de ver, não sabemos emitir a apreciação que somente advirá após restabelecermo-la com a reedição que a memória faculta; assim acontece quando, em lugar de episódio que a cortina encerra, é a cena que ultima algum assunto da fortuidade ou de nossa fatura, o evento que na hora de revelar-se não se entrega totalmente à nossa receptiva, em muitos casos reservando-nos, para bem depois, nos devaneios com que o recuperamos, o fio articulador que o aglutina à intuição de nossa lupa; o fato de haver o episódio, sem o estímulo de uma referência, de uma associação qualquer nas coisas presentes ou em nós mesmo, surdido em nossa lembrança, talvez o expliquemos por essa conjuntura de não termos ainda alcançado o batismo desse painel no seio da concepção à qual, logo ou retardadamente, se vinculam os sucessos desenrolados diante de nós. No caderno de anotações, há várias ocorrências que persistem, sem embargo de vez por outra volvermos a elas em busca de sua solidariedade à nossa ideação, à margem do conteúdo consagradamente nosso, mas experiências anteriores nos habilitam a esperar o momento da sua clara explicitude na ordem fisionômica; desde aí, o que resultava estanque, revestir-se-á com o título que a outros entrechos fusiona, e mais, não poderemos bem aludir a ele, isolado como fora dantes, e sim na plenitude dessa nominada presença; levando-nos, inclusive, à estranheza, se forçarmos a mente a reobter o antigo aspecto, do exemplo da nuvem, onde o perfil encontrado, por nos parecer marcadamente nítido, nos deixa sob o espanto de o não termos descoberto assim que o vislumbramos. Diferentemente de como procedíamos em outra idade, a conduta de agora, com o belvedere mais aparelhado à vigília das captações, se dedica à segunda etapa de projeto que tem sido absorvente; a qual supera o estágio primeiro, aquele que aplicamos à colheita dos elementos que só hoje se prestam a receber os nomes de nosso índice; em verdade, mais remoto que os painéis homologadores, e por isso mesmo se transforma em particular devotamento o nosso atual mister de senti-los, um a um, a penetrarem na nominação partida de nós, como solícitos e dúcteis aos acenos de nossa perseverança. O contemporâneo exercício de testemunharmos a convergência dos entrechos ao estojo de nosso pensamento, sobre deleitar-nos, sugere-nos a consideração de estarmos nós, hoje em dia, mais afeito à interpretação de nossa visualidade, que ao tempo em que só os inscrevíamos no repertório, se bem com o anelo de utilizá-los depois; isso porque já atinávamos no valor de receber os semblantes, em desempenho, sob o prisma de, em ocasião futura, havermos de intercalá-los no âmago de nossa ordem; o cuidado de vê-los intencionalmente era um preventivo à incúria de nossa recordação que costuma, em muitos sucessos, gravar o nome da personagem sem a concomitância do respectivo rosto;

mercê da disponibilidade das designações, da fertilidade da imaginativa que se fomenta ao som das próprias palavras, nos surpreendemos a preencher a denominação vazia com uma face qualquer e que em absoluto não foi presente no auto a que compareceu o nome; no entanto, as quimeras desse gênero poderão diminuir em face da atenciosa espreita de nosso miradouro, caso a fadiga não venha a inabilitar o esforço de a tudo ver com o ânimo de a tudo perpetuar, aprazadamente, em nós. Em compensação à tal dificuldade, resta-nos a crença de que o espontâneo das adesões até agora sobrevindas, para nosso júbilo, despertara também naqueles retábulos que se diluíram antes de o fazerem no ato de nossa morte; havendo, portanto, fora do álbum de nótulas, painéis que se anteciparam ao nosso desaparecimento, alguns deles apontados tão de leve que a pequena amostra não nos chega a ministrar o assunto, muito menos as efígies que o interpretaram. Inúmeras perdas se verificaram por motivo de a nossa mente, enquanto o entrecho se desenrolava, nos ter impedido maior lucidez ao belvedere, que desviava o centro do interesse para a tessitura que se operava em nossa concomitante imaginação, às vezes sugerida por essa mesma ocorrência. Hoje, esse processo de falir o episódio diante de nosso olhar, por força do urdimento a exercer-se no íntimo de nós, tende a constituir-se a mais freqüente modalidade de sermos, cenicamente, perante os objetos; nem por isso a imaginária externa, tão solúvel diante da imaginária interna, deixará de valorizar-se, porquanto representa a conjuntura de surgir um retábulo, embora sem nos determos por completo em sua apreensão.

6 — À medida que acumulávamos os entrechos ratificadores de nossa ordem, sabíamos que sobre eles, se a morte ou grave acidente nos desfizesse a possibilidade de futuro, não reincidiríamos a lente; a simultaneidade desse pensamento ao episódio que contemplávamos, promovia a circunstância de vermo-nos em presença maior e mais profunda, deferindo-se o painel em sua qualidade de partícipe de nossa ordem fisionômica. Entrementes, a conduta de contemplarmos com o ânimo de volvermos aos rostos da atual contemplação, além de fortalecer a unidade significativa, presta-se a minorar de nossas conjecturas, quanto ao falaz das coisas existentes, a melancolia de termos como perdidos de todo os sucessos que acabam de surgir; na decorrência dos convívios, a palavra adeus nunca se emprega irrevogavelmente, assim, as situações se perpetuam em nós para efeito de nos restituírem os semblantes e o teor nelas acomodados: elas inspiravam uma expectativa de retorno que nos persuadia a penetrar e a ampliar as fontes de imaginativo enriquecimento, quer passeando a lupa em abstratos territórios, quer detendo-a nos que já se haviam exposto, intentando acompanhá-los como se fossem inesgotavelmente hauríveis. Com que desapontamento descobrimos, em atores incorporados ao nosso repertório, o desinteresse por muitos dos painéis de que participaram, a indiferença indo tão longe que abrangia a nós, sem recordar ao

menos o existir de nossa personalidade à época em que o vulto em consideração se nos fez perdurável; se lhe perquiríamos sobre o contato de tanta ressonância dentro de nós, respondia-nos, quando muito, de maneira vaga, e, para maior agravamento da tristeza, com minúcias que eram certas ou quase certas, mas sem lhe assomar à lembrança a efígie de nossa individualidade; havia também, e há ainda hoje, a situação de algum protagonista a nos invocar uma cena em que estivera ele e no entanto, por não termo-la no arquivo de nótulas, resistente ao esforço de rememorarmo-la; com sôfrega e incontida curiosidade, onde o interlocutor pode ler o sentimento de desculpa em face de havermo-lo esquecido, solicitamos-lhe que nos reproduza o que lhe resta desse episódio que contém o nosso rosto, o qual há de suprir agora a página que ficou em branco, e que não será de nossa autoria direta, porém dele, o interlocutor; dessarte, o nosso repertório não exclui as colaborações alheias, antes, é favorecido por tais complementos, onde nos refletimos segundo o espelho que nos abre o obsequioso intérprete, que assim nos devolve o desempenho que olvidáramos, lisonjeiro ou decepcionante, mas sempre exigido por nossa pessoal curiosidade; por seu intermédio, passamos a nos ver em plena representação e naturalmente receoso de não havermos procedido como desejáramos, porquanto – e o esquecimento do episódio nos leva a suspeitar de que o praticamos à revelia de nossa ótica – os demais coadjuvantes do desempenho jamais nos disseram qualquer coisa a nosso respeito, explicando-se o silêncio como atitude gentil senão caridosa; pouco influindo na suspeita o depoimento ora revelado, pois que as impressões de raro coincidem, e a testemunha retardatária talvez que viesse como a única a excetuar-se de um coro em nosso detrimento, ou mesmo como a parcela da antiga unanimidade que o tempo desgastou quanto à memória do que ela traduzira ao nos espreitar. Há certas personagens que, tendo comparecido ao nosso repertório, de tal maneira escaparam a novo encontro, que a própria contribuição de terceiros, para fazê-las voltar à nossa retentiva, se tornou permanentemente muda; se precariamente o acaso nos devolve o rosto que perdêramos, decorre mais sentida a lamentação de não havermos captado todas as suas minudências no instante em que ele se nos deu em espetáculo; jamais a nos parecer bastante o que possuímos de sua presença: os cômputos que no caderno se mostram ligeiros, e, a cada ano que sucede, se retraem ao vacilante território das similitudes, devendo algum dia amalgamar-se a outros semblantes, e afirmaremos então que a efígie do único e remoto aparecimento, já morreu de sua primeira morte, em nós. As pesquisas em busca do intérprete que está em amarelecida folha, revestem-se de importância às vezes estritamente facial, como na hora de oferecermos, ao interposto semblante, os elementos que irão aclarar-lhe o vulto em foco, os traços, os moldes que delineamos e do interior dos quais tem de surdir a figura que, supomos, é do conhecimento de nosso interlocutor; em geral, os moldes, que efetivamos em gestos, em palavras, e em reticências que valem tanto quanto as atitudes e as sonoridades, são insuficientes a despontar em outrem as assinalações que tal efígie deixara dentro de nós; se porventura lhes não acrescentarmos o nome – quando existe o nome – a resposta não indica o ser que nos preocupa, ou serve apenas a modelar qualquer coisa que é menos que uma sombra: quase nada do existir que o interlocutor emerge dos fornecimentos de nossos dados, o recinto, a época, os demais participantes do episódio, tudo, enfim, que, apesar de nossas colorações e da receptividade da pessoa confrontante, veio a mostrar-se diminuto para reerguer, em nós, a face humilde e que receamos perder de todo; e cuja página em que se demora, mais que as outras, expende os vestígios de nossas mãos que a tocaram como quem insiste, a despeito dos anúncios desalentadores, em perpetuá-la mesmo sob a forma de réstia indistinta.

7 – No espaço que limita e condiciona os nossos gestos, no aposento em que nos prolongamos de maneira figurativa, todos os objetos, dos mais antigos aos mais recentes, mostram-se detentores de virtualidades; são temas e assuntos que não puderam esculpir-se dentro do quarto em que estão eles, os respectivos atores, agora imóveis e calados; mas, a nos dizerem, com o fato de suas presenças diante de nós, que os temas e assuntos se verificaram, bastando-nos volver a disponível lente a cada uma dessas fisionomias para que nos retornem à lembrança os acontecimentos que se integraram nelas; e dos quais nunca se despegarão enquanto sobreviver o nosso miradouro que os contém e que se nutre dessa íntima e unificadora repetição. Tais objetos, na maioria, não são mais do que bagatelas encontráveis em outros aposentos, contudo, se desvestem da fungibilidade e se tornam insubstituíveis à nossa contemplação, que os considera a modo de delegados para sempre ungidos das outorgas que nos trouxeram, incapacitados, por isso, de se removerem dos nichos em permuta por outros que acaso nos cheguem; que a estes destinaremos novos lugares nesse conjunto de remanescentes e de protagonistas em repouso. No curso dos dias e dos territórios, há, a cada instante e a cada passo, efígies que estão repletas de ocorrências, apesar dos vãos transeuntes que de raro se demoram em reavê-las para a liturgia de seus próprios pensamentos. As ruínas se constituem geralmente amadas, sempre se franqueiam a quem as ignora ou não as visitou alguma vez, porém falta ao cicerone o atributo que o catálogo dos monumentos não encerra: o de imbuir o visitante sobre a modalidade de ele ser sob o desaparecido teto. Pessoalmente praticamos o rito de sermos em confronto com abertas virtualidades, à guisa das determinações de estar que a arquitetura decidira à era dos eventos que lhe foram consentâneos; eventos de fácil recomposição em face das sobras da caducidade, das divisões que restam, embora apenas indigitadas, mas suscetíveis de receberem a obediência de nosso vulto que, por exemplo, penetrando nas de S. . ., evita cruzar o ponto em que outrora um muro se elevava, se proíbe de estender a visão pelo vazio que a decadência veio a gerar, preferindo fazê-lo através da abertura

onde fora uma porta, orientando-nos pelos caminhos como eram antigamente, e que nos informam da necessidade de atendê-los, irmanando-nos aos que os seguiram em outra idade; em recinto que o matagal recobre, nada se revela que nos possibilite conviver com o espaço do pretérito que estimaríamos retomar; conseqüentemente, nos induzimos a vê-lo como túmulo indistinto, sem ao menos a lousa onde uma inscrição houvera; ainda, com a mesma reverência que nos leva a contornar um túmulo anônimo, impedimo-nos de vulnerar com os pés a área que nos desnorteia, enquanto o olhar, movido por alguma esperança, tenta divisar, no que sobeja dos arredores, um apontamento qualquer a nos sugerir o que a devastação oculta. Sentimos a debilidade da lente quando o local nos sonega os meios de perquirir o objeto em virtualização, cabendo resignarmo-nos com as insinuações provindas de outros aspectos, de efígies que, por ligamentos de qualquer natureza, nos propiciam a substância comum a todos os rostos: o fato da existência, que embora reduzido a frágil exemplar, se distribui generalizadoramente em nós. As associações de existência permitem ao prisioneiro e ao liberto o condão dessa intuitividade; sucedendo que, se a este se prodigalizam as variações de faces, ou melhor, os vultos portadores de virtualização, os quais, por efeito do grande número, distraem o passeante de sorver, em uma, a condição de todo o existir, àquele, que se acha exposto a restritas contigüidades, a uma série de figuras que o acompanha imutavelmente, basta o oferecer-se de uma só fisionomia para que ressalte o sortilégio do existir, o mundo assim em escorço no aspecto de alguma cadeira ou da porta fechada. Paradoxalmente, ao liberto a quem seria dado escolher, em sua contemplação, a face que lhe parecesse condigna a ter em si todas as demais, de constume lhe foge a ocasião de deter-se nela, enquanto essa oportunidade se veicula sem maior esforço à personagem retida no aposento; ela se incomoda à indiscrição de outrem que, sobrevindo ao solitário painel, nem sequer supõe que uma ausência repousa no espaldar da cama ou no quadro pendido da parede. A cômoda, que no momento se outorga do universo, ao ser confeccionada, recebeu a gama de pormenores com vistas ao útil do emprego, inclusive os adornos que a requintada diligência fez polir no intuito de estorvar, em quem nela incidisse demoradamente os olhos, o tédio das superfícies planas, crendo o marceneiro que a obra perfazia o total das exigências, quando uma delas não se inserira no programa: a de ser o instrumento daquela imensa receptividade; a rigor, para representar a intérmina delegação, não havia o que acrescentar ao móvel, que este desempenharia o auto da virtualização tal como fora de qualquer maneira, rústica ou ornamentada, inteiriça nos caracteres ou desfigurada na forma de traste humilde; não esquecemos as ocasiões em que o objeto transportador da virtualidade consiste em figura de nosso amor doméstico, para isso não escutando o que os seus lábios dizem, e com esse desatendimento sentimos exacerbar-se, em hausto da intuição, o tema da estada, em nós, de tudo quanto existenciamos. A síntese que nos surge como intuição, estimula a necessidade de estendermo-la ao conhecimento de habilitados receptantes, quer na qualidade de leitores, quer na posição de espectadores; no entanto, acontece que nenhum dos habituais modos de manifestação se ajusta exatamente à simplicidade do motivo, que permanece incomunicável na mente de seu dono, a despeito de ele haver tentado, com a matéria mais propícia ao seu temperamento, o processo de removê-lo da muda cogitação à platéia que possivelmente não ratificará aquilo que o autor reputa a essência da explanação; a recusa em homologar o recôndito teor, em vez de destruí-lo, promove, na alma do detentor, a convicção de que a ininteligibilidade fora devida à indigência de suas expressões, ao imperfeito uso do instrumento que lhe pareceu o melhor; valendo-se, em abono dessa justificação, do exemplo de Spinoza que, selecionando o processo da geometria como superior ao da comum dissertação, nenhum discípulo alcançou que acolhesse a totalidade de seu sistema e, reforçando-se em cartas àqueles de quem pretendia o integral assentimento, não pôde converter a um sequer, nem apagar as dúvidas que sempre hão de se lhe objetar; todavia, os depoimentos dos que privaram de seu recanto doméstico – testemunhas bastantes, pois que ele vivera mais no recluso do aposento – declararam que a ordem do pessoal comportamento era sem manchas, de forma que o próprio estar cotidiano se harmonizava com a identificação entre o divino e a exposta natureza. Persevera no autor, sem embargo dos óbices, a intuição do ser que lhe acudiu em determinada hora, talvez proveniente de sedimentações que se processaram à revelia dele, no recesso de sua individualidade; a intuição é algo exclusivo da pessoa, e, ao amoldar-se, atende a estímulos de leituras e à feição de exibirem-se, perante ele, os elencos de seu repertório; as coisas, que testemunha, lhe atestam uma qualidade de existência que, em última instância, representa a fertilidade de que se nutre a vocação filosófica. À medida que formula e prepara a matéria que exteriorizará as suas ideações, sob a tristeza de que será relativa, pois que a ele não as traduz literalmente, o teor se infiltra nos poros das palavras e das proposições; à medida que se avoluma a obra, descerram-se, na continuidade dos desencantos, alguns intervalos de alegria, ante vocábulos particularmente espessos; vocábulos mais resistentes à fuga da intuição, e assim disponíveis a aproximar, do autor, o leitor; suficientes para que este considere que uma intuição houve, uma intuição que se firma sem precisar-se tal como revém àquele, inconfundivelmente nítida e desperta pela freqüência com que é afagada no seio da meditação. Haverá aqui ou alhures alguém que, na posse dos retábulos que descrevemos, sinta a essencial subordinação que os articula a nós, o depositário de quantas efígies e painéis apareceram em nosso conhecimento. Afora os vultos e episódios que diretamente nós testemunhamos, tambem os outros, os que nos vieram por semblantes interpostos, coisas e acontecimentos que se deram sem o nosso olhar ou à distância dele, assumiram a evidência em virtude de existirmos nós que lhes proporcionamos o ser limitado à duração de nossa lupa. A intuição da virtualidade, que os expositivos instrumentos tanto falham em transmitir aos leitores, que são figuras dependentes de nossa claridade, de nossa vida de receptação, constitui-se o meio com que assimilamos os rostos que se verificaram na ausência de nossos olhos, e que estão assim conosco e, como que, nos economizam do cansaço de ir a eles ou às faces que os outorgam de maneira mais incisiva. Quando a arte de expor se não acomoda à índole dos pensamentos e da intuição, suprimos a deficiência por meio da estratégia de entremear as digressões e as narrativas de episódios com os dizeres alusivos retamente às idéias e à síntese em causa, sob a condição apenas de que esse estribilho não force a oportunidade de ele aparecer, sem dano, para a unidade das conjecturas; circunstância essa, aliás, de vigilante empreendimento, mercê de tudo quanto reproduzimos e explanamos – os painéis e os comentários que os ladeiam – vir a aplicar-se remota ou imediatamente ao *leitmotiv* que é toda a substância de nossos propósitos: a intuição que inferimos de nosso ser em presença do que nos oferece o próprio miradouro; dizeres que em diferentes passos induzirão o leitor a persuadir-se de que há em tudo a constância de um só elemento, variável nas múltiplas formas de surgir ao nosso encontro. O método tautológico representa a disciplina com que nos habilitamos a apreciar os vultos e as cenas como seres e fatos que se amoldam ao continente de nossa visão, premunindo-nos a aceitar sem tédio e desespero as conjunturas da contemporaneidade. Como aprestos de resignação a fatal acontecimento, os retábulos que informam sobre alguém que morreu e que pertencia a nossas relações, demonstram que o nosso futuro perecimento desde agora se efetiva porque nessa parcialidade nos perdemos de morte fisionômica; sendo o nosso féretro disponível a mover-se a cada instante em que uma figura, que nos tem em si, fecha o olhar para nunca mais reabri-lo em frente de nosso corpo ou de nosso nome. Quiséramos que, à semelhança da face que em si possui, virtualizado, todo o existente, um capítulo da ordem fisionômica bastasse ao leitor para sentir a essência do que pulsa em ubiqüidade ao longo de nosso repertório; em outras palavras, quiséramos que ele intuísse, no tocante a este, como o fazemos diante de alguma efígie que passa, quer seja ela assídua, quer se instale nessa única vez, em nosso álbum.

8 – Também não é simples descrever com palavras os olhos de alguém que, absorto, vê o objeto que lhe está defronte, sem contudo cuidar de que ele existe; mas de tal forma se lhe prende o referido objeto, que, se ocorre alguma alteração na superfície deste, o vulto absorto acorda do devaneio; modifica-se a aparência do olhar e o corpo adquire a tonalidade que não havia um segundo antes, o retorno ao que constitui o usual do desempenho em gestos; era assim que costumávamos surpreender em R. . . os melhores momentos de sua fisionomia, pouco nos concedendo de tal atitude quando o víamos longe da soledade, daí o motivo de nossa preferência em contemplá-lo e traduzir-lhe o rosto nos instantes em que ele se

expunha sozinho; parecendo-se com o ator que desejamos permaneça em certo gênero de peça e por haver um dia anunciado profunda modificação no repertório, eximimo-nos de comparecer ao novo espetáculo, que temos por decepcionante; R. . . nos interessava apenas quando, solitário, era alheio ao que decorria fora, sucedendo que a atmosfera propícia à absorção viera a ser freqüente, graças sobretudo a nossos ardis: sem ele suspeitar, compúnhamos as ocasiões que o moviam ao êxtase que, de tão delicado, fugiria à menor desconfiança de ser sob as vistas de outrem que não a nossa que o favorecia com íntimas e mudas compreensões; a figura em causa nos sugeria o seu aproveitamento em nomes a que não faltavam ensejos, entre eles o do remorso, muito condizente com determinado aspecto, se posto em perfil diante da nossa lupa; entretanto, por contarmos com inúmeros intérpretes para os temas que lhe eram consentâneos, selecionávamos de seus dotes unicamente aquele que nos deferia a conjuntura de achar-se o seu portador alheio ao objeto no qual abandonava os olhos; objeto que lhe redundava indiferente, embora, se adulterássemos a feição com que ele se exibia imóvel, despertaria da meditação o vulto por esse título imerso em nosso repertório; quantas vezes, indo ao aposento onde ele se achava, o distinguíamos pelas venezianas, com o intuito de não bater-lhe à porta, que, se o fizéssemos, acordá-lo-íamos da lucubradora fixidez, da qual acontecia volvermos sem que ele sentisse a nossa estada; nunca presumiria que, regressando da frustrada visita, levássemos conosco a satisfação de termo-la realizado na suficiente medida; em outros momentos, vindo R. . . a abrir a porta, não passávamos das expressões comuns, que não incentivam a palestra, nem tampouco de seu lado recolhíamos o assunto da conversação, e ao formarmos o duo de silencioso episódio, não influíamos na quebra da promissora e caroável quietude; para melhor e mais rapidamente envolvê-lo na absorção, ou estendíamos em nossos joelhos o álbum de estampas domésticas, ou púnhamos os olhos no retrato que pendia na parede, ambas as coisas a induzi-lo à mental ocupação; então, nós e o mais do universo desaparecíamos de seu miradouro, logo após termos facilitado o início do painel; houve uma ocasião em que, ao espreitá-lo, notamos alguém a andar em direção à porta, e, receoso de que a inoportuna personagem interrompesse a liturgia que se oficiava dentro, fomos ao intruso com o intento de tolher-lhe os passos; surpreendemo-nos com a indagação de se éramos nós a pessoa de R. . ., o que nos motivou o ensejo de, com facilidade, impedir o dano de convocar o amigo; a fim de simplificar o encontro, resolvemo-nos pela impostura de transparecer, através de nossa complacência, a identidade que não nos pertencia mas que nos excitava, dada a conjuntura de dispormo-la assim ao nosso bel-prazer: sensação positivamente nova, que prolongamos enquanto permitiam os extremos da coonestação e a censura de não devermos iludir em profundidade a boa fé do interlocutor; descobrimos em nós, ao falarmos sob o nome de R. . ., que o imitávamos a despeito do inútil desse travestimento, porquanto não o conhecia o recém-chegado nem ao nosso vulto que podia, portanto, ser ele mesmo; fazia-se desnecessário estendermos a mentira ao setor de nosso semblante, apesar de no íntimo havermo-nos bem impressionado conosco, ao vermo-nos fisionomicamente revestido da figura de R. . .; enquanto no interior da casa R. . . cumpria a cena da absorção, lá fora ele se aplicava, em nosso vulto, no mister de convencer ao mendigo que muito pouco haveria de obter em seu trajeto a desoras, pois que existia a crença de se desfavorecerem os pedintes que postulassem de noite; desculpa que nos ocorreu para alongarmos o painel de R. . . em companhia do indigente, que, se indagado, ao sair do portão, sobre a personalidade do ser ali residente, nos descrevia como sendo o domiciliado, acrescentando, à narrativa de nossos caracteres, o reconhecimento pela alcançada espórtula que, em si, resultava bastante a demovê-lo de novos favorecimentos; retornando ao miradouro da janela, verificamos que a efígie em concentração já despertara do devaneio, conjuntura que nos determinou a volver até a calçada e daí batermos na campainha o anúncio de nossa presença; de modo aliás particularíssimo, que só por escutá-lo, fazia com que R. . . acendesse a lâmpada do jardim ao mesmo tempo que, em voz alta, emitia o nosso nome; contamos-lhe o evento do mendigo à sua procura, sem no entanto aprofundarmos o que de fisionômico sucedera, e repercussão alguma sentimos da parte de R. . . quanto à importância de ele haver sido em contato com outrem à revelia de si mesmo; indicando-nos, com o silêncio, que era inútil conseguirmos, em outrem, a assimilação de nossas narrativas, com o simples fato de puramente transmiti-las, tornando-se valioso o esteio de comentários e digressões.

Capítulo 9

1 – Os painéis ratificadores. 2 – A virtualidade. 3 – As tessituras longe de nosso belvedere.

1 – Ciente da fragilidade da memória, decidimos registrar em caderno muitas situações verificadas pela contribuição de interposto vulto, conquanto elas todas se amoldassem à substância do *leitmotiv*, isto é, se amoldassem ao fato de todas as existências dependerem de nossa existência; tratava-se, por conseguinte, de preservar entrechos que se vulnerariam pelo esquecimento, se porventura confiássemos tão-só na disponibilidade da lembrança; afora isso, a convicção de sermos depositário das existências, nos alerta sobre a significação de termos, acumulado e ao alcance da rememoração, o vasto repertório cujos elencos se prestaram e se prestam à solipsitude de nosso pensamento. A demonstração da legitimidade deste, firma-nos a certeza do próprio estado, de sermos o continente absoluto de quanto aparece e transparece à nossa pessoa. A presença de coisas que estão além de nós, positiva os meios, que possuímos, para registrá-la, como os acidentes da vigília nos homologam a circunstância de sermos desperto, valendo o conjunto de todo o álbum para efeito de nos persuadir que, sem a nossa lupa, os sucessos nele arquivados se diluiriam na secção do nada; ou melhor, nem sequer o atributo da existência lhes daria o ser, de tal sorte se afigura inseparável, e aglutinada à sua substância, a lente de nosso miradouro; lente aberta a recolher a objetiva espontaneidade e a fomentar arranjos que redundam em alegorias de nossa posição no universo. Com efeito, há certos instantes

em que retábulos independentes de nossa iniciativa, postos em livre desenvoltura, representam a situação de serem em conformidade conosco; isto é, vêm, perante nós, a confirmar o sentido de nossa participação, qual seja, o de contê-los graças a privilégio único, ninguém estando ao lado para dividir conosco o apanágio do envolvimento; se alguma efígie tenta disputar a posição de onde pode perceber o auto, somos o observador que, localizado no verso da última fileira, tem consigo não simplesmente o palco mas também a platéia. Muitas vezes interrompemos a normal meditação, em face de um painel que, isento de pedido, informa sobre a unicidade de nossa visualização, sem que concorra para isso o conhecimento sobre os respectivos intérpretes, conhecimento que seria embaraçoso de verificar-se e sobretudo prescindível, porquanto as exibições conscientes costumam deformar o modelo que em nosso pensamento as acompanha: foram inúmeros os espetáculos que, à guisa de experiência, se corromperam logo que declaramos, aos protagonistas, que eles estavam a exercer os papéis lidos em algum romance ou apenas imaginados por nós; escarmentado mercê desses prejuízos, escolhemos o processo de deixá-los tal como supõem; e nos tem acontecido, no terminal do entrecho, contrariarmos – quando não coincide o gênero da conclusão do assunto, consoante acredita o ator, com o gênero de desfecho segundo a tradução de nossa inventiva – a sinceridade de nossas expansões, que a seguir se expressam fingidamente, para corroborar o texto segundo a tradução do próprio intérprete. Este sairá do consistório sob a crença de que lhe conservamos o teor de sua convicção, a desconhecer a duplicidade de desempenho com que se houve perante a nossa lupa, a ignorar a significação que dele emitimos para o caderno de nótulas, onde ela permanecerá mais atraente que a versão que ele portou consigo; não conjecturando que à mesma hora em que no aposento ele recapitula os gestos e as palavras proferidas, de nosso lugar detemo-nos tão-só na lembrança dos gestos que, longe de figurarem o conteúdo de sua consciência, exprimem o contexto que existia em nós, por ocasião de sua estada em nosso domicílio. Na certeza de nos exibir a presença de seu corpo, T. S..., à medida que nos expunha as novas da intimidade, oferecia-nos sobretudo um trecho de sua residência, o móvel a conter ainda há pouco a veste com que se apresentava agora, a habitual cadeira que lhe deixou às costas os signos do espaldar, enfim, pormenores do estojo que eram os trastes da habitação; e que lá ficara em ausência externável todavia ao nosso miradouro, tão verídica nessa modalidade de aparecer, que nos animava a ir, àquela mesma noite, rever o albergue assim tacitamente apresentado; a experiência de semelhantes entrechos nos apontava a significação de contentarmo-nos com os vestígios apenas, que por si sós vinham a gerar o enlevo na posse da virtualidade; cada coisa, que se acha à nossa vista, que consente perscrutar-se pela técnica da ilação, importa menos pelo que encerra de inalienavelmente próprio, do que pela oportunidade, que nos propina, de termos conosco os vultos que restaram fora de nossa presença. O prazer intelectual de assistir as coonestações do pensamento estimula as alvíssaras com que recebemos em casa os portadores de painéis que, no transcurso de nossa vida, nos favoreceram com os contingentes da saudade: uns circunscritos a meros episódios do entretenimento, outros cheios de humana contextura, outros, ainda, a nos perfazerem o propósito mais transcendente: o da ratificação de nosso existir como o depositário único de quanto penetra em nossa receptividade que é diligente, quer na posição de testemunha, quer no exercício de acolher, através de semblantes interpostos, do ouvir falar, e das leituras informadoras, os elementos da universal composição, a existirem e a subsistirem enquanto houver a nossa pessoal existência.

2 – Na residência, ou em trânsito pelas calçadas, alienamos ao miradouro o exercício de captar misteres compreendidos em algum dos seres ocorrentes; concentra-se a atenção da lupa, a fim de receber de um rosto as ausências que se configuram nele, contemplando-o à guisa de anúncio daquelas coisas que ficaram no recesso; então, a face ora externa algo de indistinto, mas que está evidentemente à distância, ora defere ao nosso observatório o aspecto que, a despeito de situar-se além, sabemos ser o aspecto já sabido, já identificado no caderno de rememorações. Acolhemos o semblante que nos bate à porta, e sendo o primeiro contato, toda a sua aparência é motivo para conjecturas, tão cheio de sugestões a persuadir-nos em maior ou menor grau; enquanto se entornam os convencionais dizeres e se inicia o propósito da visitação, os vários elementos do anúncio disputam em nós o privilégio da apreensão do bastidor, um tanto impreciso mas abordável nos contornos e a despeito de localizar-se à distância. Concomitantemente à semidescoberta, advém-nos o interesse de ir aos afastados ambientes, com o fito de cientificarmo-nos se a homologação resulta satisfatória; ou se teremos de aguardar, através de novo encontro com o difícil intérprete, o índice de relações que o articula ao meio por nós adotado como o próprio à vista de tantas insinuações; se porventura, ao penetrarmos no desconhecido aposento, verificamos a inópia com que arbitrariamente o reconstituímos, ao mesmo tempo ele nos demonstra o explícito de quanto se deixa devassar, que o painel retificado apenas o fora nas minúcias, que o perímetro devaneado não contraria o que experimentalmente verificamos; convicções outras nos esclarecem que, se demorássemos na averiguação, sem dúvida várias das minudências se teriam aberto ao prognóstico, senão mesmo todo o quadro onde reside o visitado corpo. A qualidade e a quantidade das coisas desmentem a idéia que formuláramos, entretanto, no ato de vê-las, e sem embargo de sentirmos o insucesso da adivinhação, sentimos também que a eventualidade do acerto poderia ter-se efetivado porquanto nenhum fragmento, que ali repousa, é estranho ao nosso repertório, todos eles se ajustam às características do larário. Quanto aos intérpretes de custosa perscrutação, os que somente depois de mais de um contato nos entregam as conexões entre eles e os recintos que ocupam, atribuímos a procrastinação

do acerto ao fato de ignorarmos a índole intimista, de não constarem de nosso arquivo uns fragmentos informadores do retábulo em comprovação, se bem que descortinemos aqui e ali algumas ratificações atinentes a parcialidades que são comuns a todas as figuras, como os vestígios da poltrona na veste amarrotada ou os sinais do ofício nas mãos; ninguém se liberta de nossa personalidade quando nele perseguimos os elementos postos à distância, acontecimentos e vultos da casa, que o não seguiram ao endereço de nossa habitação; mas os assimilamos na presença do portador que desconhece a missão de nossos olhos, qual seja a de verem ampliada a outorga do visitante que nos traz consigo os complementos de seu próprio ser. Ao entrar em nosso albergue, o recém-chegado retira do bolso o cartão que representa o dístico de sua respectiva personalidade, e à medida que o lemos, acredita ele que o nome por si só designa o bastante para mantermo-lo na desejada saliência; no entanto, o que se inocula, através de nossa vista, são as letras desse nome, possivelmente confeccionado na tipografia que figura em nosso repertório e onde se nos depara, sempre que por ali transitamos, o rosto de alguém mergulhado entre papéis; enquanto assim nos imergimos em coisas de alhures, as palavras do hóspede nos despertam à consideração de sua efígie; porém, de envolta com elas, eis que descobrimos os anéis reveladores do estado civil, os quais, acrescidos da gravata negra e do fumo à lapela, nos informam da viuvez recente e do retábulo na certa sucedido com ele na loja de aparatos fúnebres, a ministrar as dimensões da encomenda, no instante em que, no interior da oficina, o carpinteiro apresta a que lhe foi determinada antes. Surpreendemo-nos a meditar um episódio que se nos gravou para nunca mais esquecermos, e a recapitulação de agora, sobre nos reeditar a primitiva tristeza, pôs-nos em comunhão com a fisionomia do fúnebre interlocutor, conferindo-lhe um valor cênico mais ponderável que o geralmente dirigido às pessoas de breve confronto; de resto, elas portam comunicações pertinentes aos locais onde moram, às atividades que exercem, dispensando-nos, por serem tão diáfanas nos dizeres, de ir, com intuito de descoberta, aos respectivos lares e aos ambientes de profissão. O visitador munido de cartão se alegra ante a liberalidade de nossas atitudes, verifica enternecimentos que era longe de supor em quem só nessa ocasião o conhecia, assim mesmo de forma tão superficial, mas lhe permitindo a fluência e a sinceridade da confissão ao maior grau que o pretendido ao nos bater à porta, sem contarmos com o ardor de seus gestos no momento da despedida, tudo menos pelo que prometêramos em favor da postulação que pela fraternidade nascida – segundo nós – da transcendente curiosidade, a de apreender, com o visitante, o cortejo de suas companhias.

3 – No exercício dos estratagemas, quando a inverdade colabora na defesa da pessoa em mágoa, contrista-nos o testemunho de vê-la no engano, a despeito de a mentira ser melhor aos seus senti-

mentos que a exatidão inoportuna; tomamos o propósito de impedir que algum acidente desfaça o plano dos subterfúgios, movemo-nos ao recém-chegado que, em desaviso no tocante ao nosso hóspede, cometerá talvez a imprudência de aludir ao assunto da desolação; se não podemos adverti-lo da intempestividade, derivamos a palestra para um tema bem distante do proibido pela nossa sensibilidade, retardando no primeiro a cónvergência das atenções, infletindo-o a transformar-se em outro se o esgotamos por inteiro, assim procedendo sob o cuidado de sermos cada vez mais longe do teor da desventura; em geral, obtemos êxito na prática dos ardis, a tal ponto que nem a argúcia do recém-chegado se apercebe da conjuntura em que se envolve, despedindo-se depois como se não se disciplinara ao nosso intuito, e ainda evitamos que no momento do adeus saiam os dois sem a salvaguarda de certas prevenções; lá fora poderá ele, o desventurado, descobrir a plenitude das coisas que ocultamos, alguém, ou despido de comiseração, ou de maneira fortuita, lhas discernirá para dano de sua convalescença; todavia não se ativará, por nossa culpa, a dor que se lhe estende, conservando-se incólume, dentro do nosso belvedere, a cena do hóspede com a melancolia suavizada e, em conseqüência, solícito a cooperar conosco nos planos de fuga que arquitetávamos para dirimir a sua consternação; com que descontentamento ouvimos dele mesmo ou de alguém à margem, a comunicação de que enfim soubera do segredo, fora de nosso miradouro, e portanto à revelia de nós, tudo impelindo-nos a esclarecer a tais indiscretos ou aos irresponsáveis agentes da revelação, que as palestras, mesmo as de simples rotina, demandam o cuidado de se escolherem os assuntos e a cautela de aterem-se preferencialmente aos motivos que a personagem em preservação introduz por espontânea diligência. Impossibilitado de ir ao encontro da inconveniente efígie, mesmo porque sucede não ser culpável o autor da denúncia, deploramos a contingência de ficarmos sem acesso aos episódios à distância, de sermos inútil para testemunhar como se processam os entrechos que se dão em nossa ausência; mas, a fim de não perdermos os respectivos retábulos, cumpre-nos deferir às ressonâncias, que nos advêm, o mister de reeditar, em nossa imaginação, os acontecimentos que não presenciamos; para tudo, emitimos a espreita ao contato de todos os depoimentos, em esforço que fatiga às vezes, porém necessário a, depois do inquérito, quando se sedimentam os informes que são comuns às várias declarações, incluirmos no caderno, que dedicamos às verdadeiras ocorrências, o fato que se verificou por motivo de nossa separação do local da peça. Se tivéssemos comparecido a ele e o impulso de empecer o dano fosse menor que a impiedade ou a boa fé nociva, certamente a página a lhe corresponder em nosso repertório, apesar do sofrimento com que haveríamos de subscrevê-la, sem dúvida a vera autenticidade manifestaria, tal como as coisas que se situam em nossa externa visibilidade. Na transposição dos acontecimentos ao nosso álbum, quer os havidos, quer os imaginados, exercitamos, em nós, a disponibilidade de as coisas terem existido e serem existentes em virtude de nosso existir. Sob esta imanente condição, elas não propõem buscas em torno apenas do incontrastável, e atestam que também se subordinam à nossa existência as notícias errôneas, os anúncios contraditórios, as verdades incompletas, que por sua vez ocupam, nos devidos lugares, as folhas que lhes destinamos, além das que se constituem de impressões diretas, tudo à maneira de panorama de imensa profundidade, em cujo horizonte se confundem, se alteram e nos impossibilitam de identificar, por efeito da longínqua distância, as faces que se incorporam ao fundo da perspectiva e que assim mesmo, vagas e inconsistentes, se integram no ser graças ao nosso existir. Muitas vezes auscultamos do domicílio as tessituras que se enlaçam fora dele, e os elementos que possuímos, quer por ilação, quer pelo ouvir contar, indigitam-nos que tais coisas se operam independentemente de nossa elaboração, mas que é suficiente, emitindo-se até nós, uma palavra ou um gesto definidor ou insinuador, para afetarmos, segundo o nosso estojo, a trama em via de ultimar-se conforme as disposições que os intérpretes costumam estabelecer por si ou a contento das circunstâncias. Dimana de nós que se encadeem os painéis consoante pretendem os respectivos atores ou como desenha a colaboração do acaso, sem insurgirmo-nos contra os aspectos que nos venham a constranger, ficando, como à revelia de nós, os sucessos que, de acordo com a ordem fisionômica, têm a sua existência subordinada à nossa existência; no curso das páginas que registram esses eventos, descortinamos o interesse com que vemos muitos episódios, que nelas se sobressaem exatamente por se haverem inscrito com fidelidade de contornos, e tão-só graças a informações e previsões: páginas que nos deleitam porquanto, no aproveitamento dos indícios e da visão profética, está uma forma de homologarmos o que se aliena de nosso arbítrio, reside uma intimidade de ser entre nós e as conjunturas que não testemunhamos. Elas nos chegam por figuras interpostas, cada qual se investindo de virtualidade, trazendo-a consigo desde o estrado das representações até a porta do aposento que, aberta, nos exibe o que se passou lá fora; e os minutos que seguem às revelações verbais e faciais, dedicamos ao fomento da imaginativa, a exemplo do planejador a conferir, com o projeto, os dados da execução meticulosamente vindos ao seu conhecimento; se porventura descobre que algo se fizera diferentemente de sua determinação, porém de efeito inofensivo ao conjunto do traçado, ele prefere manter a emenda inócua, havendo ainda o caso de agradecer ao autor da insubmissão a novidade que lhe não acudira e que melhora, sem entretanto adulterar, as linhas mestras e personificadoras de sua obra.

Capítulo 10

1 – *A prática da virtualização.* 2 – *O nosso vulto em outrem.* 3 – *A presença contagiada.* 4 – *Cada rosto conduz o seu cortejo.* 5 – *A inconsciência das participações.* 6 – *A disponibilidade.*

1 – Nós, pelo prestígio da visão, temos a cada passo, defronte, a perspectiva que, a rigor, jamais nos é estranha, antes se afigura o complemento que perfaz a substância de nosso ser enquanto claridade em que se confina todo o repertório; em outras palavras, todas as coisas existiram e existem porque as recolheu e recolhe o nosso belvedere; quando apreendemos na perspectiva as ausências que se prolongam nela, uma sensação de posse, que é total e afirmativa de nosso ser – continente único do universo, cujos pormenores incidem na existência mercê de nossa estada receptadora – assegura-nos a certeza de que somos, além de efígie que se justapõe a outras, o demiurgo que, sem concorrência de quem quer que nos ladeie, não se separa nunca dos objetos próximos e distantes; estes, aparecidos pelo fato de sermos, perseveram conosco e nos proporcionam, à vista de figura qualquer, as suas presenças em termos de virtualização. Como certos organismos que se reproduzem por cissiparidade, a grande obra uma vez surgida porque somos, regressa até nós do fundo de seus espaços, reduzida, para esse efeito de contemplação, a fragmento de rosto ou a painel que se desenrola. Soltas longe de nós, libertas de nossa vontade, as efígies que não se inscreveram na ata das revelações, que se descuidam de nossa vigília, volvem entretanto ao larário de nossa própria existência – se bem que, em última instância, nunca saíram

desse recesso – sob a forma de imagem que no momento testemunha e recebe a inflexão de nosso miradouro; vemos nela a perspectiva outorgante que se entorna de si para si mesma, ao vir, em parcela virtualizada, ao seio de nossa contemplação. No domínio da ótica, se perdemos a conexão direta com os vultos que se desgarram, que se disseminam, lucramos a envolvência da virtualidade, a valorização maior das coisas, ainda pequenas e insignificantes, que embora se não tenham afastado de seu nicho e portanto usuais à nossa lupa, se revestem agora da acepção de visitadores que nos acenam, nos seus gestos, a face que não veio com o nome, porém que se hospeda em nosso recinto, em virtude dessa outorga: não são mais os semblantes que até há pouco se mantinham mudos em imobilidade ou em ações corriqueiras. A história do cotidiano se recheia ao ritmo de desaparecimentos, que registramos no caderno da memória; mas, ciente de que tais abandonos se resolvem com os vultos que permanecem à nossa frente, consideramos a sala, em que estes se localizam como o repositório de atendimentos, cada um prestes a nos devolver, se lhe pedimos com os olhos, a entidade que, longinquamente, nem sequer imagina que está conosco sob o mesmo teto. Quantas vezes o recém-chegado nos habilita a descortinar em seu corpo o território de onde proveio, mas, em seguida às saudações, eis que a figura a sentar-se, na insciência da idéia que se excita dentro de nós, malbarata a ocasião de ser útil ao nosso pensamento, indo a interromper o conteúdo de nossa contemplação, promovendo em seu lugar o recreio de motivos e gestos completamente estranhos ao nosso alvo; se perturbações de tal gênero não interferem a fundo em nossa alma receptadora, a satisfação que emitimos nos olhos e nas palavras, manifesta-se mais intensiva do que a porventura exposta em face de uma presença estanque, de efígie que, malgrado extremamente benévola conosco, nem por um minuto ao menos nos permite debuxar em seu semblante a outorga de que se fizera portadora. Quando vemos uma forma qualquer, ao nosso miradouro podem dirigir-se, por associações da memória, várias figuras que no instante não nos tocariam sem o fato dessa presença estimuladora; a qual se revela ainda mais pródiga em virtualização se o local de onde procede é a fonte de nossos devaneios, ou de determinada tessitura, de cujos elos regresssamos ainda providos de tristeza ou de contentamento; ao contato da delegação do afeto, ampliamos o entrecho do conciliábulo entre o nosso vulto e o que nos entrega as credenciais de antiga afeição, e à medida que este fala e gesticula, o painel, remoto, onde ele esteve ou que se vincula à sua individualidade, vem a se ter no recinto em que nos situamos, e aí concorre vantajosamente à lupa de nossa contemplação, sem que, para o exercício do retábulo acessório, porém o único a nos interessar, desviemos o belvedere da pessoa que diante de nós se exibe. No transcurso da conversação, o episódio alhures e sobrevindo com o visitante, demonstra a fragilidade da contextura e do ritmo, assim que algum acento mais penetrante da voz, ou atitude animada do corpo, nos retira do teor da virtualidade para o semblante que o trouxera e que possui um nome: o de A. . ., por exemplo, que certa noite, sem desconfiar de quanto nos favorecia com esplêndida outorga, se esmerou em prejudicá-la, com pretextos não condizentes com a natureza do trazido painel; não podíamos, em atenção ao precioso hóspede, evitar que eles interrompessem a visita de outro mais importante e que se acompanhara dele: a cena de comovida fraternidade e que ora, tal como se dera antigamente, nos umedecia o olhar; sentimos que o interlocutor se pusera a estranhar a comoção, desde que não atinava com o motivo do umedecimento, nenhum gesto, nenhuma expressão o acusava de fomentador daquela ternura, e o seu próprio comparecimento a nosso domicílio devera ser a causa de expansões alegres; a fim de que não interpretasse a doce emoção em desfavor de sua presença, coonestamos a melancolia dos olhos com alusões à escassa luz no branco do papel com que nos distraíamos por ocasião de sua chegada; na rivalidade entre o seu rosto e o painel que ele transportara, nada lhe transmitiria a certeza, aliás autêntica, de que o seu nome nos merecia pelo desempenho que tivera outrora, e não pela modalidade de que no momento se imbuía, diversa do precedente retábulo. Todavia, relendo a página dessa noite, encontramos que após despedir-se a figura de A. . ., adveio à porta o vulto de B. S. . ., como aquele, sobrevivente do mesmo episódio; e então restauramos, em nós, o painel que o anterior visitante consigo levara pelas ruas, não existindo ninguém que, ao vê-lo passar, dissesse das coisas que conduzia; agora, em calma reconstituição, repetimos o delicado processo de sermos, a um tempo, o anfitrião zeloso da personagem em albergue, e a lente a recolher, intata nos contornos, a trama que, em geral, os próprios intérpretes esgarçam involuntariamente.

2 – B. S. . . estava sem a roupa de outrora, mas nem por isso o retábulo, a despeito do novo aspecto do remanescente, se privava de nos oferecer os valores de unidade afetiva, à similitude da obra de arte que, não mais existindo o autor que nos venha a esclarecer o seu propósito, e localizada em recinto que não fora o que preferira ele, se expõe integral, concludente, e reveladora de quanto encerra, tudo a prevalecer a expensas de seus próprios meios; no exemplar artístico se contêm todas as insinuações e limitações para a vista do espectador, igualmente, na consideração do quadro que nos restituíra o segundo visitante, o exercício de rememorar de modo algum se diminuía pela desviadora referência que porventura ocasionasse o rosto de B. S. . ., cujo mister se comparava ao do mensageiro que ignora as comunicações que conduz, mas é no entanto esperado sofregamente ou impele ao seu encontro o destinatário logo ao vê-lo assomar à porta. Na legenda do cotidiano, cada figura exerce a posição do mensageiro, apenas ela não presume, nem tampouco imagina, que simples perambulação nas ruas possa promover, em alguém que a vira em trânsito, o advento de episódio que não se lhe reexibiria sem a fortuidade desse passeante a quem, ao voltar à casa, não ocorre a conjectura de que fomentador se fizera a alguma ótica. Em confronto com os entrechos

da memória, consignados em caderno que assegura a permanência dos teores e das personagens, sentimos facilitada a empresa de acompanharmos hoje, atendendo às direções mentais que formulamos nos dias dos aparecimentos, os ritmos e as acepções com que se deram pela primeira vez, em nós. Bem raros são aqueles que firmam em nótulas os acontecimentos de seu testemunho, durante os quais as impressões do observador coincidem com as dos próprios participantes; são inexistentes os que se preocupariam em inscrever as cenas das situações em ato, os episódios que mais se conformariam com o nosso miradouro único; às confrontações da rua, segue-se a melancolia de não sabermos de intentada reconstituição, à margem de nós, de espontâneos cometimentos, de nonadas do devaneio que inspiramos ao nos verem passar: associações íntimas dos espectadores, que redundam no humano predicamento de vincularmo-nos a esses desconhecidos recessos, como a efígie do mensageiro se articula às emoções do destinatário, aos entrechos que se formam no espírito de quem recebe a carta e nem mais sequer divisa o portador que continua adiante a integrar-se, desse modo, em outros entrelaçamentos; o qual, em seguida à afanosa tarefa, e ao meditar sobre a incumbência que acaba de impender, não inclui no retrospecto as ligações que estabeleceu entre o seu rosto e cada um dos aquinhoados. Quando, no decorrer de aluma palestra, o interlocutor nos insinua que em determinada hora lhe trouxemos à recordação ou à imaginativa um retábulo qualquer, a curiosidade nos incita à indagação de como haveria sido o episódio, ressalvando-lhe o eventual receio de narrar, ao dezermos que seremos discreto e que nenhuma coisa nos magoaria se entrementes a conexão viesse em desfavor de nossa vaidade; o que mais importa é conhecermos a tessitura em que nos envolvemos ou a idealização que o nosso corpo sugeriu; principalmente quanto a essa idealização que conferiríamos com a do autodiscernimento, com a idéia de que a modalidade, intuída pelo nosso próprio vulto, seria a mesma ao longo dos espetáculos em que nos oferecemos, papel que, apesar de nós, uniformizaria as impressões de todos que nos descortinassem. A experiência de tais acareações não tem correspondido ao nosso desejo, em virtude de, em certas tentativas, fabular o interlocutor em detrimento do verdadeiro painel, sendo fácil à nossa perscrutação medir, em seu processo de falar, as derivações inoportunas que deixam em branco a folha que reserváramos para o pretendido depoimento; por fim, resignamo-nos a ser na ignorância de como operam os miradouros que nos descobrem a desempenhar motivos e papéis, inerentes ou não à condição gesticuladora e aparencial de nossa fisionomia; desconhecimento que, se por um lado franqueia a desenvoltura com que batemos em tantas portas, por outro nos impede de melhor prepararmo-nos a futuras visitações, de forma que o hospedeiro nos acolha ao mesmo tempo que fusiona a esse painel das boas vindas outro episódio de que participamos, com ou sem responsabilidade, mas o suficiente para arquivarmo-nos na pessoa que nos alberga. A demorada convivência com S. . . nos permitiu que ele confessasse o teor de suas impressões à época em que não nos freqüentávamos, ao ano em que as nossas relações nem ao menos prometiam o subseqüente afeto: muito nos iriam importar as explicativas, todas elas no tocante à qualidade de nosso desempenho a seus olhos, que espécie de ator surgíamos perante eles nas manhãs em que, ao dirigirmo-nos ao trabalho, o pontual belvedere incidia em nosso rosto, sem saudá-lo, e portanto isento de estímulo ao prazer; mas, a feição com que ambos nos víamos, deixava-nos liberto de asperezas que por acaso o induzissem a nos antipatizar; os elementos do diário episódio, na parte que se prendia às nossas fomentações, eram de natureza a garantir a neutralidade de seus percebimentos; a atmosfera da perscrutação ao nosso corpo imbuía-se portanto de todos os requisitos para a posterior e clara obtenção da maneira como figurávamos à sua ótica; as suposições no entanto se revogavam por insuficiência de nossa espreita: tal se verificou em face da resposta de S. . . ao questionário em agenda, a qual nos persuadiu de que o nosso conspecto em seu miradouro não surdira simultaneamente ao seu vulto em nosso repertório: precedera de muitas semanas, ao vislumbrar, de entre as frestas carcomidas, o nosso rosto que à mesma hora consentia em ver-se, entretanto sem cientificar-se da lente espionadora; a despeito de sentirmo-nos contrariado pela revelação de que fôramos visível sem a audiência de nossa vigilância, conseguíramos dessa forma uma neutralidade de nosso ser diante da lupa que nos descortinava; neutralidade bastante a predispor, da parte de S. . ., alguma resposta de todo isenta quanto à maneira como lhe aparecíamos, pois que não tivéramos ocasião de esboçar nenhuma atitude consciente, inclusive a de não estarmos em atitude, por desconhecermos que um miradouro nos estendia a sua atalaia; contudo, a disponibilidade de nosso rosto não se fizera caroável aos olhos de S. . ., pelo menos segundo nos parecera, usando ele, para isso, de vulgarizada anedota, qual fosse a de regular o cronômetro pela pontualidade de nosso comparecimento em seu belvedere; nas investigações, que procedemos, acerca do juízo de outrem sobre nós, não prescindimos dos recursos que são estranhos à facialidade, acontecendo que das explicações obtidas poucas se formulam sinceramente; escarmentado pela frustração de tentativas, desta vez sondamos o ator ainda alerta quanto ao antigo desempenho; a sua efígie, em oposição à frase que dissera, deixou transparecer o esquecimento em que estava sobre a natureza de possível impressão ao ver, do esconderijo, o nosso vulto que passava.

3 — Há uma analogia entre as coisas pelo fato de preencherem o mesmo continente, similitude imponderável que entretanto nos afeta a receptiva, nos incute o princípio de que os figurantes, uma vez unidos, aos nossos olhos, não se despegariam dessa unidade sem manterem, em seus aspectos, o resíduo da anterior aproximação; tal ocorre no momento em que, à vista de novo retábulo, e preliminarmente à tomada de seu conteúdo e do ritmo dos intérpretes, absorvemos, ao distingui-la, a figura que compartilhara do anterior elenco; ela nos

devolve o ar em que se compusera juntamente com outras, à maneira do espetáculo em que o isolamento de vultos após a exibição do quadro inteiro, não consegue retirar de cada um deles o índice de participação que contraíra no conclave dos componentes; menos pela posição dos gestos que, seccionados, induzem à intuição de que a sua justificativa repousa além, do que pela circunstância de havermo-los observado precedentemente, de tal forma o ato de ver, que recai em inúmeras ocasiões sobre o mesmo objeto, deixa-o impregnado de desempenhos que ele próprio talvez nem se lembre mais; constitui-se cada membro de nosso repertório o marco das respectivas atuações, nunca a se demonstrar incólume de motivos que exercera e que fixamos em seu devido tempo. A consideração da personagem como permanentemente inserida em autos que se inscreveram no arquivo de nótulas, altera a pureza de interpretação com que pensa registrar-se em nós essa mesma personagem; sucedendo, ainda, que a autenticidade do inédito nem sempre se expõe total, isso porque a novidade de um rosto vem a contagiar-se de equivalências, de conexões que perturbam a originalidade do desempenho; como as diárias contingências nos inclinam a assembléias cujos figurantes já se estabeleceram em nós, a presença de nosso vulto se emprega, com regularidadde progressiva, na contemplação a que aderem antigos retábulos; no retorno a tais episódios, de mistura com a cena da atualidade, reforça-se o fio unificador de nosso belvedere que, de ordinário, incide em múltiplos cometimentos, no esparso dos painéis que no entanto se resolve imaginativamente, através da aglutinante perspectiva. Durante o desenrolar do consistório, a nossa vista passeia ao longo dos comparecentes: uma escolha interna recai no ator já inserto em nosso álbum, na cena dantes acontecida, que, sobrevindo de distante recesso, prevalece na posse atual, em juntura com a efígie que, acomodada no presente recanto, não crê que lhe paira um sucesso de outrora, o amálgama trazido por efeito da comunidade de os dois aspectos haverem sido em nosso olhar; na sessão posterior, a ata das ocorrências não consigna o prospecto do entrecho que, em nós, se vinculou ao local das reuniões, mas tão-somente o que dissera o vulto em causa, o seu nome e nunca o entrecho por várias razões superior ao de agora; todavia, ao regressarmos ao aposento, confeccionamos uma ata mais verdadeira que a redigida por outrem, nela transcrevemos o episódio omisso à perscrutação dos congregados, fixando, para nossa memória, além do real confronto, a significação do vulto enquanto pretexto ao espetáculo maior, se bem que já vivido. Na disputa pelo relevo em nossa recepção, entre o rosto que acena a atualidade, e o mesmo semblante que descerra o passado acontecimento, costuma triunfar, em prejuízo da atenção que devemos ao alvo do miradouro, como sendo o mais condizente com o estojo que somos nós — tal o poder do pretérito retábulo — o segundo rosto na qualidade de imaginária interna, a sua efígie despegada de tudo quanto almeja, na hora, proferir e ocasionar. À medida que assentamos o olhar no painel onde se situa o conhecido ator, inocula-se em nós a confortável impressão de que a assembléia, a princípio a nos deixar receoso, não transcende à nossa faculdade de assimilação, precisamente por lá existir alguém que presenciáramos antes, e que de logo nos vem a amenizar a timidez, permitindo-nos um aumento à desenvoltura com que entrelaçamos, ao entrecho do conclave, o outro que surgiu com o mencionado intérprete. Num dos intervalos em que a discussão se atenua e se fragmenta nos ângulos do recinto, encaminhamo-nos para o grupo onde palestra o rosto familiar, e para maior sossego de nosso desempenho em face das outras figuras, e aproveitando uma síncope na conversa, atraímo-lo à puridade com o propósito de atermo-nos ambos no assunto de que participáramos outrora; o que significa mais um alento à presteza da sociabilidade que se demora em abrir-se ao espontâneo, e traduz a forma de termos, para o advento do antigo painel, a atuante cumplicidade do próprio ator que no-lo transmitiu; reportamo-nos imediatamente ao fato que ele virtualiza, oferecemos todas as sugestões à sua memória, chegamos, inclusive, a narrar o acontecimento e a desenvolver a interpretação que lhe coube: lembranças que o comparsa, no misto de condescendência e de pressa, se digna de atender sem entretanto esboçar um leve contentamento, reservando o interesse para os vultos que ali compõem a presença de agora; não havendo em seu ânimo a solidariedade para conosco no sentido de reestabelecer a valorização do passado episódio, parecendo que morrera em seu espírito o poder de triagem que, em muitas ocasiões, nos transfere do consistório que reputamos corriqueiro, em benefício da cena que a meditação nos reconstitui. Com efeito, o motivo que excitava os circunstantes, não nos exibia nada que viesse a empecer o superior aparecimento, com o acréscimo de que o painel por ele havido há vários meses, e que ressuscitava apenas em nossa recordação, se construíra à base de seu vulto, fora este o principal ator e cremos ainda que em todo o seu repertório nenhum entrecho se verificara que o erguesse tanto; ao passo que, no evento da assembléia, o seu rosto se perdia entre os demais, era unicamente o coadjuvante de um painel sem relevos, a fração de coro onde qualquer semblante o substituiria. A sofreguidão de nos deixar recebeu a forma de, cortando a fluência de nossa tentativa, firmar conosco a conversação sobre o teor que dominava o ambiente, a invocar o nosso juízo acerca do assunto em confabulação; em virtude de assentirmos quanto à inutilidade de nosso desejo, e atendendo ao irremediável descuido com que ele via o retábulo da lembrança, conduzimo-lo a um dos núcleos em atividade, ao qual se juntou sem sequer perceber o nosso retraimento em direção à porta, nem o gesto de adeus que lhe acenamos.

4 – Houve um dia em que tivemos a ventura de rever, em nós, graças aos encontros sucessivos com personagens de velha cena, o painel que desse modo se expunha como a obra espargida em fragmentos nas folhas do álbum, e que faculta ao manuseador melhor deter-se em aspectos que se não evidenciariam tão bem se olhados

em conjunto; assim sendo, o episódio que testemunháramos e que se diluiu, sobejando apenas os contornos, tal como pudemos observar no caderno das anotações, além de nos proporcionar o regresso da significação, propiciava-nos a ocasião de recolher, de cada um dos remanescentes intérpretes, a parte de que se incumbira na representação de outrora. Preliminarmente ao estudo de cada qual, dentro das normas que regeram as suas participações na peça, verificamos, no decurso da seqüência, à medida que se patenteavam ao nosso miradouro, que as conhecidas faces tinham em comum qualquer coisa que não traduzimos de logo; mas que se revelou em seguida como conseqüência do fato de haverem, em tessitura da casualidade, comparecido simultaneamente à recepção que lhes dera a nossa ótica: essa qualquer coisa era o ar de antiga cena que sobrevive a ela enquanto perdura o rosto que, ao desempenhar o papel, se reincorpora, em nós, ao total entrecho. Ampliando essa contingência a todas as faces, mesmo àquelas que nos surgem pela primeira vez, afirmaremos, de um vulto a transitar, que ele se acompanha de painéis que não autenticamos, mas que existem outras lupas suscetíveis de descortinar, ante a sua presença, o teor invisível às demais, porém, de natural acesso a elas, as detentoras das primeiras edições. A certeza de que a desconhecida figura há de restituir a outrem, e não ao nosso olhar, o entrecho inerente ao seu aspecto, habilita-nos a deplorar as limitações de nossa lente: pesarosa convicção que atinge os próprios seres nos quais vislumbramos cenas já registradas em nótulas, porquanto a nossa vigília, por mais tarefas que exerça, nunca se apossa diretamente de todos os retábulos de uma pessoa; quando o vulto em apreço é alguém de nosso afeto, procuramos obter os nomes de possíveis depositários, e sempre que a ocasião nos permite, indagamos de alguns sobre a modalidade dos desempenhos, maneira frágil de nos suprir as lacunas do belvedere, de vez que além das omissões, eles costumam gravar os acontecimentos sem o amor bastante com que os modela o nosso presuroso olhar. Por isso nos movemos à consideração de que a efígie amada, quando entregue a perscrutações alhures, está exposta a perigos de certo inobstáveis por outrem que não o contra-regra implícito em nossas intervenções; o qual, atento aos desvios em que o ator, voluntária ou involuntariamente, possa incorrer em dano de nossa sensibilidade, desce do observatório e transmuta o mal, que apenas se delineia, numa interferência que, quando sutil, escapa ao próprio intérprete; se acaso vem a percebê-la, não raro obedece à nossa orientação com uma luz nos olhos que representa a comovedora feição de nos ser agradecido. No aposento, à medida que consultamos o álbum, a leitura se interrompe a fim de que imaginemos o local onde agora, às escondidas de nosso miradouro, se situa a efígie de devotados encarecimentos, a situação em que está ela a expandir-se com o seu corpo, que se inculca de qualidade contingente, pondo assim à disposição de diferentes lupas, todas elas estranhas ao teor que somente nós possuímos, as réstias daquele entrecho que tanto nos agradara e que de modo algum podemos transmitir aos atuais contempladores que as vêem sem no entanto se persuadirem do retábulo de onde procedem; habitualmente, a despeito de sondagens nunca de todo satisfatórias, compulsamos, nas figuras que transitam à janela, as virtualidades de que são portadoras; no mister, com que preenchemos a meio os vãos da curiosidade, valemo-nos tão-só das constantes de vida que a todas abrangem, temas da generalidade que aproximam umas às outras e nos dão, embora rarefeito, o ar de similitude, de analogia, que têm os atores que se incorporaram a um mesmo papel, apesar do tempo e das roupas destoantes. No dia em que nos deparamos com a série de vultos outrora incluídos em determinada ocorrência, foi, como que, um desfile igual àqueles que se comemoram com o fito de reconstituição em certas efemérides, com a presença, no recinto que não é o mesmo da conjuntura histórica, dos respectivos intérpretes já regressados aos próprios ambientes; perante o nosso belvedere, não tínhamos o local que fora o do antigo episódio, traduzimos a exposição do elenco em termos de um favor do acaso, promovido em alheamento ao nosso desejo que na hora se estendia para bem longe; contudo, as surpresas desse gênero não são suficientemente fortes a nos impedir a utilização de seus contextos, de tal forma existem, despertáveis ao menor aceno, as telas que dormem os leves sonos no interior de nosso álbum. Passaram as efígies em frente de nosso miradouro, e pareciam recém-chegadas do velho cometimento, como atores que divisamos à saída do espetáculo, e cujas alterações, oriundas dos bastidores e dos camarins, não bastam a demover dos rostos a impressão de inerência à mesma peça que acaba de exibir-se.

5 – No cortejo das personagens que, em ordem sucessiva, nos mantiveram a plenitude de anterior episódio, a visão de nossa lupa, em seguida ao reconhecimento dos atores e à retomada do painel com que nos obsequiaram dantes, recolheu-se todavia melancólica, ao verificar que os mesmos intérpretes, zelosamente guardados no depósito da lembrança, nem ao menos, em breve mas expressivo relance do olhar, denotaram haver incluído em seus repertórios a existência de nosso rosto; contudo, veio a amenizar-se a tristeza com que nos vimos em obscurecimento, logo ao recordarmo-nos de que no velho episódio os tais protagonistas o foram em situação em ato do mero anônimo, por conseguinte, não havia porque angustiarmo-nos com a indiferença das figuras em relação a nós; apenas concluímos de nosso abatimento, que ele proviera de íntimo apego ao mundo das ocorrências óticas: a de desejarmos que os fios, entre o nosso belvedere e os semblantes que representam diante dele, se encurtem em rememorações recíprocas e que certamente nos dariam margem a prazeres, como o obtido pelo espectador que, tendo presenciado a peça, ao encontrar depois algum dos participantes do elenco, recebe deste a confissão de que o vira enquanto estivera no tablado. À proporção que, sob a indiferença dos intérpretes quanto ao nosso miradouro, nos expúnhamos ao capítulo das mágoas, acrescíamos, às anteriores, a de os utilizarmos à revelia deles; mágoa que é tanto mais legítima

quanto o assunto, que promovemos com seus aspectos e suas mobilidades, se implica, em muitas ocasiões, em eventos desairosos, e não raro, se no dia ulterior palestramos com eles, a nossa polidez da atitude se esmera, mercê do arrependimento; seria de mais efeito na atenuação do remorso, se o rosto, que, em nós, se ofendera com a insólita interpretação, a sentisse de alguma maneira e nos dissesse da impiedade que nos induzia a não remover os olhos de sua presença, mas nada consta de nosso caderno sobre a perspicácia dos atores à vista do insistente olhar; apenas, em bagatelas do convívio, quando, na posse de pretextos inocuamente apresentáveis, e fornecendo deixas que, sem equívocos, suprimem nos intérpretes a timidez das adivinhações, traduzimos de suas palavras o texto de nossas conjecturas, e só então nos vemos em reflexo e sem dano para nenhum de nós. É bem verdade que às vezes enxergamos na fisionomia do interlocutor, inclusive nas reticências da voz, a suspeita de algo indefinido, mas que não abrange o teor que paira hermético dentro de nós; mas tão simples acidente resulta bastante a nos informar que a fatura não se fez cautelosa, que ainda existem lapsos nas ações de nosso miradouro, urgindo portanto que nos manifestemos sem possibilidade de ferir, mesmo que a lesão propiciada se resuma a ligeira desconfiança. Os depoimentos que extraímos de semblantes acerca de determinado painel costumam divergir, quando não vêm a contradizer-se, apesar de coincidirem a objetividade do tema e o ângulo que eles próprios ocuparam; tanto assim que, solicitado à acareação e em presença do rótulo que denomina o fato, nenhum dos figurantes se recusa a comparecer, por tratar-se indiscutivelmente de sua pessoa; no entanto, se se cuida de algum episódio de que não se aperceberam os respectivos atores, por mais persuasivos que sejam o anúncio do acontecimento e as provas de que eles, os intérpretes convocados, concederam os seus vultos à execução do entrecho, os mesmos nos sonegam o testemunho de suas palavras, abandonando-nos, por conseqüência, aos sós registros que estão nas folhas de nosso repositório. Na certeza de que as invocações não ressoariam na memória dos que se puseram em frente de nossos olhos, evitamos dirigirmo-nos ao grupo de conhecidas personagens que, a modo da estampa inteiriça que é posta, no álbum, depois das estampas dos respectivos fragmentos, se estabeleceram em sinédrio à distância do nosso miradouro; neste momento, a propósito de auscultações no seio dos atores, recordamo-nos do indivíduo que ladeia o homem ilustre e, à primeira oportunidade, sem o intróito de uma apresentação, decide-se a entabular com ele tímida palestra sobre o encontro entre os dois ocorrido há anos; e a resposta, que se delineia no ouvinte, se perfaz de caridoso gesto pela audaciosa simplicidade, pela atitude insólita, no intento de se expor à admiração dos que o observam; resposta feita para contentar a modesta figura, e com o fito de não decepcioná-la, àquele nada custando assentir na artificialidade, por todos os títulos evidente; concluindo o importante vulto que a segunda versão é a mais favorável na receptiva dos que os cercam, resolve-se, não obstante lhe acudirem à mente o painel e a face em apreço, a fingir que realmente se recorda de tudo quanto lhe narra o ingênuo rosto, por conseguinte modelando a sua atitude ora no sentido de agradar ao interlocutor, ora em atenção aos assistentes que vêem na duplicidade mais um motivo de culto à fidalga compreensão; a cândida efígie, mantendo em crédito a sinceridade do escutante, começa o texto de seu relato sem contudo prosseguir além, porquanto algum dos vizinhos, na crença de que tais permissões, uma vez obtido o alvo do desprendimento, não devem continuar já se tendo em vista a delicadeza da abnegação, vem a interromper as frases rememoradoras, afastando do local, educadamente, o vulto sem malícia; enquanto o venerável ser, procurando compor o seu papel em presença dos demais e também do humilde intérprete, esboça um aceno para gáudio unânime de todos que o homenageiam. No dia seguinte, pelos recantos da localidade, as conversações se prendem ao homem que partira; e a personagem, que tivera a ventura de conhecê-lo antes, ao passar em frente dos grupos em palestra uníssona, vislumbra os olhares que se concentram no seu rosto; em lugar de sentir-se o comprovante daquela extrema liberalidade mais passível de encômios por haver sido piedosamente enganosa, acredita-se elevada à inédita consideração; a fim de assegurá-la de maneira duradoura, junta-se aos pequenos conciliábulos e conta os sucessos que lhe não consentiram em presença do visitante.

6 – Ao volver a lente em direção a conhecidos intérpretes, os víamos na posição de atores que, aguardando a hora de se exibirem em espetáculo, de que não sabemos o nome nem a natureza, são contudo protagonistas em véspera de representação; eles ineriam em si, conseqüentemente, uma disponibilidade de uso por parte de nosso belvedere que, tendo por hábito descobrir de logo o motivo ou o assunto a transparecer da cena, apreciava aquela expectativa sob forma estável. O recente devaneio nos estendia ressonâncias ao belvedere, pois, na qualidade de organizador de episódios, nos ocupávamos em investir o nosso vulto na feição da personagem que, mal vencendo a timidez da própria efígie, ousou falar ao ser dos grandes merecimentos; o acanho nos impediu de aceitar o papel com que a mente nos distinguia, e ao atender à recusa, melhor nos predispôs a desfrutar os semblantes desconhecedores do futuro desempenho, sem serem ainda intérpretes verdadeiramente nem tampouco se incluírem entre figuras destinadas à platéia, perfazendo-se como habitantes do território neutro às duas modalidades: a de atores e a de espectadores. Entretanto, concluímos que a pureza de disponibilidade de cada um dos semblantes, era apenas fictícia à nossa ótica, desde que se encontrava perante esta o próprio entrecho de vultos em dispensa interpretativa, um retábulo portanto, e a viver dos protagonistas no significado de à espera de ulteriores ditames; suas atitudes se resumiam à externação de gestos, à linguagem referente a coisas estranhas aos nossos próximos desígnios; tais efígies se pareciam com os intérpretes que, senhores das mesuras e palavras a serem proferidas dentro em

pouco, no intuito de não saturarem o cotidiano com tais elementos da obrigatoriedade, preferem, nos bastidores, as conversações sobre fatos do corriqueiro, acolhendo com desagrado, senão repelindo, as mais leves alusões à representação a que se ajustam; o prazer de observá-los assim, condenava-se à limitação que devíamos impor, em face do próprio tema da expectação estar a depender do painel que haveríamos de criar, com os seus semblantes, ali mesmo e do ângulo em que nos situávamos: episódio terminativo sem o qual, diluir-se-ia *a posteriori* o entrecho que tanto nos movia à curiosidade; mas a resolução do encerramento redundava difícil, dado o bom êxito com que os atores se desincumbiam do mister de serem em disponibilidade; à maneira dos figurantes que se erguem dos camarins e vão ao encalço da rampa, deixando-os vazios, ao só olhar do camareiro a quem é sonegada a visão da peça que ora se inicia, eis que se levantam de seus lugares, e sem nenhuma atenção à espreita de nosso belvedere, escapam da perspectiva em que eram expostos, fugindo ao acesso de nossa lupa e dessarte ao plano que estabelecêramos sob gratos intentos. Às vezes ouvimos, a propósito de determinada cena, que ela se externaria com real proveito se vista por outrem que não a testemunha, que devera estar presente certa pessoa que soubera valorizar o texto debalde exibido; como também sucede que o espectador, por efeito de notória permeabilidade ao entrecho em mira, lamenta que a sua delicadeza se ponha à prova do áspero painel, convindo-lhe que o espetáculo só se tivesse aberto à lupa de descuidosos ou de duros assistentes; enquanto isso, os intérpretes, conhecedores um dia da sensibilidade que a tudo auscultou, poderão incomodar-se com a simples referência ao nome deste que nunca há de separar dos protagonistas o assunto em que se envolveram. Na história de seus desempenhos, cada rosto necessita de platéia, mas não alcança, para satisfação do desejo, deferir a certos episódios os espectadores que ele estimara, e a determinados gestos a solidão de que precisam; os quais entrechos se apresentam em maior número do que o imaginado, existindo em todo repertório muitas folhas onde se guardam esses cometimentos, recônditos por natureza e que têm, no ocultarem-se, a feição própria de sua índole; todavia, sem embargo da vigilância que exerce o ator, muitas vezes a fortuidade o surpreende despido de recursos para desviar-se de indiscretos olhos; a despeito dos estratagemas que procura aplicar em benefício de sua intenção, o entrecho inoportuno e agravado por força desses ardis, há de lhe permanecer infaustamente no esconso da memória. O semblante pressuroso por assegurar-se das conveniências, que são harmonias essenciais ao viver fisionômico, entre ele e os respectivos contempladores, descobre, ao compulsar os apontamentos, que a quantidade de conciliações entre os seus desejos e as ocasionalidades tanto da surpresa como do presumível, que se deram em presença de seu rosto, é bem menor do que as havidas dissonâncias; estas se revelam, não só por meio de inesperadas provocações mas também pela insistência com que muitos dos espectadores costumam contrariar a desventurosa aspiração, quer preferindo uma espécie outra e desagradável, quer intentando, à vista de painel equivalente, ou mesmo sem nenhum motivo e oportunidade, restabelecer, agora mais cruelmente do que nunca, o retábulo de que ele só pretende a mudez e a deslembrança. Se porventura somos nós um dos protagonistas do retábulo que se deu ao miradouro de alguém, que estava longe de possuir um caderno onde inscrevesse a desenrolada cena, de imediato nos ocorre a pessoa que poderia acolher no devido merecimento o assunto em que nos expuséramos; a sugerida e sabedora lupa, mais que qualquer outra, ao nos reter assim com o sucesso de seu agrado reforçaria na memória a presença de nosso corpo; e quanto a nós, obteríamos a convicção de que, na decorrência de similitudes e alianças que associam, nesse espectador, ao eventual entrecho outros por que passamos, muitas possibilidades se adicionariam para efeito de nosso acesso ao mundo de seus pensamentos. Se não extraímos do repertório alguma lente a cujo gosto corresponda o excepcional painel, o desempenho de nosso semblante há de restar apenas para o nosso exclusivo belvedere, juntando-se a inúmeros que têm aparecido sem a concorrência de testemunhas; a necessidade de platéia conduz às vezes o ator a desesperar-se do vazio, porquanto a só assistência de seus olhos não corrige a penosa e molesta omissão; pode excitar-se-lhe o fervor pela idéia de um transcendente observatório que, em última instância, o compensará das tristezas de não haver ido além o seu episódio, talvez o mais prodigioso de quantos se tenha desincumbido.

Capítulo 11

1 – *A testemunha dispensável.* 2 – *A vaidade de ser visto.* 3 – *As delicadezas do convívio.* 4 – *A inadequação do outorgado.* 5 – *A parcialidade litúrgica.* 6 – *Quando a objetividade é fisionômica em si mesma.* 7 – *A disponibilidade do ator.*

1 – Quando os nossos olhos, recaindo no corpo que traduz ausência, vêm a registrar o que lhes pareceu implícito, interrogamo-nos intimamente se as revelações da figura em causa, no tocante ao subentendimento em seu conspecto, não ocorrem de igual maneira aos demais perscurtadores a que ela se expõe; sem dúvida não são privilégio nosso tais visualidades, entretanto podemos dizer que no momento da identificação desse corpo, das linhas gerais e das particularidades de sua conjuntura, essas mesmas óticas habitualmente só distinguem, no painel das discerníveis amostras, o quadro da atual presença; tanto mais que as coisas que se deram e se fixaram em outros anos e em outros ambientes, em sua omissão permitem que o interlocutor se preocupe, de modo total, com o motivo ora em inscrição direta. Na relação de nossas personagens, já bem poucas existem que introduzam ao pretexto de agora as intercessões da ausência, intercessões aneladas, e assim nos propinem, à medida que palestram, a seqüência menor ou maior de obtenções; e por mais sugestivo que nos seja o rosto, no ato da despedida, que repete o proceder de toda a interlocução, nenhuma palavra alude aos mal escondidos sinais. No tempo em que nos demoramos no domicílio de R. . ., víamos diariamente algumas figuras que, impregnadas de suas distâncias,

parecendo mesmo que outras coisas não tinham nas faces senão virtualizações explícitas, se punham a informar o hospedeiro sobre negócios que não lhes abrangiam os recessos, como se estes, ante o profundo conhecimento com que os possuía R. . ., não mais influíssem nas preocupações dele, sendo ocioso mencioná-los no decorrer do episódio; certas virtudes do anfitrião, a despeito do ingrato papel que ali exercia, se bem que o envaidecesse, estimularam em nós o pensamento de que lhe não era de boa humanidade argüir a propósito de coisas de que há muito se inteirara; porém as confissões do próprio conspecto, como fossem, em cada um, a carcomida e suja indumentária, os pés disformes e rotos, viriam a salientar aos nossos olhos a incapacidade de ele ser em posição fraterna. À tarde dos festejos que, em honra do orago se promoviam, os habitantes da fazenda, trajados de vestes novas, compareciam ao alpendre onde R. . . prodigalizava gentilezas, servindo a efeméride como a data única em que ele se devotava ao tema das visíveis afeições; em nosso entender, os seus gestos não se geravam da adesão ao sentimento que movia a todos, mas da circunstância de tê-los em aparências adequadas; de sorte a lhe ser agradável que o aspecto de um dia parecesse, aos visitantes, o aspecto normal de todo o ano; impossibilitado de atingir tal perfeição, de alguma forma R. . . se valia, no interesse do renome de sua liberalidade, dos painéis que ora expunham o que preferira se denotasse como existindo habitualmente; para isso, convidara os corteses admiradores que, generalizando um cometimento exclusivo daquele instante, iriam divulgar alhures que a dedicação de R. . . aos camponeses era elogiável em todos os sentidos; com efeito, as suas atitudes eram então singularmente afetuosas, comportamento que se explicava em virtude da maior concorrência de hóspedes; havendo, nessa mais viva desenvoltura, que somente nós apreciávamos por sermos o único, da platéia, a ter comparecido à precedente comemoração, uma deferência especial ao nosso vulto que, se fora atendido sob consideração igual à outra, lhe inoculara a convicção de não transparecer a diferença de hoje em relação à conduta que tivera em face dos participantes do último festejo; talvez lhe houvesse faltado a lembrança de que os nossos olhos, segundo lhe demos a conhecer em várias oportunidades, eram sensíveis às mutações do procedimento, sobretudo as semelhantes à que se operava desta vez, com a sua efígie a desdobrar-se em meneios mais frisantes do que nunca; de qualquer modo, não compreenderíamos como, após o intervalo de um ano apenas, tivesse ele praticado a mímica sem ater-se ao que fizera na outra festividade, ali mesmo, em episódio equivalente e existindo o nosso rosto a comparar ambos os sucessos; mas, de quanto descortinávamos, concluíamos que o semblante se deixa desempenhar à revelia de si mesmo bem mais do que geralmente presume, que os comedimentos programados na ocasião de se dirigir ao consistório, de ordinário se dissipam no minuto de a sessão iniciar-se. Depois de efetuada a cena, ao conferir as manifestadas atitudes com o plano que estabelecera, não sairá a contento de si mesmo; na hipótese de as incontroladas exteriorizações, das iniciativas que expusera inopinadamente, lhe haverem premiado com lucros tanto mais prestimosos quanto inesperados, de regresso ao aposento permanecerá, em seu íntimo, alguma réstia de desolação por se não ter efetivado o projeto da continência, da auto-previsibilidade. Ignoramos se R... traçara os lineamentos de sua atuação, e, se porventura os esboçara, transcendera-os de muito à vista do prazer em tratar com os campônios cerimoniosos; alegrava-se ao observar que todos os presentes convergiam os olhos para a nobreza tocante de estar ele a ouvir, em vez dos visitantes que agasalhava, as figuras de nível inferior, que entretanto se mostravam constrangidas, pouco venturosas, diante do excepcional privilégio; cremos que a réstia de desolação não veio a aflorar em suas conjecturas depois do término das gratulatórias; o silêncio que impunha, no dia seguinte, aos comentários de alguns hóspedes, não era o da contrariedade por haver ele próprio acaso extinguido os ditames que quisera imperassem, mas o silêncio da falsa modéstia que não excluía o júbilo em saber que o seu comportamento se gravara em memórias de possível propagação; fora nossa a desolação, e mais uma vez avocamos o sentimento que devera situar-se em outrem, todavia exacerbado agora em face da posição de nosso vulto, que estivera no recinto à maneira do assistente dispensável por não convir ao histrião, cujo desempenho se encaminhara a certa ordem de testemunhas; por isso mesmo, o nosso comparecimento, se não lhe trouxe algum dano à espontaneidade, sem dúvida lhe parecera, apesar do tratamento que obtivéramos, imerecedor da consideração de ser, tão-só, existente durante o conclave.

2 – O nosso olhar também se dirigira ao painel do anfitrião a entreter-se com o humilde interlocutor momentos após o encerramento da festa; a impressão que tivemos foi a do episódio em que um dos intérpretes – no caso o pobre em roupa que diferia da indumentária cotidiana – recém-saído do estrado, se demora com alguém que o espera no camarim e, ainda com os trajos da representação, se detém na palestra que em nada se alia à vestimenta que o recobre; horas depois, reencetando uma ordinária conversa, e já liberto da inoportuna aparência, completou-nos a impressão de que não se tratava da mesma figura e sim de outra que estava no cometimento de novo assunto, e de igual forma sem conexão com o do primeiro retábulo. A personagem que comparecera à noite da quermesse, desconhecedora da identidade do circunstante que recebera tantos cumprimentos de R..., não entenderia a modalidade do encontro dos dois no dia seguinte, quando, reentabulada a tessitura entre o senhor e o servo, dessemelhante se manifestaria o tratamento de um a outro; julgaria ser este uma pessoa que não se apresentara no alpendre das exibições, e conseqüentemente a eventual testemunha permaneceria no lisonjeiro engano e livre de desgostar a R..., que era ciente de tão odiosa duplicidade. A história dos convívios nos demonstra que a superficialidade de conhecimento resulta mais caroável ao acordo entre a idéia, que de si mesmo procura vivificar um semblante, e o juízo que a

esse propósito formula o ocasional observador; enquanto que a intimidade fomenta, apesar das proteções que lhe adjudica o afeto, a discórdia entre o desejar do assistente e o acontecer da contradição com que o vulto afavelmente espreitado insiste em não se deixar corresponder. Ao longo da sociabilidade, são comuns os momentos em que a nossa efígie, desde que descobre em algum vulto o desapreço à unidade de se expor diante de nós, se resigna à conclusão de valer bem pouco às vistas do intérprete; este chega a repetir o recurso conscientemente usado pelo ator que, vislumbrando na platéia a incapacidade de acolher a importância do que ele exibe, vem a preencher o tempo com desenvolturas inestudadas e que provocariam a irrisão em quem lhe estivesse à altura; com efeito, uma das interpretações que nos oferece o episódio de alguém assim desatencioso à presença de nosso vulto, é a de não se preocupar o protagonista com a constância de nosso miradouro; sendo raros os eventos em que ele, atinando com anterior painel, no qual nos aparecera diversamente do que expõe agora, interrompe o desconforme retábulo ou o converte em entrecho suscetível de acomodar-se ao condigno procedimento, realizando o avatar nem sempre com a perícia que esconda de nossos olhos as intenções de emenda; de qualquer forma, as correções de conduta têm o mérito de elevar do obscurecimento o nosso rosto que, na retentiva de tais figuras, comumente não adere ao tema que elas praticam, sem levar em conta o fato de nossa presença. Durante as cenas de parcas homologações, reconhecemos de nossa parte o rigor com que julgamos as efígies em cortejo perante nós; contudo, a dureza de sensibilidade em seguida se amortece ante o aparecimento, que não relutamos em impedir, da piedade que nos inocula a comparação entre o ser do atual desempenho e o ser da representação passada, não se excluindo a contribuição da tristeza, às vezes leve, outras vezes profunda, de nosso desapontamento por não considerar o ator a circunstância de sermos perante ele. Como nos satisfaz o ouvir de outrem, em alusão a alguma cena de há muito exposta, à qual compareceram muitos espectadores das relações dessa fisionomia que no-la recorda, entre eles a nossa figura que nem sequer se sentou ao lado dele, como nos apraz ouvir o nosso nome aliado à ocorrência de outrora; ainda mais forte resulta o deleite se, ao referir-se à nossa presença, alega o fato de, mercê da distância e do tumulto da saída, não o termos observado, e portanto mais alegre se torna o sêr de nosso miradouro que dessarte vê, indeferida em lupa estranha, a freqüente modalidade de nosso rosto, qual seja a de regressar das assembléias com a convicção de que fora menos descortinado do que descortinara. Notamos que as efígies no interior de solenes aglomerados, não estendem a movimentação dos olhos com a discreta celeridade com que o fariam em outras circunstâncias; elas se demoram demasiado em pontos que se localizam perto, se preocupam em divisar quase que unicamente a personagem ou as personagens com quem palestram; existindo, na maioria dessas atitudes, a confissão de que o ato de ver em torno é menos condigno, com a impressão que possuem de si próprios, que o ato de se exibirem diante de uma platéia não registrada por esses mesmos atores da presunção; se indagados sobre a razão de tais procedimentos, responderão talvez que as inquietudes do olhar permitem conclusões nada lisonjeiras, inclusive a de transparecer que não é de seus hábitos a ida aos agrupamentos cerimoniosos; afora isso, resta a da vulgaridade de se oferecerem como receptadores de alheias afetações, desde que não são admissíveis as reciprocidades desse gênero, segundo o código que rege a fortuita sociabilidade. Cada um se considera o alvo das atenções, e não suspeita que a rígida posição do olhar escassamente servira de enlevo a qualquer, porquanto a mesma iniciativa de não observar alhures fora tomada por aquele que não consentiria em gravar a seqüência do competidor no decurso da peça: ambos a desempenharem o motivo da inútil ostentação, indo a refazê-la no próximo espetáculo, com requintes até mais especiosos. Acrescentamos, no capítulo das vaidades, o painel do indivíduo que, orgulhoso de sua potestade, interpreta a inquirição que lhe é promovida por alguém modesto, em abordagem que melhor seria para outro vulto de igual modéstia, como desaire que perdoa em virtude da simpleza do formulante; não deixando contudo de responder-lhe em palavras breves que entretanto se revigoram e se multiplicam se, alguns passos adiante, outro alguém, mas de seu elevado nível, lhe dirige a mesma inquirição.

3 – Como desfecho de sucessos há muito iniciados e que envolviam o nosso interesse, em casa tivemos a derradeira visitação de B. F. . .; ele se tornara o mensageiro a nos expor, todos os dias, as novidades concernentes ao modo de estarmos em ausentes conjunturas; acontecendo que nessa data ia ele, enfim, trazer a última comunicação, que sabíamos desfavorável, mercê da antecipação de outro pregoeiro; temendo nos ofender com a notícia, e pouco hábil em tecer a real história com gradações que suavizassem os penosos efeitos, B. F. . . preferiu improvisar um enredo de todo inconciliável com a situação que verdadeiramente se dera; enquanto mentia, o nosso miradouro lhe desfrutava os gestos, em plena aceitação do que ele inventava delicadamente, forma de simulação que traduzia, além do valor fisionômico, o agradecimento que lhe tributávamos pelo desvelo em relação a nós; os cometimentos dessa espécie, em que se defrontam os intuitos em não constranger, provocam mutualidades que, uma vez em início, não mais devem interromper-se, sob pena de mutilação do afeto em reciprocidade, de melindre que pode danificar as mais estreitas afeições; daí a nossa atitude de permanecer como a acreditar na ficção de B. F. . ., ficção que representava o painel do duplo engano, certamente desagradável aos olhos dos espectadores que, cientes do mérito de cada uma das versões, contudo se recusaram a interceder em contrário ou em favor de uma delas, deixando que se desenvolvesse o retábulo; a culpa, em torno da estranha comédia, dividia-se por todos nós, atores e assistentes que, na defesa dos propósitos, respeitáveis pelo amor intrínseco, ora nos alegrávamos, ora nos

púnhamos em correta expectativa; tudo sob a cadência dos meneios de nós ambos, nunca a demonstrarem os testemunhantes que era de seu conhecimento a veracidade, dominando tão-só o coro da aquiescência ao erro, para o bom êxito de nossas desenvolturas no tablado; as quais não excluíam a inquietude, o peso íntimo impossibilitado de exibir-se, tudo a alongar a cena da tocante e acerba insinceridade; à proporção que falava e gesticulava B. F. . ., nos sobrevinha o temor de que repentinamente se arrependesse do plano do equívoco e expusesse a verdade, numa decisão em que preferiria o nosso desalento ao remorso de perseverar no engodo; enquanto ele continuava o desempenho, a precaução de nosso vulto era atenta ao primeiro sinal de desvio em sua loqüela, bastando inesperada réstia nos seus olhos para que nos muníssemos de palavra ou de forma consentâneas a remediar a transferência abrupta; embora, em nenhum momento sequer, se tenha ele destituído de sua idealização, armarmo-nos até o fim do episódio com as cautelas precisas à unidade de sua conduta; e, mesmo no suplementar painel de o conduzir à porta, a despedida com que o ultimamos se impregnara do agradecimento por nos haver proporcionado tão espontânea e completa revelação; durante o conclave, de minuto a minuto repartíamos a nossa posição entre o palco e a platéia, o mesmo não ocorrendo tanto a B. F. . ., que nem desconfiara da inconstância e argúcia de nossa receptiva; esta de algum modo se prejudicava com a determinação de acudirmos ao painel, contudo não o suficiente para desfazer em B. F. . . o ritmo das mesuras; se bem que lhe coubesse a destreza de, a um tempo, se evidenciar exímio na interpretação e curioso de ver os correspondentes reflexos em nossa fisionomia; era muito exíguo o cabedal de esperteza em B. F. . ., obviamente comprovado pelo risco de se expor diante de testemunhas que, isentas de interesse na questão em causa, e possuindo bastidores, meios de investigação e presciência diversos dos nossos, seria de crer não tivessem a presumida ingenuidade que ele supunha em relação ao nosso rosto; mais ainda, a precariedade de seus recursos fora de tal maneira infantil, que, segundo disquisições realizadas no dia seguinte, ele nem se dera ao trabalho de ir a cada um dos comparecentes, a explicar-lhes que tudo se resumira a caridoso intuito no tocante a nós; de outra natureza expandiu-se a consciência de B. F. . . quanto à sua parte naquele entrecho; passou a ocultar-se de nossa efígie e dos presentes à noite da visitação, a despeito da unanimidade com que ternamente nos referíamos ao seu nome, à bondade que tivera em iludir para não nos magoar; e então púnhamos em saliência a conjuntura de nos haver procurado à vista dos semblantes que em nossa casa eventualmente estivessem, a fim de que melhor coonestasse a narração, fazendo-a crível, entre outras coisas, pelo fato mesmo de transmiti-la em presença de muitos; esse raciocínio, que ponderamos depois, alterava humanamente a idéia que nutríamos a respeito de sua imaturidade, convertendo a escassez de argúcia em nobreza extrema do afeto; quem sabe se além dos pontos que nos atingiam no assunto que nos foi contrário, não haveria outros que, de conformidade com a sua observação, seriam fatais à tolerância de nossos sentimentos e portanto merecedores de vigília a que não atentamos por desconhecermos o respectivo objeto; assim devera também inserir razões para não ter ido em busca dos demais e, em defesa de seu orgulho, apagar a impressão menor de que seu rosto lhes deferira, com o empenho de nos atender a alma; e, uma vez exercido o tema da abnegação, continuara-o mediante a forma de não querer, considerando o compreensivo de nosso julgamento, participar de novo painel em que seríamos o ator comovidamente grato à imolação em nosso proveito. No arquivo, justaposto ao episódio de B. F. . ., encontramos o retábulo do enfermo que, insciente da gravidade da moléstia, vivia da convicção de restabelecer-se dentro em pouco; sobrevindo o momento de seu aniversário – foi o último que ele assistiu, sem embargo das esperanças – os parentes e amigos se aprestaram na aquisição de objetos que fossem de rápido consumo: tal era a certeza do próximo desenlace que, inclusive, os levara, em lógica a rigor incompreensível na prática das afeições, ao discernimento de não consentir que as dádivas remanescessem ao vulto do obsequiado; houve todavia alguém que, desejando alimentar no moribundo a confiança no tratamento médico, preferiu trazer-lhe qualquer coisa de duração ilimitada, o que exprimia a oferenda mais consentânea a quem, de certo, só almejava em outrem a homologação do próprio anseio.

4 – Alguns meses depois da morte da efígie que tantos presentes recebera, o que fora dado com o propósito de o persuadir de prolongada existência, veio a ostentar-se em mãos de outro vulto em mais de um momento, propiciando-nos a exercitar a lupa, menos em seu nome T. R. . ., do que no urdume do doador inteligente e do enfermo em precária expectativa. Nas relações que se tecem entre o nosso miradouro e os seres da objetividade, a tessitura que mais nos absorve na linguagem fisionômica é a da ausência que resta subentendida em face do rosto que contemplamos; ausência que se não transformaria em atualidade se não estivera, diante de nós, o vulto que, supondo nos mostrar a sua inconfundível pessoa, todavia nos entrega, em privativo relevo, o episódio que o acompanha; nele repousa a lente de nosso belvedere que, se porventura remove o interesse para o alvo empírico, isto é, o portador em sua individualidade sem consideração à outorga, certo desapontamento nos atrita, como o causado por inoportuna intervenção do interlocutor no fio de nossas conjecturas. A presença dessa personagem se divide em duas naturezas: a que lhe é própria, de acordo com o seu conspecto, e a que nos é transmitida graças ao semblante desse mesmo veiculador; daí podermos afirmar, sobre um sucesso de tal gênero, que o visitante nos pode colocar perante verdadeira galeria, com a nossa atenção distribuída entre vários painéis, dos quais talvez o menos importante seja o de descortiná-lo sozinho. Numa das ocasiões em que nos reunimos com T. R. . ., o herdeiro daquela dádiva, que muito servira ao ânimo de seu antecessor, sentimos, bem mais que das outras vezes, a presença, em

virtualidade, do grupo de amigos sob a preocupação de representar o afeto no tocante ao moribundo; a saliência de tal conjuntura, agora mais perfeita do que em épocas atrás, distinguia-se apesar da inquietação de gestos com que a interposta figura de T. R. . . desempenhava o tema contido em suas palavras; nunca o víramos como nesse instante, a obrigar a todos os assistentes que estendessem os olhos ao seu exclusivo rosto, e das salas adjacentes, ao anúncio de suas vozes, muitos convivas se afastavam da palestra à procura de tão ardorosa individualidade, e cremos haver sido nós o único a dosar a agitação daquele rosto com o pretexto que se não identificava a ela; no tumulto do espetáculo, sorria em seus olhos um prazer que tanto era o de externar eloqüente assunto, como o de convergir, em seu proveito, a curiosidade dos circunstantes, exceto a nossa que se diluía em perscrutações à margem do mimo que sobrevivera ao obsequiado, o qual ele, T. R. . ., para devida ênfase, erguia em uma das mãos a acenar em ritmo; o nosso miradouro se concentrava no havido entrecho, diferentemente dos demais que se imbuíam da interpretação de T. R. . ., se bem que, senão todos, ao menos alguns pudessem estar a recolher virtualizações que a experiência de cada qual fecundaria, e talvez até coincidentes com a de nosso devaneio, porquanto vários dos expectadores tinham, no último aniversário do enfermo, exposto as frias liberalidades embora a ocasião sugerisse que as fizessem profundamente; agora, divisavam o objeto cuja origem não ignoravam, desta vez com a prerrogativa de este se justapor, em conexão de procedência, à veste negra do protagonista que representava o nojo, o luto de convenção e por isso mesmo em grande realce junto de tantos regozijos. A disparidade entre a alegria do meio e a roupa de T. R. . ., produziu a desoladora impressão com que registramos o comparecimento, ali, da figura virtualizada do morto, a sua estada aos nossos olhos na maneira que não era a almejada; havendo, no episódio de T. R. . . aparecer, algo de profanador ao vulto que merecia, em seu outorgar-se, os elementos e a atmosfera de litúrgico respeito; ao refletirmos sobre o inadequado entre a atual efígie e o ser em virtualização, adveio-nos o pensamento de que, em geral, as delegações dessa espécie se efetuam sem atender aos reclamos do acontecimento ou do corpo que se localiza à distância; inclusive, sem a atual efígie considerar a amorosa disposição de nosso belvedere em bem recolher os vestígios do outorgante alhures, em bem compor o entrecho ou a fisionomia do outorgado, cabendo-lhe, antes de nos bater à porta ou deixar-se ver, cuidar de despir-se de predicados estranhos: um tanto na forma de quem se aproxima de algum lugar, e, com súbitas adaptações, ao deparar-se com diversos interlocutores, se modela na conformidade desses diferentes encontros, e pratica-o sem nenhum esforço, e nem sequer atenta, ao regressar ao domicílio, que durante o passeio através das ruas o seu rosto adquirira tão móvel plasticidade, a ponto de surpreender-se se lho dissesse possível acompanhante. No capítulo das ausências que configuramos, a objetividade, insinuadora em certos casos, em outros se revela fracamente solícita ao nosso desejo; ora emitindo-nos complementos evitáveis, ora oferecendo-nos omissões mal supridas, os quais nem sempre suavizamos; tal como o rosto que tendo comparecido a abominável consistório, mesmo que não haja participado do respectivo assunto, se impregna todavia da ocorrente mancha, e assim conduz-la a recesso de nosso repertório; ele nos mostra os comprovantes de sua inocência, os verdadeiros figurantes da nódoa apressam-se a nos informar que fôra apenas o testemunhante sem culpa, que, logo ao pressentir a escabrosa nominação, se separara do logradouro; entretanto, em nós, essa efígie não se libertará da conjuntura de haver estado em cena, e enquanto, por debilidade de nossa memória, não se atenuar o poder do descontentamento, toda vez que a face distinguimos, indagamo-nos se a roupa que veste, o livro que tem em mão, não se apresentara igualmente na assembléia de dilatado repúdio; anos depois, quando os pormenores contíguos àquela data desaparecerem de nossa recordação, persistirá contudo uma réstia do evento que estimaríamos não tivesse ela resguardado.

5 – A coincidência de se mostrar à vista mais de um aspecto revelador da mesma outorga, parecendo reafirmá-la, pode no entanto influir insatisfatoriamente no modo como a própria ausência se nos franqueia. Ao movermos a lupa de um a outro ponto da delegação, no caso o presente que T. R. . . sustinha e o luto de que se adornara, o empenho da contemplação nos parecia singularmente custoso; com efeito, era dificultado pelo tumulto do painel, acrescido da circunstância de também nos compelirmos, com os demais, a aplaudir de perto o desempenho do loquaz participante; o jogo das conjunturas perturbava o devotamento ao rito que, para nós, se impunha como o merecedor de nossas atuações, podendo comparar-se ao arranjo litúrgico exposto a olhares incrédulos; o qual se ostenta como praticado a meio, tão-só pelo sacerdote que, depois de cumprir a isolada missão, se lamenta de não lhe ter sido dado, antes, promover a explicativa de seus gestos e vozes diante do altar; ao assistirmos a impossibilidade de, nesse momento, todos nos voltarmos à figura que perecera, ungidos de sua continuidade ali em pleno salão e sem ninguém a excetuar-se, desde que a pessoa morta fora nominal ou facialmente conhecida de quantos a esqueceram, ao assistirmos o inútil da comovente sugestão, censurávamo-nos por não havermos, no início da cena e quando a assembléia se fragmentava em pequenos conluios, alertado sobre a inerência do morto, bastando-nos aludir ao seu nome apenas, que a oportunidade era fértil a numerosas colaborações; mas, de logo detivemo-nos na crítica ao nosso descuido, ao verificarmos que outros, mais íntimos do que nós, nem uma palavra disseram a respeito da falecida pessoa, devendo, portanto, ter existido algo, além da alegria de ser em festa, que motivara a mudez em torno da fisionomia ausente, como se ela nunca vivera; supusemos haver qualquer coisa que ignorávamos, talvez um painel escuso, que os impedisse de atender aos reclamos daqueles elementos – a dádiva e o

luto – mas o instante era impróprio ao esclarecimento de nossa desconfiança; por isso tivemos que reservar, para depois, as prospecções do belvedere, competindo-nos por ora descortinar o entrecho de figuras que sonegavam à platéia de nosso miradouro o desempenho que seria oportuno; desejo tanto mais justificável quanto, sobrevindo-nos um episódio em que se apresentassem as insinuações ao tema, fácil nos resultaria, com os recursos de contra-regra, obter a adesão de todos ao ritual em deferência ao perecido companheiro. As trocas de gestos, as reciprocidades de atitudes nem sempre condizem com o premeditado coro da veneração; de qualquer maneira, se orientadas por alguém exímio em evitar adulterações, valem como liturgia ao olhar de quem as empreende; e soem favorecer, não obstante a insciência do teor a que se prestam, os mais incisivos e os mais discretos dos figurantes, à similitude dos seres primitivos que sacerdotes recém-chegados expunham em procissões e sacramentos a que se submetiam alheios ao significado, porém, a despeito de tudo, construíam painéis de que a sublimação não era isenta; em última instância, faziam-se excelsos, mercê da ingênua disciplina, do puro entregar-se em visualização, para gozo da lente que sabia ver o cerimonial de intépretes à revelia de si mesmos. No ambiente selvático, os recursos não permitiam a encenação perfeita, e em alguns exemplos, de mistura com os meios legítimos, salientavam-se os toscos indumentos e a rudeza das gesticulações, que testemunha mal avisada espantar-se-ia como se estivesse diante de cortejo ou conclave de loucos; a liturgia se efetuava em proveito, não apenas dos que a dirigiam, porém sobretudo em benesse dos que se deixavam expor em desempenho, encaminhando-se à glória pelo simples fato de serem, figurativamente, em piedoso entrecho. Durante o painel em casa de T. R. . ., as condições não consentiram que modelássemos, bem ou mal, o episódio a que fazia jus a personalidade aluída, malgrado as indicações prometedoras, a curiosidade afetuosa e a possível desenvoltura dos comparecentes; dantes, quase todos os comparecentes, em face do rosto, àquele tempo capacitado a distribuir obséquios, se incorporaram ao tema que pretendíamos agora, tendo portanto a mímica aperfeiçoada a sucessos desse gênero, sem falarmos das ocasiões em que se investiram em preitos a outras individualidades, exercício tão costumeiro entre figuras daquele nível; não pudemos praticar o painel litúrgico, mas, no tocante ao nosso pensamento em relação ao morto, sentíamo-nos desobrigado de remorso, pois lhe havíamos, em idéia, homenageado a efígie e o nome, embora sem ninguém registrar o nosso apreço; contudo, fizemos o necessário a não nos afligirmos depois, como já acontecera, ao voltarmos de um recinto sem havermos, nos momentos que o ocupamos, um minuto sequer infletido a memória no ente que o habitara antes e que fora de nossa familiaridade; todas as coisas se mostravam ali como a nos clarear a lembrança, todavia retiramo-nos sem atender ao explícito chamamento; de onde a tristeza na tentativa de repararmos a omissão, diante do inútil da vigília, empregada para efeito de, readvindo a conjuntura, utilizarmos a agenda de antigas e cuidadas atenções: enganosos preventivos que o afeto, apesar do escarmento, nos impõe a cada passo, persuadindo-nos de que estão salvas as intenções, e o próprio exercício do malogro não se patenteia de todo negativo. O episódio da veneração, que se frustrara, na residência de T. R. . ., determinou em nós a melancolia que aparece ante as cenas da ingratidão: por demais imperativo se estendeu o nosso abatimento, a ponto de nos escusarmos – por ser dificultosa a conversão das proferidas atitudes a um painel de visível condignidade – à fatura que tantas vezes nos liberta da objetividade incômoda, não procedendo a nenhum mister de natureza facial; regressamos ao domicílio sem intentarmos prover, em termos de situação em ato, com um significado de nossa inventiva, os acidentes dos intérpretes que se não ungiram da saudade ao morto.

6 – Há, com efeito, nas ocorrências que testemunhamos, inúmeras a independerem de programação, de conversões por nós estatuídas, quer no mesmo instante, em virtude de desinteresse pelo teor real, quer anteriormente, quando lhes prevemos a efetivação. Trata-se de situações em ato que coincidem com o nosso plano de recebê-las, episódios cuja linguagem, facialmente explícita, dispensa o coadjutório do contra-regra que existe em nós; as composições, a despeito de ocasionais, homologam as preferências de nossa lupa, e sobretudo chegam para vincular, em aproximação mais estreita e íntima, os entes da visualidade e o ser de nossa ótica. Em geral, são eventos de todo corriqueiros, porém mesmo assim eles se elevam em nossa curiosidade; assumem importância de que não se revestiriam alguns de maior relevo quanto à nominação, ao significado; estes se capitulariam menores por haverem surgido com seus elementos em eclética aliança, com os vultos e as vozes a disputarem a retentiva de nosso testemunho, dispostos, ordenada ou desordenadamente, a nos oferecerem um políptico que melhor se registrara no duradouro da lembrança, se nos viera no idioma único das faces: quantas vezes, sendo a objetividade acessível ao discreto de nossas providências, interferimos para efeito de alcançarmos a pura matéria fisionômica, fazendo com que venha ao painel, ou se retire dele, um semblante que nos insinua, ou não, ser o adequado à trama que se desenvolve; se alguém existe na platéia, não se lhe dá que modelamos o cometimento; este lhe repercute alheio ao da idealização cênica de um dos intérpretes, no caso nós que todavia criamos os desempenhos: indo o observador do espetáculo ao extremo de, ao sairmos ambos do local do entrecho, consignar encômios à fortuidade que lhe permitiu, na sua pessoal tradução, o lúcido e coerente sucesso. Quando a objetividade é fisionômica em si mesma, não se tornando necessária a contribuição de nossa iniciativa, surpreendemo-nos ante a consangüinidade entre a nossa vista e os rostos que dessa maneira se inoculam em nosso repertório, proporcionando-nos a idéia de que eles existem na condição de estar presente o nosso olhar: um escorço do absoluto continente que, em derradeira instância, redunda ser o nosso belvedere; a objetividade, que de forma espontânea nos exibe os valores que de ordiná-

rio formulamos com a técnica do devaneio, tanto de improviso como calculadamente sobre o papel, coloca-nos em posição de auferir a conformidade entre o estojo de nosso vulto e o proceder das faces em plena trama, em delicada tessitura que ratifica o nosso próprio estar presente; à homologação da inerência que preside o nosso contato com as coisas advindas a nós, podemos justapor a convicção no que se prende à necessidade de nosso testemunho, a fim de que se encerrem em existência os fatos do acontecer: testemunho não só direto em relação à nossa ótica mas também indireto no tocante ao ouvir dizer, à toda a vida que se nos declara através de meios interpostos. Diante de nosso belvedere, as figuras se combinam em motivação, em nominalidades, em enredos tais como se operam nos exercícios de devaneada elaboração; elas nos advertem que os recursos presumidamente artificiais com que, ao voltarmos de alguma assembléia, convertemos as atitudes e gesticulações, havidas naquele logradouro, em sinédrio da imaginação, se revelam consentâneos com a índole daquelas situações em ato cuja desenvolvutra é explícita e fora dos intrometimentos que aplicamos; a comunidade de ser em virtude de nossa presença e de estar liberto de nossa iniciativa, traduz a elasticidade do nós, que atinge, como nos pertencendo, tudo quanto se abriga em nosso repertório. Nos painéis autônomos, aqueles rostos, que de tão explícitos nos isentam de adicionar os préstimos da argúcia, sobressaem-se como exemplo da relação entre o nosso olhar e os corpos que se integram em existência graças a esse mesmo olhar, com as suas ilações do aparecer, com as outorgas que se verificam diante da impossibilidade de termos o extenso panorama de todos os sucessos, à guisa do painel do Juízo Final; as outorgas freqüentemente se cumprem, sem a proporcionalidade que exigiria copioso aspecto, o que seria inviável no cotidiano comum, no decorrer de usuais confrontações; diferentemente de preconceitos, de processos de seleção que de hábito adotamos em diárias liturgias, o cometimento de tais ilações se manifesta sem escolha por parte do ser outorgante; há, no íntimo da linguagem, um nível único, um igual valor na missão de ele nos trazer à lupa o sentido que as faces outorgadas interpretam: todas a atenderem à norma da sinonímia, ressonância de outra lei: a de estarem as efígies sob o mesmo grau de existência, sob a circunstância de serem em símil disponibilidade; sempre que as convocamos para o exercício da outorga, esta leva-as a ter, como atributo de sua substância, os dotes da fungibilidade; através de cuja vigência, a representação, que se transfere à outra imagem, executa-se, na maioria das vezes, sem prévia determinação de nossa ótica; antes, cabe ao fortuito do acontecimento a função de nos conceder a face ou as faces que nos oferta o episódio já decorrido alhures; o fato de cada rosto conter em si a faculdade de virtualização, firma, em nós, a possibilidade de superior conduta com referência aos semblantes que a nossa antipatia repele; eles, desde que se capacitam a demover-se de si próprios, a fim de se apresentarem os mensageiros de painéis ocultos, poderão um dia, ou mesmo um instante após o odioso sentimento, prestar-se à breve e intrínseca cerimônia, para júbilo de nossa alma, assim na posse do que à distância repousa. Sabemos da figura de E..., na cidade do R..., que, não obstante malquistar-se toda vez que lhe surgia a presença de O..., não tardava em refazer o normal confronto entre vultos que provinham de velha comunidade; essas intermitências resolviam-se mercê de O... estar repleto de conjunturas a que o primeiro se aglutinava quando o via apenas como rosto, porquanto devera à vocalidade a origem do ressentimento, tendo sido uma palavra ou uma proposição ofensiva, e não algum gesto, o pretexto aos surgimentos do melindre; conclusão que prevaleceu entre nós e E..., ao estudarmos ambos a história da convivência, no caso permissível por mostrar-se ele caroável a investigações de tal ordem; com efeito, era O... o único a ter vivido na localidade onde estivera E... no melhor tempo do passado; e como prova legítima de que não fora o vulto em si mesmo o responsável pela momentânea dissidência, veio a nos confessar que o sabido impropério sucedera longe de seus olhos, em data posterior à mudança do recinto sob a afeição de E...; o doesto não servindo para obliterar a fatura da harmoniosa e grande zeugma, na qual surdia com O... o apetecido logradouro.

7 – Tal descobrimento na intimidade de E... condizia com entrechos semelhantes ocorridos conosco, uns em relevo, como, por exemplo, o de J. A... que, ao aludir a determinado assunto, reacende uma ponta de tristeza no antigo afeto que nos une a ele mais do que ele a nós; animam-nos, então, certos desvalores que estimaríamos não houvesse, e que passam a ferir a linha interna de toda a convivência, consoante se estabelecera em nós. A aversão ocasionada suscita, em seguida ao término do consistório de dois, uma edição malbaratada e que nos pertence, e outra, que é mais favorável à nossa dedicação comum, e que pertence a J. A..., bem mais puro na bondade; parecendo nada haver acontecido em nós – para tanto os disfarces da efígie dissimulam os rigores da mente – ele virá no dia seguinte ao nosso encontro, e, se não vier, iremos bater-lhe à porta com o intuito de, através de práticas reabilitadoras, garantir, em nosso íntimo, a amável continuidade que ora se depaupera dentro de nós. Já nos aliviamos com a decisão de procurar a pessoa que nos golpeia, e em sua frente, usando de recursos que lhe não despertem a desconfiança, consertarmos a agenda onde se inscreve a ojeriza; da parte de J. A..., nenhum vestígio de impertinência nos conduz a supor que a volta à nominação, que nos desagrada, se destina a impedir a quietude de nossos pensamentos; ao inverso, verificamos que os comentários por ele emitidos têm na obstinação o pretexto, sem malícia, de alimentar a palestra, de trazer algumas chamas ao comum da conservação, sem temor de infringir a normalidade; todavia, o curso do entendimento que se prejudicara em nós, a bela unidade com que os dois nos integramos de há muito, a unidade que tanto nos deleita ao contarmos com seu rosto, suspensa em virtude das idéias dissonantes,

a situação que se interrompera, vem a recuperar o costumeiro ritmo, assim que a figura, ao emudecer ou ao abordar novo tema, permite ao nosso miradouro concentrar-se no só aspecto de seu semblante; e com ele regressarem, a nós, os elementos que nos enriquecem, os recursos da alma que dirimem os ressentimentos porventura rigorosos e talvez injustos. No cômputo de muitas visitas, menos valiosas resultam as ocasiões em que nos movemos sob a inspiração de emergentes misteres; na maioria dos casos, o propósito, que nos incita a procurar alguém já exposto em nossa coleção, confunde-se com o desejo de averiguar se esse alguém persiste da mesma forma como permanece em nosso álbum; havendo, nos reencontros, o ensejo de aferirmos, quer a capacidade de perseverança do ator em si mesmo, quer a precisão do aparelho que existe dentro de nós e que regula, de maneira simultânea, as coisas da objetividade e o proceder de nosso acolhedor belvedere. As idas que efetuamos a diversas residências, a locais onde o vulto nos espera, ou está alheio ao nosso intento de avistá-lo com os seus gestos ou a só presença de seu rosto, nos favorecem o desígnio da contemplação que excede, nesse vulto, o mero estar no aposento ou na esquina de determinado logradouro; as voluntárias visitações se intumescem de outros episódios além do contíguo ao nosso corpo: armam-se entrechos que nos devolvem as personagens, cujas nominações, cujos temas, que elas próprias esqueceram, vêm a gravar-se à leitura de nossos olhos: tal a lucidez que emana dessas efígies que são páginas abertas e nos dão o prêmio de, em concomitância com o desfile de muitos episódios, verificarmos que no fundo de tantos cometimentos existe, a despeito de contrariedades que podem diminuir o mérito dos respectivos atores, uma consangüinidade entre os semblantes em foco e a nominalidade de que se ungiram; entendemos que o nosso apreço a tais individualidades se revigora pela circunstância de proponderem os seus painéis, que testemunhamos, ao módulo a que se subordinam todos os intérpretes que residem em nós; vale dizer, a cada nome de alguém amigo segue o verbete onde escrevemos as suas possibilidades fisionômicas, os assuntos que eles encarnarão sem esforço; se acaso chegam a transpor as limitações do desempenho, o nosso belvedere vem a magoar-se, pois as afecções nos atingem, congênitas que são ao nosso ser, ao nosso miradouro enfim, que de si mesmo se positiva enquanto inerente aos vultos que apreendemos. Em presença do rosto que, de início, cremos que revoga as leis de em nós se conduzir, o mal-estar de nossa lupa insere-se entre as decepções nefastas ao ético de nossa pretensão; contudo, não suficientemente real a ponto de transgredir o absoluto de nossa exclusiva e única receptividade; a corrigenda a esses desvios não demora a recompor a estrutura momentaneamente abalada; os meios de restauração consistem na mobilidade, em recuos e avanços de nossa ótica, em transferência, a outrem, do nosso próprio ato de ver, em processos faciais, portanto, que nos aliviam da incerteza que aparentemente punha em malogro extensa parte de nossa obra: qual seja ele o de colidirem a independência, com que agem as figuras, e a condição de permanecerem elas essencialmente adstritas, como seres existenciais, à conjuntura de nossa existência, de nossa vida, condição cujo término há de corresponder ao término de nossa consciente recepção. Muitas vezes não compreendemos certas atitudes que nos ofendem a sensibilidade, sobretudo quando proveniente de vultos conhecedores de nossa escassa resistência; mas, em seguida, o escólio, que auferimos nos bastidores, esclarece-nos, coonestando-o fisionomicamente, o motivo de se haverem em plena violação das normas que lhes tínhamos traçado e que, simultaneamente, condiziam com os ditames de nossos olhos e com a modalidade de se moverem em cena segundo as diretrizes a que eles mesmos nos habituaram; além disso, a própria face corrobora no julgamento oriundo de nosso belvedere, facilitando os caminhos de ser que a ela ordenamos em virtude de nosso gosto e da natureza de seus constantes desempenhos; de sorte que a desenvoltura excepcional, com que os entes já conhecidos nos violentam a retentiva costumeira, parece significar o desacordo entre nós e as personagens de nosso elenco; mas, na forma das coonestações que nos fornecem os bastidores, as versatilidades de nossa lupa nos propiciam os meios de, após o breve desalento, harmonizar o demiurgo de nosso miradouro com as pseudo-indisciplinas dos intérpretes, agora reconduzidos aos liames que os unem à nossa existência, dentro da concepção de estarem eles na existencialidade de nosso próprio vulto. Quando J. A... se ergue da cadeira ao despedir-se, a dura impressão que nos fizeram as suas palavras, se atenua apenas; todavia, ao atravessar a soleira, de costas à lente de nosso olhar, o resíduo de sofrimento interrompe-se, e ao vermo-lo prestes a dobrar a esquina, a mágoa se permuta por um sentimento favorável à nossa dedicação; o entrecho de ainda há pouco se subtrai ante o episódio de seu aspecto, desta vez a nos proporcionar a ternura que possivelmente se equivale à soma de todas as ternuras contraídas por nós ao longo de velha e comum intimidade; após o momento de dizer adeus, estando ainda sob os nossos olhos a figura que se retira, como demonstração de que fora esplêndido o conclave em via de desfecho, sobrevém-nos o ímpeto de lançar-lhe uma voz que exprima o desejo de que nos perdure o seu rosto na integridade em que sempre fluíra; mas, uma noite, enquanto ia a desaparecer J. A..., o impulso de proferir o seu nome ou de exclamar alguma coisa a fim de lhe deter os passos, fez-se substituir pelo prazer da outorga que nos expunha o corpo em afastamento, com as costas voltadas ao nosso miradouro; inclusive, ao retornarmos ao aposento, a mesma outorga se perfazia nos restos da visitação, nas cinzas do fumo e na cadeira tal como deixara.

Capítulo 12

1 – *A simulação litúrgica.* 2 – *O cerimonial da despedida.* 3 – *O painel da partida e da chegada.* 4 – *O portador – A consciência do papel.* 5 – *As parcialidades diante do miradouro.* 6 – *A plataforma.* 7 – *A nossa estada em alheios belvederes.* 8 – *A partida e a chegada.*

1 – O ato da despedida encerra a amalgamação entre a presença e a ausência; esses dois territórios em reciprocidade introduzem valores de cada qual, de modo a ser-nos difícil isolar o painel de alguém, a caminhar à porta depois de nos dizer adeus, em cena autônoma em relação ao que existe além dela; ambos os teores se conjugam no retábulo da despedida, que impõe acentos em que todos lêem a uniformidade, embora variem os gestos e o ritmo dos cumprimentos; as mesuras fazem transparecer aquela dualidade de presença e ausência, verdadeira liturgia, e adotada, às vezes, sem que os interlocutores possuam o ânimo de sentir, na cena da mútua e prestes separação, a fixidez de seus rostos no seio de repetida nominalidade: a do despedimento. Quando a morte, ao avizinhar-se, obriga mais profundo atendimento ao painel litúrgico, o enlace entre o estar e o desaparecer adquire feições não diversas essencialmente, mas de tons novos, de modulações e atitudes figurativas que ao olhar do observador neutro parecerão tratar-se não só do despedir-se, como, ainda, do despedir-se para todo o sempre; então os retábulos se formam de gestos mais intensos, a despeito do visitante tentar impedir que ao moribundo seja dado reconhecer a desconfiança de não mais lhe vir ao aposento; ocorre

ainda que a delicada ilusão pode fazer-se mútua, como no painel do enfermo que finge não vislumbrar a inquietude do interlocutor e tenta persuadi-lo da nenhuma gravidade de sua moléstia; cabendo portanto, aos próprios atores, que dessa maneira iludem, o mister de suprimir do entrecho o significado inerente; e ao arguto observador, se permanece no quarto com o doente, ou acompanha o que vem de sair, cumpre-lhe registrar que só agora se efetua, em cada qual, livre de impurezas, o sentido que evitaram antes. Assim acontece que as efígies estão presentes no palco e nele se dispõem à recusa do que estabeleceram no recesso de seus sentimentos: qual seja o teor de se mostrarem em derradeiro encontro; mas, superior motivo altera todo o desenrolar da cena, embora na idéia de cada figurante, à medida que gesticula, nem uma vez sequer se extingue o pensamento de ser o episódio uma situação de ilusivo adeus; simulação que se prolonga, se a morte não se verifica nessa mesma efeméride, em seqüências de enganadora piedade: os protestos de na noite desse dia voltar ao pé do leito, prazo a que não obedece o proponente a fim de que o outro se inteire de que a alta não se lhe demora; tanto assim que as solicitudes se moderam em face da saúde próxima, e os assuntos externos, em vista da pequena ou nenhuma gravidade da moléstia, conforme a intenção do visitador, tomam, na clausura do quarto, uma ênfase despida de urgente necessidade; em resposta a esse estratagema, o comparsa do painel do engodo mostra interessar-se com manifestações de escuta: priva-se de falar com calor equivalente, reduzindo a sua parte na dialogação, a curtos e vagarosos pronunciamentos, com o fito de não deixar transparecer, através de exagerada manifestação, a evidência da burla, ao fingir homologar as palavras do interlocutor, aparentando inoportuno o desempenho do adeus que a rigor praticavam. Com a promessa de remeter-lhe um volume recém-editado, retira-se o vulto que no corredor alguém admoesta por haver excitado a quem só o repouso era devido, porém a censura o incomoda menos do que o temor à irretratável despedida; enquanto isso, na cama, a outra efígie a voz alteia para declarar que se sente bem melhor, vindo assim a ratificar a impressão que, segundo ele, mantivera para o solícito visitante, ao mesmo tempo que diminuía aos olhos dos familiares o desfavor em que se via este por transgredir as prescrições do médico; ao amanhecer do dia seguinte, o visitante facilmente coonesta a sua aparição com o livro que prometera, apregoando as excelências da leitura que, a par da leveza, adequada aos convalescentes, estimulava os nervosos à reconquista do ânimo; sem querer dissentir do receituário obsequioso, de vez que o estado lhe não permite absorções mais sérias, propõe que lhe resuma o teor da obra, aquiescendo o comparsa que desse modo conta com mais um pretexto, singularmente natural, para deferir no outro a certeza de que nenhuma gravidade existe; na série dos disfarces, que se prolongou até a data da morte, nenhum concedeu ao outro a ocasião de se despedir na fórmula comumente usada; contudo, para o observador que os tivesse assistido, e ao miradouro articulasse o conhecimento do que havia no interior de cada um, aqueles episódios representavam a a liturgia do dizer adeus, envolvendo a todos uma atmosfera que se compunha tanto de presença como de ausência; o simulacro de ambas as atitudes a expressar, ao se proceder à vista da neutra testemunha, uma das múltiplas formas com que se patenteia a véspera do perdimento, numa perfeita consonância com o módulo da extinção prestes a fazer-se; é este um processo de edificar a presença, que apesar de pretender excluir da rampa o significado que reside alhures, não se torna suficiente para ocultar à platéia os fios que vêm dos bastidores: no caso, os da morte já ali no aposento a acenar o término dos dois a se falarem, a se ouvirem e a comporem retábulos que provinham da remota infância. Depois do enterro, na sofreguidão com que costumam alterar o recinto em que se efetivou a morte, entre os objetos inventariados inseriram o tomo pertencente ao outro que, delicadamente, se eximira de reclamá-lo; sem a intenção de favorecer, à guisa de toques finais à liturgia do perecimento, a ultimação de seu vulto com a do olhar do recém-morto, no entanto ele se comportou como se soubera de sua própria extinção, agindo acertada e fisionomicamente ao anuir com a identidade de serem em despojos as coisas do falecido e a sua, pois ambos morreram na morte de um apenas.

2 – O ato da despedida que nós e C. R. . . uma noite compomos – ao inverso da seqüência dos enganos mútuos, quando a caridade de impedir no outro a certeza da separação tornava cada um tolhido em exercer o painel dos derradeiros cumprimentos – constituíra-se em colóquio de perfeita autenticidade; nem sequer faltou a homologação do nunca mais nos vermos, advindo a morte antes que uma carta ao menos trouxesse dele a nós ou levasse de nós a ele alguma linha da passada tessitura; salvo nas exceções da agonia, nem em todas, porquanto há ensejos em que os intérpretes se iludem reciprocamente, nas ocasiões de dizer adeus infunde-se no interior de cada protagonista uma aura que é mais do que a da esperança: a da tácita certeza de não representar o painel de agora o último de suas vidas; circunstância que oblitera o conseguimento da despedida sem procrastinações, absoluta; esta normalmente jamais ocorre perante o observador que do entrecho se aproxima e recolhe as dialogações que se travam, porque estão nas vozes os protestos de futuro encontro, os vestígios da inconformada ausência. O vulto que à saída do comboio nos observasse os acenos e não distinguisse as palavras entre nós e C. R. . ., teria contemplado o teor de um despedir-se em pureza fisionômica; e ao saber da morte de quem partira, bem que nos persuadiria hoje de que naquele instante lhe sobreviera o pressentimento de que nós, os dois intérpretes, não mais nos veríamos; diante de tal confissão, com o propósito de mantermos intato, sem a presença dos sons, o retábulo exposto ao eventual belvedere, não lhe revelaríamos que combináramos ser juntos no ano vindouro, e que em nenhum minuto nos acudiu a idéia de a morte nos desobrigar do acerto; lembramo-nos agora de que todo o recinto facultava ao conspecto do des-

pedimento a impressão de ser o último; em seu bojo, no caso a plataforma da estação, se expediam gestos que se efetuam em demanda de quem não volta mais; de forma que a receptiva do observador não escuta as declarações do vir em breve, do fazer o possível para aliviar o desencontro assim que chegue o viajor ao término do percurso, nem ouve as ofertas e os agradecimentos que se emitem, tudo em conseqüência da exclusiva atuação da visibilidade; ela divisa em todos o elenco da peça que tem por significado a separação de um em relação ao outro; reciprocamente, o painel que mostra no mesmo logradouro o recém-vindo ao abraçar contente o vulto que o espera com análogo prazer, encerra, além da alegria do estar em retorno e do rever a quem partira, algo não conscientemente incluso na satisfação dos rostos por se exibirem em comunidade de presença, mas que no fundo é o dominante dos significados: a conjuntura de o viajante ter vencido a possibilidade de sua morte alhures, o mesmo se verificando com o interlocutor na terra em que ficara; no momento de nos abraçar o vulto de C. R..., operamos um entrecho que, de si, era suficiente para positivar o adeus absoluto, claramente explícito ao neutro e curioso belvedere; contudo, ao relermos a folha que no caderno lhe dedicamos, parece que fomos omisso, que a idéia de não mais regressar o protagonista ansioso por tomar a viatura – idéia que nos surgiu como surge sempre que figuramos em tais painéis – deveria ter merecido de nossa parte complementações litúrgicas, somente hoje havidas como indesculpavelmente faltosas, gestos de que nos privamos na hora, e entretanto de fácil cometimento: assim, o de acelerarmos com ele as convenções do embarque, o de transpormos pela janela do vagão os embrulhos de que se incumbira um carregador, o de aumentarmos as encomendações de nosso interesse, o que seria de seu agrado, o de contermos as efusões que no momento lhe transmitimos, o de evitarmos que o seu semblante correspondesse ao pensamento que estava conosco, um ritual, enfim, que lhe não expusesse a tristeza insinuadora da morte. Essas atitudes preteridas dão-nos hoje o peso de sua irremediabilidade, principalmente quando, ao relermos a sua última carta dirigida a outrem, traduzimos todo o amargo de seu pressentimento, pois houvera sido o painel da estação o que se lhe intensificou, meses após, ante a convicção do nunca mais nos vermos; conforme escrevera, o adeus se efetivou como se em nós ambos residisse a certeza de seu próximo falecimento. Há muitos episódios que transferem à data posterior a nitidez de significação que desprendem agora, e geralmente nos aprofundamos em reviver esses painéis que na hora não nos importaram tanto; mas o de C. R... a despedir-se de nós, em vez de nos estimular o recuo confortador ou de simples curiosidade no tempo, sugeria-nos a tarda composição de um adeus sem densidade, de uma liturgia outra que não tivesse esboçado em C. R... a suspeita de que se ausentava para sempre. A despedida representa um painel insulável, malgrado a sua formação inserir trechos de passada e de futura ausência: é autônomo na medida em que ele se isola dos retábulos anteriores e posteriores, tanto assim que, ao despertar a nossa memória ao som ou à vista da pessoa em causa, não nos sobrevêm, com translucidez igual à do despedimento, os sucessos que lhe foram contíguos; se porventura nos reaparece alguma coisa que lhe ficava à margem, devemo-la ao influxo do comovedor episódio que de si reparte um tanto de seus reflexos aos eventos que se ofuscariam de todo, caso os não houvesse inoculado em nós a urdidura do pródigo entrecho. O painel da despedida se equipara então a um desses retábulos que se desenham ao nosso miradouro quando, nas praças, nas ruas, as efígies se dão em espetáculo sem que nos informem como se conduziram antes de registrarmo-las; todo o grupo e os respectivos componentes expediam gestos e se moveram à revelia de nosso olhar; no entanto, a certeza de que existiram basta para que consignemos, na ata da observação ligeira, os possíveis temas que desempenharam; o número das probabilidades nominais se oferece imenso, contudo, nem todos os recheios se dão no mesmo nível de aparecimento em nós, cumprindo-nos, em atualidade ôntica existenciar os de perto, os de longe, os acontecidos hoje e os que se verificaram outrora.

3 – Revendo os capítulos que ao nome adeus se referem, verificamos a expressiva quantidade dos entrechos, os que vimos e os de que participamos, estes constituindo uma espécie de muito mais pobre variedade; porém não infecunda no que se prende à sentimentalidade, porquanto sempre que, em qualquer dos casos, nos defrontamos com a despedida, a comoção aflui como se fora a do retábulo primeiro; tal a força íntima que os nossos olhos não desgastam, mesmo quando promovemos o rito à maneira de interessada observação, à similitude do convite a D. S. . . a fim de que ambos comparecêssemos ao cais do porto onde, sem que lho disséssemos, se partia a figura de A. . .; painel em arranjo que nos animava o miradouro a ver, sob o nome do despedimento, dois semblantes que se mantinham em reciprocidade de queixas, senão de querela; segundo prevíamos, ambos proporcionariam especial feição ao colóquio em que juntam as mãos os atores prestes a não mais se aterem; com o fito de defender a cena de possíveis danos, nem uma alusão emitimos acerca daquele embarque, nem mesmo nos escapou o nome de A. . .; resumimos o pretexto do deambulatório à qualidade do navio que era elegante e inédito no ancoradouro da cidade do R. . ., razões inofensivas ao próximo entrecho; menos que inofensivas, elas eram preparadoras da terna disponibilidade com que D. S. . . haveria de expor-se à significação do ato, cujo exercício coisa alguma externa contrariava, antes, o persuadia a uma bela participação, quando nada, pelo mister de não hostilizar, com a negativa, a representação de dezenas de vultos à base do humano e contagioso adeus; a iniciativa de encaminharmos ao conspecto do despedimento os rostos que se escusariam, talvez, ao encontro, se lhes déssemos oportuno aviso, realizava-se com o júbilo de nossa consciência, pois, revestindo o ensejo, o intento da cordialidade era a compensação à astúcia de dispormos, sem o referendário devido, daquelas

figuras que, acreditamos, jamais nos puseram, assim sub-repticiamente, em uso de seus propósitos; para acerto do estratagema, as relações entre os dois não se tinham agravado a ponto de se romperem, e os painéis em redor distribuíam-se em consonância com o significado de nosso grupo, como apoteose de todos ao motivo da separação; em face da conivência dos circunstantes, foi-nos acessível o testemunho à cena que revogava a idéia de cada um com respeito ao outro: cena do puro esquecimento a alusões que se faziam até bem pouco, por meio de palavras impacientes e de gestos rápidos, como se desse modo quisessem impedir, em seu próprio pensamento e no do confrontante, uma retomada da velha convivência; ao percorrermos na galeria do cais as exposições do adeus, averiguamos que elas não se repetiam com idênticas atitudes, se bem que certas mímicas se ajustassem a conhecidos moldes; mas o geral das exteriorizações preenchia-se de mesuras particulares, prodigalizando ao nome da despedida copiosa variedade de aparências, com articulação ao respectivo logradouro; tanto que se isolássemos os episódios , retirando-os do local em que se deram, vários não nos ofereceriam a acepção de agora, a de constituírem painéis que reúnem a presença, em via de acabar-se, e a ausência prestes a cumprir-se, talvez para nunca mais; uma face houve que se dirigia a alguém com gestos e frases da escola em que estudaram juntos, reproduzindo a cena tantas vezes praticada à saída do portão, a momice dos alunos perfazendo naquele instante o rito de separar-se, e tudo de tal maneira idôneo que parecia o ato do despedimento um políptico de contornos infinitamente elásticos, e próprio a deferir às mais estranhas condutas a aptidão em ser partícipe da nominação do adeus; a semântica dos episódios possuindo versatilidade muito superior à dos vocábulos, e certamente a nos sugerir que os rótulos, com que designamos os sucessos da lupa, não se restringem aos determinados desempenhos; por conseguinte, incumbe ao título do retábulo abranger em seu bojo atitudes díspares, até aparentemente contraditórias, e tanto mais uníveis a ele quanto nenhum dos atores vem a abandonar o papel que a seu modo exibe, e sim, vem a promover, com as arbitrariedades, uma interpretação jamais anfigúrica. À semelhança dos coveiros que exercem, sem mágoa, uma função muito diversa da tristeza exposta pelos condutores do esquife, sendo completa a neutralidade de seus sentimentos no tocante ao morto, apesar de eles, os coveiros, se incluírem no painel do enterramento, assim, alguns dos semblantes vistos ao pé dos armazéns, rubricavam-se com o nome do adeus, que só esta designação convinha aos corpos anexos ao navio no cais; dessa forma estabeleciam maior realce à composição do despedimento e ainda lhe eram substanciais, à feição dos coveiros que, na indiferença de suas preocupações, se desviam das lágrimas comuns, porém representam os seres sem os quais não se integraliza a nominalidade da sepultação; nem recebem nem transmitem pêsames, entretanto, no urdume que se tece, eles configuram o centro de todo o episódio, sem embargo de nenhum dos tristes circunstantes lhes indagar de como vivem fora daquela cena, tampouco firma na lembrança os caracteres de suas faces, atuando neste ponto do enterro a importância dos contornos genéricos, a lei da fungibilidade humana. No entrecho do cais, à proporção que A. . . e D. S. . . recompunham a fraternidade antiga, os vultos, que se negavam ao rito convencionalmente aceito, se faziam contudo os figurantes necessários à trama do despedimento, a qual se entretece de rostos que ainda não se isentaram da presença que alongam, e de rostos que já têm em si a ausência a que se conduzem; no painel em apreço, a breve estada da embarcação permitia que se entrelaçassem a melancolia dos adeuses e o contentamento dos que desciam a prancha, esses últimos a receberem estímulos com a adesão dos que lhes vinham à chegada; a confluência de disparidades envolvia-se com um só nome, aquele que em nós sempre fora prevalecente: o da partida; os mesmos atores, em consciência, longe de se contagiarem do desempenho adverso, muita vez desenrolado muito próximo deles, esmeravam-se em não se solidarizar com os antípodas de suas atitudes, mal pensando que, em nosso miradouro, todos eles se colocavam na investidura do despedimento.

4 – Após a despedida, ou sem ela, se acaso vulto algum se lembra de nos deter, ao movimentar-se o veículo que nos transporta, devolvemos as coisas à sua disponibilidade alheia às nossas modelações; já agora, com a ausência do miradouro que a si as aglutinara, elas se libertam de quem tanto as usufruíra; o elenco de até bem pouco, tão adestrado às injunções de nossa fatura, apresenta-se a outros investimentos que não atingimos, restando-nos apenas as informações que nos comunicam as figuras às quais substabelecemos os poderes de coligir os dados; competindo-nos dispor de tais elementos, segundo os preceitos e a unidade da ordem fisionômica, raras são as narrativas que suprem a falta de nossa presença; de ordinário, elas demonstram estar o nosso corpo longe dos sucessos narrados, menos pela distância do que pelos dizeres incompletos, pouco aproveitáveis, com que os formulam, comumente, os substituintes de nossos olhos. Dentro mesmo do carro que nos conduz, iniciamos a imaginativa dessa disponibilidade independente de nós; nos dias vindouros ela, a imaginação adquirirá, pela persistência, cristalizações que a tornam ímpar entre congêneres devaneios: trata-se de uma formação de painéis que corresponde às tendências de nossa fábrica; na imaginação descobre-se uma espécie de proscênio que, na antecipação de próximos retábulos, paramentamos de maneira que, ao advento empírico de algum, possa o miradouro interno fixar-se no entrecho de verídicos intérpretes mas de ocasional, de caprichoso tema; esses intérpretes ignoram o motivo a que se expõem em nós, como a nossa lupa desconhece a realidade de seus desempenhos na mesma hora em que os utilizamos à revelia dessa própria realidade; sucede enlaçar-se à nossa imaginação a idéia de que os habituais atores se dão em espetáculos inconcebidos por nossos olhos, às vezes a tal ponto que, exeminando o relato de nosso substituto, maldizemos

da condição de não sermos ubíquo ou do arbitrário da contingência que, em seu calendário, não quis promover o episódio no tempo em que lá estaríamos para vê-lo de perto; enquanto no decorrer da viagem, especulamos sobre as intermitências da contemplação, sobre a fatalidade de não termos continuadamente à vista os rostos que entram e saem de certos papéis que lhes determinamos ou que encarnam por iniciativa deles mesmos; o pensamento inflete-se também na consideração dos miradouros que existem além do nosso, a rigor incomunicáveis, crente, que estamos, de que os entrelaçamentos dados nos respectivos territórios e no tocante a eles, se incluem no capítulo das cartas que nos escrevem sem nos contentar de todo; malgrado as insuficiências analíticas do conhecer em outorga, por isso mesmo que não abrangemos a continuidade de todas as vidas, nem sequer a do elenco de mais assiduidade em nossos olhos, não dispensamos, na tomada de todo o universo que nos pertence, os belvederes que, fazendo-nos a vez, estão a preencher a distância entre nós e os acontecimentos e figuras que diretamente nos escapam; acontece que tal consideração se consubstancia na verdade de que somos o continente e o condutor de tudo quanto há, enriquecendo-se de conseqüências fisionômicas o teor de nosso repertório como o único a existir integralmente; o jogo de interpolações, de vistas permutadas entre nós e os que enxergaram de si mesmos, de entrosamentos das visões interpostas, é atributo do ser de nosso miradouro, e as suas atualidades e as suas ressonâncias perder-se-ão conosco em nossa morte. No ato de deferirmos a outrem o privilégio de ver o que não vemos, está implícita a exclusividade de nosso vulto como o portador que recorre a terceiros a fim de que possa levar a término a encomenda de que se encarregara, sem que tais ajudas venham a diminuir-lhe a significação de ser o incumbido de encaminhar a empresa; se porventura, no painel das homenagens pela desobrigação do cometimento, lhe compete estender aos auxiliares conhecidos, e aos anônimos, os louvores que lhe são destinados, esse gesto de abnegação aumenta o relevo de sua efígie perante os espectadores gratos, e o episódio atinge o desfecho com a integridade do tema: o do portador a quem se devem aplausos. Nele e em mais ninguém recai o nome de portador, os protagonistas que utilizara, na ciência ou na insciência do objeto que por instantes conduziram, não se enquadram na acepção daquele termo, se nivelam aos meios de locomoção como o trem que fez acelerar a entrega do volume, não obstante haver depois, no retábulo dos encômios, a mais completa mudez quanto ao seu mecânico papel. Em nós, os desempenhos não cessam, nenhuma coisa animada ou inanimada deixa de ser um signo a nos homologar como o existenciador único. Quando passa a extinguir-se o teor que nos comovera tanto, removemos a ótica a outros painéis, que envolvem os mesmos participantes ou novos elementos, e em inúmeros casos assistimos a gradual diluição do motivo que pretendêramos se prolongasse mais; a cada minuto que corre, podem destecer-se os liames da urdidura em que determinado corpo representava o centro, o conjunto se repartindo em sub-entrechos que se formam independentemente da pessoa em causa, e então observamos atitudes e surpreendemos vozes que de maneira alguma se ligam ao evento de ainda há pouco; se o interesse ainda necessita de alimentar-se, improvisamos um pretexto qualquer em defesa de algumas sobras da havida ocorrência, mas, em outras ocasiões, recolhemo-nos à casa para não ver a agonia do assunto. A exemplo do rosto que, sem obviar, contempla o esvaecer da própria significação, o nosso miradouro muitas vezes regressa ao aposento em virtude de retribuições inadequadas ao mister de pormos os entrechos conforme o estilo de nossas ordenações; isto, não pelas condutas insatisfatórias, pois, quanto a essas, dispomos de mobilidades que as legitimam a nosso acordo, mas por efeito de cortes que a fortuidade desfere em retábulos antes propícios a duradouras seqüências; a visão costuma testemunhar o teor de um painel converter-se em fragmentos que lhe são díspares, tal quando nos deparamos com as mutilações que o nosso rosto sofre em virtude de muitas lentes conservarem o painel no bojo de suas memórias, sem que nenhuma o acompanhe até o epílogo do desempenho; cada qual se recusa a proceder conosco do modo que procedemos em relação a elas, a despeito do estímulo em ficarem no exame de nossas atitudes; frustrado estímulo que em quase todas as ocasiões desfavorece o nosso desejo de possuir interessado belvedere, análogo ao que aplicamos nos vultos de que especialmente necessitamos; de fato, na insistência em determos certas efígies, quer lhes dizendo que ainda é cedo para retornar à casa, quer lhes ativando a curiosidade diante de nós, está contido o anelo em gravarmos no interlocutor uma secção a mais de nosso desempenho que, segundo nós, é imprescindível à completação de nosso ser no confrontante olhar; completação que não se efetuaria ante a retirada da observadora ótica. À feição de nosso álbum que não encerra a totalidade de uma vida em representação, nenhum arquivo, de quantos guardam o nosso vulto, nos preserva de conformidade com o programa, com a aspiração de sermos de outrem; há, salientando o impossível de inteira e interpretada configuração, além de outros estorvos, a falta de espontâneos motivos, de razões naturais, que levem a extremos de prospecção os significados e os recursos de nossos gestos; nem mesmo restituímos a nós todas as participações que nos foi dado exibir ao longo de múltiplos episódios; contudo, nenhum outro belvedere, senão o nosso, nos oferece os comportamentos de nossa efígie, tanto os que podemos relembrar sem tristeza e até com o ânimo de que voltem à plena exibição, como os que mereceram da memória a pena de ainda nos afligirem.

5 – Os apanhados de nosso belvedere no trânsito das ruas, das avenidas, são pródigos em sugestões de entrechos, embora não se permitam a integral urdimento, a enredos muito alongados; com efeito, não podemos abarcar, à vez, todos os ofereci-

mentos da fortuidade; assim, ao estendermos o miradouro em direção a esses oferecimentos – o das efígies do cotidiano em sua aparente desordem – concluímos que a lupa se desgasta no registro de intérpretes que não cumprem totalmente as possibilidades de representação; a cada passo, eles revelam interrupções de desempenho, que só se anulariam se acaso houvesse acompanhantes a lhes captarem os movimentos, quer em público, quer em soledade; e que nos expusessem os relatórios acerca das investigações permanentemente mantidas, de maneira a nos propinar, aqui na terra, senão da unanimidade dos habitadores, ao menos de algum deles, o tecido de toda uma existência fisionômica, um escorço da assembléia universal e niveladora, que há de reunir-se no Julgamento Último. Enquanto no concílio de todos os mortos, a reconstituição das cenas vividas por qualquer, se dá aos olhares de todos, com o engano e a fraude antigos sob a encarnação dos respectivos autores – visto que uma das condições para o salvamento é a representação sem intencionais omissões – enquanto no painel do Final Juízo os participantes se configuram na teia imensa do que fora o ser, na atualidade o tumulto das aparições nos exibe fragmentos dessa futura e encerradora tela, exibe pedaços do políptico: uns, intuitivamente claros, uns, ligeiros vestígios que não lemos com precisão; o nosso miradouro, do início até o fim de sua claridade, se confronta com o anfigúrico das interpretações que unicamente há-de explicar-se quando os atores, ao som do profundo chamado, comparecerem ao proscênio das restaurações; mas, por ora, reduz-se a nossa lente ao exercício de antever a passagem de breves amostras, de sinais apenas que se completarão e ratificarão depois; com o desígnio de recolher as parcelas do vindouro acontecimento, abandonamos as faturas da arbitrariedade, as situações do romanceiro, e atemo-nos com exclusividade às confecções que de si mesmas se efetuam; o esforço de nossa ótica incidindo em eventos homologáveis por testemunhos outros e bastantes a nos fortalecerem a idéia de que tais episódios regressarão, naquele conclave, o do Julgamento Derradeiro, ao domínio de nossos olhos. Percorrendo as folhas do álbum em que se fixam os sucessos de conhecidas figuras que também se deram à revelia de nossa fábrica, com interpretações estimuladoras de interesse e dignas portanto de se gravarem em nosso compêndio, notamos que por mais assíduas que se tenham esculturado em nós, os intervalos de afastamento, quer do ausentar-se de nosso miradouro, quer do ausentar-se do semblante em apreço, são demasiado freqüentes e nocivos à idealização de considerarmo-las em inteiras seqüelas, no contínuo de suas existências; isto a ponto de não podermos afirmar, ao menos de um só vulto, que o possuímos sem suposições, sem o intermédio de pessoas que venham a nos suprir a deficiência ou as sonegações do ser em foco, e sem o concurso, muita vez exaustivo, do nosso belvedere. Registramos, no retrospecto do acervo, uma dessas fisionomias que nos têm despertado o desejo de fruição completa, e malgrado o prazer que suscita cada episódio de sua apresentação, a fria agudeza de nossa memória nos persuade de que esses momentos se insulam na abundância dos vazios, das interrupções que se verificaram entre os nossos olhos e o objeto que assim, de tanto separar-se deles, melhor diríamos que a sua essência, em nós, é feita mais de esquivanças que de conspectos. Os retábulos a que tem aderido, não se articulam, são estanques embora se prestem à larga denominação de entrechos que nos convêm ao amor; os seus significados, por mais que se estendam, vindo mesmo a combinarem a trama de alguma história, não nos entregam a urdidura geral de sua vida, mas apenas indicações esparsas, uma antologia do romance, que, se nos informa sobre o estilo dos comportamentos, não nos capacita à apreensão da enorme e vária contextura; a disponibilidade da lembrança que nos fornece, independentemente de maiores incentivos, o ser de alguém que está longe de nosso olhar, corrobora o império dos vazios sobre o dos preenchimentos, desde que nos proporciona, no primeiro ato da memória, a efígie como a superpor-se ao enredo que a acompanhara no tempo de nossa contemplação; se algum interlocutor, a inesperado pretexto, no-la pronuncia o nome, em vez de se nos apontar o conto com que nos adviera quando de seu surgimento, expõe-nos a face em lucidez inequívoca; e só depois, à guisa de halo que inflete nela mesma, esgarçando-lhe os traços, a figura, um instante isenta do cortejo de sua interpretação, o permite para alimento de nosso devaneio. Na biografia de cada um dos companheiros, ilustra-se, à medida que os anos passam, a predominância das lacunas sobre a continuidade da convivência, juntas a eles de quem assistimos, desde a infância, o proceder de tantos gestos e a cristalização da personalidade; os motivos de separação cada vez mais se amiúdam, precisamente na época em que fortemente exigimos, para nosso repertório, cuidados mais atentos aos vultos do afeto, e tanto mais necessários e urgentes quanto os episódios recolhidos na primeira idade, uns se perderam, outros restam com mutilações ou adulterações; enquanto agora, sob o escarmento dos prejuízos, e por estarmos, mais do que nunca, e com todo o ser, à véspera do absoluto perecimento, à véspera da morte fisionômica, compreendemos quão preciosa é a vigília do nosso olhar em torno das figuras ainda capacitadas a nos oferecer compensações à precariedade da espreita.

6 – Do trem descortinamos a plataforma sem as pessoas que prometeram vir ao embarque, e pesamos o esquecimento que nos infligiram; a ausência delas significa um momento de reciprocidade entre as mesmas e o nosso repertório: a contingência de não se efetuar a despedida, constitui um aspecto do fatal obscurecimento dos seres em nós, em cujo desempenho, todos eles já se feriram de intervaladas indiferenças no transcurso de nosso convívio; à maneira de apoteose com que terminam certas peças de teatro, dando pretexto à reunião dos atores à vista da platéia, assim, na rampa do despedimento, estimaríamos que os semblantes se agrupassem, menos como preito a nós do que à guisa de espetáculo ao nosso belvedere, ali mais que nunca adequado à plenitude da despedida; porquanto, diferentemente

da personagem que, do vendedor de ingressos, adquire o bilhete de entrada sem, no entanto, nem ao menos conhecer o título do auto a exibir-se, a nossa disponibilidade de ver excitava-se com a expectativa de termos uma assembléia de profundo agrado, pelas virtualizações que nela se conteriam e os efeitos que de ordinário se produzem nesses painéis; mas ninguém acudiu ao nosso anelo, ninguém – e muitos o prometeram – veio a prestar-se à liturgia de ausências e presenças que se entrepenetram; as ausências e as presenças concederiam a oportunidade do rito aos semblantes por acaso ali expostos, às simples faces desprovidas dos conteúdos que a familiaridade promove, a exemplo da missa em oblata a um morto, à qual não comparece nenhum dos amigos e parentes, embora a igreja se mostre ocupada por piedosos estranhos que dessarte propiciam ao celebrador a impressão de que o falecido estava a receber, na cena do sufrágio, a devoção de inúmeros companheiros; mais imprópicia do que a cena religiosa, a plataforma da estação não se compunha de convergências a uma unidade, nem existe salva de cartões à partida dos trens; razão por que o nosso olhar ia em busca de pessoas que, sem sequer imaginarem o papel de que se incumbiam, pois ignoravam a circunstância de haver na terra o nosso vulto, pudessem converter a desolação e a neutralidade do recinto em episódio que, pelo menos, nos proporcionasse à lembrança a fixidez de alguns de seus intérpretes; de sorte a futuramente, quando volvêssemos a esse instante de partida, compensarmos a frieza do logradouro, o abandono em que nos deixaram, com o advento de algumas fisionomias que se deram aos nossos olhos; elas não retirariam de todo a amargura de então, mas a atenuariam com o torná-la em tristeza aderente a elas mesmas, como se se ungissem do ermo em que ficáramos. Havia, portanto, em nós, uma defesa para a sentimentalidade, qual fosse a de deferirmos aos comparecentes a sombra de nossa melancolia, a de associar, à mágoa do pensamento, os objetos do rápido vislumbre, o que substituiria os adeuses que não recolhemos das pessoas que no-los deviam acenar; se a mudez e a imobilidade das figuras descondiziam com os sons e os gestos de que se armam os entrechos do despedimento, sobrava-nos um recurso consentido pela plasticidade da nominação: o de estabelecermos como próprio também da despedida a falta de manifestações ruidosas e de aitudes comovedoras; há, no caderno de nótulas, alguns desses painéis em que alguém oculta, com explícita indiferença, o pesar de ver a outrem prestes à separação; por conseguinte, sem o esforço de irmos a cada um e lhes insinuar que urgíamos fraternos abraços, confortadoras mímicas, editávamos uma série de rostos idôneos, uma galeria cuja legitimidade, em relação ao tema do adeus, sugeria a expô-la no capítulo destinado aos semblantes que se recusam, no cais, na plataforma, a agravar o transe dos que se aprontam para ausentar-se. Logo mais, no comboio, a nossa imaginação se aplica a reviver as coisas da cidade do R. . ., para onde nos dirigimos: as artérias e os recantos, segundo recentemente nos informaram, devem permanecer como se nos exibiram há vários anos; contudo, são perspectivas em cujo seio podem vogar, neste mesmo instante, painéis que não coincidem com os de nosso presságio; as cenas, tais como se verificam em nossa mente, não nos asseguram quanto à objetividade de seus enredos e de seus intérpretes, mas os recintos, em que arbitrariamente os situamos, lá repousam em autenticidade; tal conjuntura facilita em nós as confecções do devaneio, sendo, de resto, a irredutibilidade dos proscênios uma condição preciosa aos contatos do afeto com os protagonistas imaginados; ela explica a razão por que, ao anúncio de reforma no cenário que tanto nos alimenta a imaginativa, ainda mais se ensombra a saudade; normalmente, esta se amplia, quando a ela vem sincronizar-se o devaneio da deambulação pelas ruas que perseveram em moldes reais; se um dia voltamos a elas, é um prazer a mais percorrê-las com o ânimo de outrora, indo pelas calçadas, conosco, os pensamentos com que as freqüentamos sem o ruído de nossos pés. Acreditamos, ao chegarmos à cidade do R. . ., que se efetuarão nos respectivos lugares os episódios cuja fabulação fora prévia e nutrida pela certeza do posterior enquadramento; à alguma indagação a propósito da mudez de nosso rosto enquanto no R. . . passearmos, ao distrairmo-nos na recomposição de painéis que lá vivêramos, ao nos votarmos a suprimir o tempo que se intercalou entre nós e as ruas em que agora perambulamos, responderemos que, em verdade, entre nós e os lugares se tramam contexturas à base do puro sentimento; todavia, elas não se referem ao atual de nossa presença nas referidas ruas, nem aludem a modificações acidentais; as contexturas se referem à reconstituição, em pleno local, daqueles entrechos que urdíramos em instantes do afastamento, em horas de meras lembranças, de saudades a que nos movêramos; à proporção que reeditarmos, no empírico ambiente, os sucessos ocorridos em nós e longe dele, a prática da satisfeita aspiração, tal como fora em oportunidades precedentes, talvez nos devolva a aura que tivéramos alhures, no domicílio estranho, à maneira de saudade da saudade; a dúvida se origina de não podermos concomitantemente transferir, para o cenário real, as figuras que aí representam, em nós, a peça que lá delineamos; porém, a despeito de se mostrar impossível a completa ubiqüidade, o exercício do afeto sana-a de algum modo, senão unindo os logradouros diante de nosso belvedere, ao menos articulando, até a similitude, o sentir de um e outro comportamento em ambos os sucessos; a ponto de não sabermos qual o de maior ternura, se na cidade de S. . . a pensarmos criadoramente nas ruas do R. . ., ou se neste a rememorarmos as ocasiões em que nos ocupamos delas sem contudo percorrê-las, por estarmos em S. . ., dado que, numa circunstância como na outra, as aglutina a unidade de nosso sentimento; e, abrangendo esta unidade, mais uma outra, a de última instância e imanente: a unidade de todas as circunstâncias, as da objetividade e as do sentimento, serem existenciadas por nós, em nós.

7 – Por enquanto, possuímos da pequena cidade do R. . . as linhas gerais dos logradouros, dentro dos quais uma série imensa de

episódios habilita-se a preenchê-los; há vultos e nominações que, pela assiduidade nos conjuntos urbanos, aparecem mais suscetíveis de se exercerem no instante em que a nossa conjectura compõe elencos e dosa significações; ao meditarmos sobre a homologação, daqui a algumas horas, desses protagonistas e desses entrechos apenas imaginados, pomos em relevo a posição de nosso miradouro: só a ele compete retirar, do simplesmente possível para a objetividade da existência, as figuras que de resto lá irão permanecer, em grau de presumidas, se o nosso belvedere interromper o programa da viagem; os semblantes obrigatórios, que certas esquinas apresentam, as pessoas que nos hão de cercar em diversas e inevitáveis conjunturas, os rostos que estão escondidos, com o surgimento no ser a condicionarem-se à presença de nossos olhos, tudo enfim que pulsa na localidade do R. . . fica a depender de nossa chegada, sempre demiúrgica; em termos fisionômicos, as figuras que o habitam, ao nos aguardar o desembarque, aprestam-se a se incluírem em nós, vale dizer, assumirão dentro em pouco a existência que ainda não clarificaram em nosso repertório. A disponibilidade de que por ora se revestem os vindouros ocupantes de nossa lente, é mais completa do que a devolvida aos vultos que deixamos à distância e que já nos pertenciam concretamente ao miradouro, pois que a primeira disponibilidade se acrescenta da inoperância de nossa ótica, lá não indo para remover da pressuposição, da só iconografia interna, os rostos que haveremos de conhecer; disponibilidade esta que se identifica à dos semblantes ainda por se darem no mundo, os quais, à margem de nossos registros, consideramos entre os que figuram na imaginária interior. Na falta de nossa presença, as efígies mostrar-se-ão, quer as do álbum, quer as invisíveis nele, a outros belvederes a quem caberá a fruição de suas atitudes; quanto aos seres de nosso conhecimento e separados de nós, resta-nos o esteio dessas outras lupas, que, na ocasião, talvez recolham, talvez gravem, substituindo-nos, as participações que eles passam a exibir comumente, sem lhes ocorrer, sempre, a idéia de que deveriam nos reservar algumas; o fato de a poucos vultos ter sobrevindo esse pensamento, sobremodo aprazível ao nosso belvedere, confundir-se-ia com a saudade que outrem sentiria por nosso ser ausente, e assim promovera uma forma de estarmos, apesar dos quilômetros que nos estremam, a cumprir o mister de modelar algures na conformidade do estojo que somos. Três faces passíveis de naquele momento corresponderem, ainda, ao nosso belvedere, acorreram à nossa memória, fazendo-nos conjecturar sobre a representação que, juntas, se promoviam nesse minuto em que no vagão do trem éramos solitário, a qual certamente dizia respeito à vacância de nosso rosto que dantes a sua residência freqüentava; ainda que as nossas visitas não causassem nelas o prazer que nos levava ao seu domicílio, a circunstância da assiduidade sem dúvida estabelecera nos remanescentes do consistório a lembrança do nosso corpo e o mais que se prendia a nós; entrementes, se alguém viesse, nessa mesma noite, a ocupar a vez de nossa efígie, tudo indicava que, pelo menos à custa de associação advinda pelo número habitual dos comparecentes, elas incidiriam na recordação do painel conosco, o painel que mais se demorara por haver sido o derradeiro; quem sabe se, ao escutar, àquela hora, alguém a bater a campainha do portão, os três semblantes, que lá permaneceram, não desempenham o coro da expectativa de nos ver entrar; débil fixação de nosso vulto e sujeita a apagar-se continuamente, em doses que se esmaecem dia-a-dia, até que, se prosseguirem os manipuladores da sineta, o simples toque não mais há de sugerir a presença de nosso rosto; se por acaso, tempos depois, sem o anúncio de nosso regresso, percutimos como outrora no adro da residência, os antigos comparsas acudirão a receber-nos, mas surpreendidos com a nossa estada apesar do toque da campainha; enquanto nós, desde a esquina, já compúnhamos a mesma seqüência de outrora, cumprindo o ritual de sermos em busca daquele ambiente de tantas alegrias; apenas, agora mais contente, tanto pela satisfação dos fraternos contatos, como pelo regozijo de convencermo-nos da perfeição de nossos gestos, da inalterabilidade de nossa representação naquele ato litúrgico. Malgrado a ausência, talvez não haja sido inútil a bondade com que refletiam sobre nós, à medida que resguardavam, com seus vultos, o estojo elaborado para nos conter; talvez não tenha sido em vão o esforço com que entrelaçamos, em painéis de comum interesse, o nosso vulto e as fisionomias da amizade, com o intuito preconcebido de, se uma vez nos afastarmos, como agora acontece, os entrechos, que se destinam à perseverança, cumprirem a finalidade de impor, nos demais intérpretes, em dias e dias ulteriores ao de nosso despedimento, a sensação de lacuna e, por conseguinte, as estimulações da saudade. Ao conseguirmos, com essa esperança, o gosto de computarmo-nos entre as memórias dos que permaneceram longe, de logo sobrevém, para atenuá-lo, a idéia de que se nos torna impossível a segurança em presença da mutabilidade, quer das cenas, que se arriscam à falta de nosso rosto, quer do teor das significações que passam a emitir as figuras sem o contato de nosso belvedere, a um tempo meio de captação e sobre-rolda que ordena a prática das desenvolturas; tememos que nos substitua algum semblante que permita aos três intérpretes a ocasião de contracenarem em completo desajuste com a modelação que estabelecêramos em reciprocidade; intranqüilizamo-nos ao pensamento de que um intruso, nos conclaves que não testemunhamos, venha a abolir as regras de participação outorgadas por nosso engenho; e cuja intervenção, sobre nos parecer nociva, pode, ironicamente, trazer à lembrança dos protagonistas, em virtude de estar ele em substituição a nós, o ser de nosso vulto dessa forma salvo do havido esquecimento; à tal espécie de sobrevivência, preferiríamos as imolestas, como a que certa vez em carta alguém revelou: nos expúnhamos em sua afetiva memória, quando lhe vinha ao terraço a figura de F. . ., que nada de semelhante unia conosco, com a exceção de tratar-se de sucedâneo físico na cadeira que à noite ocupávamos.

8 – O comboio veio a parar na estação do R. . .; prevíamos que o retábulo ora em composição deveria ser, em linhas gerais, o

mesmo do logradouro de onde partíramos; na plataforma, uns cumpriam a manifestação do adeus; outros apressavam-se no acolhimento dos que desciam do carro, quer por intermédio de atitudes efusivas, quer pela pronúncia, em altas vozes, dos nomes respectivos. Notavam-se as oferendas que os vendedores exibiam aos passageiros que, sentados, se dirigiam a estações vindouras, e assim, mais interessados nos vendedores, faziam com que estes, demorando-se no vagão, se integrassem no sentido do episódio. Se houvesse algum passageiro estranho aos costumes, à língua, à paisagem da terra, tendo no ânimo o pesar de não se deter em nenhum miradouro, ele adquirira sem sede a água que se lhe estendesse, e sem fome o breve alimento que se lhe propiciasse, tudo pela necessidade de ver-se em aliança com alguma face qualquer, e portanto estabelecer-se, fisionomicamente, no cômputo que perfazia a nossa ótica, ao articular o painel da partida ao painel da chegada à estação do R. . .; a viagem do trem, em todo o percurso, se patenteava como o processo de interrupção nas tomadas da mesma cena, repetindo a intermitência do fluxo e refluxo das ondas na praia; as marés do acontecimento na plataforma tinham de permeio o intervalo de uma a outra estação, quando, parado o comboio, observávamos os vultos que vinham a trazer e os vultos que vinham a buscar; outrora divertíamo-nos com o testemunho alcançado por nosso belvedere ao apreender, em frente de uma casa de espetáculos, em isolamento ou em pequenos grupos, as parcelas do que seria a multidão lá dentro; e duas horas depois, esses mesmos seres se restituíam à vastidão da praça, porém, em vez de dispersos como no início apareceram, avançavam num só bloco tal como eram no interior do edifício, ainda modelados pelo continente de até bem pouco; recordávamos também dos painéis do enterro, do coro dos acompanhantes em volta do féretro que vinha a ser invisível no ajuntamento, e depois ressurgiam os mesmos vultos não mais em coerente e móvel assembléia, mas esparsos, uns sôfregos em abandonar o recinto, outros lentamente como se ainda tivessem à mão a alça de há meia hora; todavia, nenhum desses entrechos, afora outros congêneres e férteis no capítulo das aglomerações que se ordenam em fortuidade, nos proporcionou uma impressão igual à da viagem intervaladora e estanque aos episódios da partida e da chegada; a rigor, estes constituem um ato único, à similitude das ondas na areia que apresentam um só teor, traduzindo-se num mesmo painel de absorção e devolução. O reverso e o anverso de um evento, o da plataforma em si, condizem com a atuação das coisas no mundo de nossa objetividade: há a galeria das faces e dos painéis sem a contínua sucessão de seus procedimentos, os quais nunca se oferecem na continuidade de ser, mas intercalados por desvios de nossa ótica e também das figuras em mira; tanto nas cenas da visibilidade como nos entrechos que harmonizamos na mente, os fatos em tela escapam à exibição por inteiro; às vezes se verifica a urgente necessidade de transgredirmos a fluidez do calendário, promovendo seqüências com variação de protagonistas no mesmo papel, conquanto se mantenha incólume a nominação, a que todos se submetem. No tocante à referida viagem, suprimimo-la do registro comum às outras viagens, em virtude de o trajeto haver passado sem que estendêssemos os olhos à externa paisagem nem ao interior do vagão, tal a incidência de nossos devaneios no painel do trem parado na estação, a viagem existindo sem darmo-nos conta de sucessos outros, de seu próprio acervo; omissão que, se por uma parte, nos preteriu de ver aproveitáveis episódios, em compensação nos obsequiou com a possibilidade de reunirmos, libertos de contágios, os dois extremos de cada estação, ou melhor, a fusão de extremos em um só retábulo, em um só prospecto, como se vencêramos o espaço e o tempo, de conformidade com o existenciamento que aos entrechos e às figuras proporcionamos. No painel de nossa imaginação, no trem que avançava, contínhamos a aglutinação de duas conjunturas, como se parado estivera o comboio. Se pudéssemos, em pessoal restauração, engastar estritamente os vultos e os episódios que nos deram e nos dão prazer, a conveniência fisionômica se resolveria em nótulas, à maneira de como procedemos em muitos painéis do cotidiano; mas, no uso de tal conveniência, pronta a interferir na imensa urdidura e prestes a esmaecer preciosos quadros, sobraria a memória dos que se não inscreveram na agenda da convocação; sem mesmo o propósito de atentar no conjunto de toda a nossa existência, ao resumirmo-nos tão-só a entrechos livres de maiores danos, há retábulos que não juntaríamos gostosamente à tessitura proposta, os quais, dentro dos bastidores, relutam e por fim aderem ao álbum de nossas seleções. A distância viajada, desde a saída de outras plataformas até a estação do R. . ., e alheia às nossas perscrutações, favoreceu-nos no trabalho de deferirmos a contigüidade facial das estações; valendo-nos assim a conduta de, quando absorto em lembranças e imaginações fugimos do império da presença, mitigar a lupa do costumeiro recolhimento de quanto se efetua perante ela; adormecida, ela nos entrega o próprio sono como valor de que nos prevalecemos, para efeito de novas e figurativas confecções, todas a nos deverem a existência e a aguardarem a inexistência, conosco, em nós.

Capítulo 13

1 – *A autonomia dos vultos.* 2 – *O prevalecimento fisionômico.* 3 – *A cissiparidade da obra.* 4 – *A prática da outorga.* 5 – *A delegação mal exercida.* 6 – *A saudade comum a dois.* 7 – *As esculturações perfeitas.* 8 – *A realidade homologadora.* – *Duplicidade fisionômica.* 9 – *O painel do enterramento.* 10 – *Os gestos anacrônicos.*

1 – Tudo quanto existe constitui o substrato de nosso ser, o repertório que existenciamos e nos homologa a pessoal existência. Assistimos a cada passo a apresentação desse substrato que é umbilicalmente nosso, a despeito de em inumeráveis ocasiões o alvo de nosso belvedere coincidir com o do contemplador que nos ladeia. Então procedemos como o espectador da última fila que vê, em simultaneidade, o que atua na rampa e a própria platéia; esta comunga conosco, de sorte a parecer que nos inserimos, nós e os demais comparecentes, no mesmo nível de receptação; mas, embora juntos, em seguida ao término do espetáculo, se cotejamos as opiniões sobre a peça recém-exposta, se amplia e se aprofunda mais a nossa lupa, a um tempo dona do objeto em cena e dos que o viram conosco. Em geral, no acontecer do cotidiano, conduzimo-nos em igualdade de situação com os vultos de nosso repertório, habituamo-nos a perceber e considerar as coisas como isentas de exclusividade no tocante a nós, agimos como se a exterioridade, a iconografia externa, se oferecesse, com o mesmo índice de posse, a todos os olhares que venham a recolhê-la; o pensamento, que move o intérprete ao ato de

sua representação, formula-se à base da certeza de que ele se dá indistintamente à visão dos espectadores, de que ele se aliena a quantos o observam, propiciando assim, a múltiplos e equivalentes receptáculos, as suas vozes e as suas atitudes; porém, em última instância, é a nós que o intérprete confia a sua manifestação no ser, tendo como acompanhantes ou comparsas, nessa presença em nossa ótica, os demais contempladores; negligente de nosso testemunho, supõe cada qual – se a tanto lhes chega a conjectura – ser restrita aos marcos de sua receptação a conjuntura que acaba de presenciar; porém estabelece-se, com relação ao comparsa da platéia, aquela faculdade de abrangência, de a tudo conter, que, a rigor, somente nós usufruímos, e cuja sub-rogação a outrem resulta impossível, dada a posição única, absoluta de nosso belvedere. Portanto, o nosso repertório é preenchido por entidades que se processam variavelmente nos modos de aparecer em nosso álbum, vale dizer, nos modos com que as existenciamos: ora na presunção de que nenhuma dependência, exceto as que promanam da rotineira sociedade, reside em seus vultos na conexão com os nossos olhos, pelo menos jamais eles demonstram a consciência de serem em mira, em existencialidade ôntica, não de si próprios mas de nosso olhar que os alberga; ora na indiferença, ao verificarem que, em encontro pela primeira vez ou em simples confessar de alguém, sua efígie não nos é estranha, que o seu registro, em nós, se destitui de qualquer mérito, sendo uma nonada das muitas que experimenta ao longo dos convívios; ora, sobretudo, sem suspeitarem que, se morremos, levamo-los conosco em nossa morte fisionômica, uns em perecimento amplo em virtude de conhecermo-los em intimidade, outros extintos com as parcelas que de suas pessoas nos foi dado haver, outros ainda que se perdem com o nome apenas, acrescido tão-só das imaginações que, a suas pronúncias, costumamos tecer e em muitos casos urdir com tal vastidão que o acervo dos corolários e dos paramentos supera o conseguido com os viventes que desfrutam de nossa privança; ora sem haverem tido de nosso nome a mínima referência, nem tampouco nós no tocante a eles; enfim, quer em índice de realidade, quer em índice de possibilidade, todos morrem conosco, em nossa morte. Traduzindo-se a presença e a ausência como objetos de nosso conteúdo, acode-nos o estímulo de, tanto quanto possível, modelarmos, conforme o nosso gosto, os elencos das próximas exibições; assim, tentamos, a despeito dos riscos, a familiaridade com aqueles atores cujo início de interpretação nos valeu agradáveis promessas, como também, louvado em informações propiciadoras, procuramos fazer emergir dos devaneios, que as cenas e os simples nomes nos sugerem, as faces correspondentes à nossa delineadora curiosidade; mas, ordinariamente, o intuito de escolher as peças e os protagonistas, se estorva ante insistentes revogações ao nosso prazer, as quais se originam da conjuntura de se mostrarem autônomos os vultos que selecionamos e que por si mesmos reservam os motivos e os episódios que hão de desempenhar, como se os ferisse o tédio dos entrechos que à sua revelia lhes impomos; autores e contra-regras dos próprios autos, encaminham-se em direção a nós e nos decepcionam, ou contradizendo-se com as suas iniciativas particulares e que nos induziram a tê-las em grandes folhas do repertório, ou contrariando as linhas de conduta que lhes traçávamos em confecções do nosso arbítrio. A liberdade de desempenho, com os enganos e as surpresas que nos contristam, nos tem obrigado a emendas e interpolações na fatura do caderno: a ponto de substituirmos as faces, no encadeamento das nótulas, por nominalidades, pelo designativo das interpretações; por conseguinte, em vez de a indicação das matérias vir a constar dos semblantes, à maneira de como se divulgam certos espetáculos, às vezes trazendo ao maior relevo o ator, em desperdício do que mais importa, adotamos um índice em que prevalecem os títulos abstratos em que todos nós nos envolvemos; no uso desses rótulos, imitamos o escultor que, incerto do valor que em si mesmo possui o volume esculturado, o nomeia como alegoria, determinando aos apreciadores da obra o trabalho de conferi-lo com o letreiro sobreposto; quanto a nós, o resultado tende ao bom êxito, em virtude de sermos o elástico invólucro, que abrange, com o poder de universal envolvência, as concretas e as abstratas figuras, inclusive as que não se relacionam conosco, em sua puridade.

2 — Nas relações entre o miradouro e os objetos que ele apreende, experimentamos a validade interpretativa de rostos e painéis que já passaram, e agora constituem a imaginária interna, como seres da memória e da imaginação. Enquanto isso, a atual presença, absorvedora pela energia da disposição e do empírico desempenho, não consegue, no próprio ato de vermo-la, nos apresentar as elucidações e articulações que vamos aproveitar depois; mas, de volta ao recinto doméstico, inserimos o recém-acontecido painel junto aos congêneres faciais que se deram em nós, assumindo o álbum o valor equivalente ao da madeira ou pedra para os que lidam com a escultura e dirigem a obra, menos segundo a preconcebida idéia, do que segundo a forma, as promessas do material em mão; com efeito, acontece que ao deixarmos um flagrante, um entrecho que nos persuadira a determinado tema, no instante de transcrevê-lo no caderno, o modificamos em face de outros que, por imprevista sugestão, afastam de nosso propósito a situação ou o enredo que antes pretendíamos arquitetar; mercê da freqüência das remodelações, ao recolhermos algum retábulo, a tradução que no minuto provemos, como que se reveste de cunho provisório; até que, ao consultarmos os elementos do caderno, concluamos acerca do definitivo aproveitamento. De ordinário, ele resiste a homologar um motivo de todo inédito que conduzimos, facultando-nos a afirmar que a presença das coisas diante de nossos olhos é discernível desde que a confrontemos com entrechos pretéritos, estando assim o miradouro a depender, como demiurgo, de painéis que apreendêramos direta ou indiretamente; com o suceder da idade e conseqüente acréscimo de motivos e de episódios, propendemos à interinidade das recepções primeiras, tudo para fomento

e confirmação da unidade em virtude de nós. O contágio, a que se submetem as efígies de nossa contemplação, manifesta-se de tal maneira abrangedor, que atinge, não só a face que vem repetir o tema já por outra ou outras configurado, como engloba o rosto oriundo de diversa nominação; isto ocorre ou por acharmos que este melhor se explicita ao aderir à teia ora em agenda, ou porque a significação, com que ele, o rosto, foi trazido à filtragem de nosso processo, se origina de um círculo menor a caber, com legitimidade, no círculo maior, a exemplo de algum painel da mágoa que aliamos à seqüência da tristeza; na prática de removermos as coisas de seu natural sentido para a acepção de nosso álbum, está implícita a corrigenda, na conformidade de nosso programa, dos sucessos que se verificam independentemente de nós. Deduzimos que a objetividade também atua fisionomicamente, e a fim de não restabelecermos o tumulto com que ela se mostra – repleta de disparidades se vista sem os olhos que a modelam, os quais, para a modelarem, não necessitam de pedir aos atores a interrupção de suas pessoais atitudes – atraímo-la às dosagens de nossa ótica; sendo o material inúmero, não podendo atender à sua móvel totalidade, cumpre-nos desquerer aquelas cenas que se inferiorizam perante outras que são mais próprias à desenvoltura de nossa construção; assim, a objetividade possui motivações e facializações que se revelam, de si mesmas, caroáveis ao encontro de nossos olhos; e muitas, de tal maneira coincidentes com o regime, com a técnica de nossas recepções, que, ao transportarmo-las ao arquivo, fazemo-lo como nos apareceram, sem nenhuma aplicação de quaisquer dos habituais estratagemas e artifícios. Quando nos sucede deparar com entrecho assim espontâneo, mais sentimos ratificar-se, pelos próprios objetos, o continente que somos nós, o existenciador de todas as existências: o continente é representado pelo belvedere que, em presença de sua afirmação nos vultos que ora se lhe expõem, se dedica a só atender à homologação inserta no painel em foco, descurando-se de pensamentos que lhe contrariem o êxtase, assustando-se com o agente que o desperta se em voz alta nos pronuncia o nome; esse alguém é, às vezes, um desconhecido que nos acorda do alheamento no tocante a ele, e, se bem que nos surpreendamos com a figura, toda a nossa personalidade é infletida em direção a ela, que nos procura; simpatizamos com o rosto que, em ausência, nos guardava o nome e o aspecto; entrementes, os episódios que se ajustam à modalidade de apreendermos, sobre habilitarem-se aos nossos solícitos atendimentos, nos persuadem de que, fora do testemunho de nosso miradouro e de informações que nos advenham de terceiros, se exercem muitos retábulos em consonância com o molde de nosso ser em receptação. Contudo, vale ressaltar nos registros, a que nos propomos, a tarefa, que nos cabe, de converter à ordem fisionômica os painéis que se exibem alheiamente a ela; inclusive quadros em que os elementos, com empírica evidência, preponderam na externação do motivo: então a nossa lupa, diante das dificuldades que se amontoam, tenta resolvê-las na conformidade de seus desígnios, aperfeiçoando-se a cada obstáculo, nada perdendo se porventura não consegue vencê-lo; pois que nesses impedimentos, se nenhum efeito lhe resta de positivo, sempre há de sobrar o proveito que proporciona a experiência, qual seja entre outros, o de não mais insistir nos mesmos embaraços de que é fértil a conduta humana. Na solução dos estorvos que nos perturbam o empenho de traduzir as faces, salientam-se as intromissões da voz que no geral dos painéis figura como o veículo das mutualidades de compreensão; embora muitas das palavras, com que se permutam os entendimentos, sejam de fácil substituição por atitudes do gesto ou pelo simples fato de alguma efígie interpor-se entre locuções orais; mas, apesar de felizes empreendimentos, há nos consistórios, que freqüentamos, o ensejo de o som vir a dominar, como valor de essência na composição real da assembléia; o quadro das manifestações visíveis situa os atores secundariamente em relação ao que falam, circunstância que às vezes nos impele a transpor os protagonistas do plano de sua objetividade ao plano de nossa fatura, transferindo-os à situação em ato que no momento nos parece mais consentânea com seus modos. Então, nada ou muito pouco extraímos da realidade que ia na agenda, os diálogos e os monólogos não puderam incluir-se, por antifaciais, no sistema das nótulas; eles entretanto se prestariam para o teatro, trazendo à confusão matérias que se destinam a artes diferentes, quando a pureza de cada uma se erige em agente de artística expressividade. Obediente ao princípio de que a obra de arte é o meio de aproximação entre o artista e o seu propósito, vemos que ela, a obra, muito se subtrai à argúcia dos contempladores, pois só o autor a assimila a seu contento; obediente a essa consagrada norma substituímos – se almejamos remover o miradouro da linguagem figurativa para o ser total que a intuição nos concede – a forma estruturadora de seqüências e enredos pela forma de uma efígie qualquer que na contemplação, e por virtualidade, nos faz presente o inteiro universo. A mais da aproximação que nos propina a arte, consignamos, sem artifícios, e apenas com o recurso dos olhos, o panorama de toda a existência em nós, em estesia positivada por nossa consciência, quanto à plenitude da ordem fisionômica.

3 – Utilizamos o olhar que a todo momento distingue na objetividade as afirmações de nossa existência, posto que nem sempre a objetividade nos ofereça, regulados segundo o estilo de nosso repertório, os painéis que de imediato nos ratifiquem a pessoal universalização; contudo, a realidade neutra e um tanto esquiva a se harmonizar conosco – salvo quando a convertemos às fórmulas de nosso caderno – por ser pródiga em figurações e disponível ao extremo, capacita-nos a nivelar, num único plano de consideração, as coisas da imaginária externa e as coisas da imaginária interna; como tal, quer em imaginária interior, quer em imaginária exterior, elas nos pertencem porquanto é em nós que existem; mas pertencem de conformidade com o nosso belvedere, mais familiarmente admitidas

as desarmonias que se operam da leitura às intenções do autor, sobressai-se a da experiência estética obtida no transcorrer da sucessão, o que faculta precipitados entendimentos e conclusões do afeto e do desafeto que podem não se conciliar com o restante da obra; ainda mais, as perdas que se verificam fatalmente na lembrança do leitor antes de alcançar o último capítulo, as variedades de ânimo que alteram o contato entre as folhas e os olhos volúveis, todas essas implicações nos levam a lamentar não serem os livros como a tela e o corpo escultórico, ambos suscetíveis de conceder, num só ato da visão o atraente e o sentido do aspecto; este aspecto, se submetido a exames que revogam o suspeitado merecimento, há de permanecer valioso, quando nada, por motivo do encanto que nos mostrou de logo. Contudo, se pretendermos, na confecção de uma obra literária — que é arte ideal, de iconografia em cerebração — dirimir os estorvos que a impedem de imitar as artes empíricas, supomos acertar com o emprego de alguma antologia do cotidiano, tal como nos aparece com as formas de seu continente — no caso o *nós* com que atua o nosso miradouro — antologia de trechos variegados, não obstante consistirem em diversificações sobre o mesmo tema: o de eles estarem conosco e dependerem de nossa existência. Assim realizada, a fatura não demanda, para os efeitos na mente do leitor, que este a compulse da primeira à derradeira página; talvez uma única lhe vindo a ser suficiente para descobrir a acepção e a maneira com que traduzimos os vultos e os painéis da convivência; trata-se da cissiparidade que rege o nosso dia-a-dia, perfazendo-se nas atas que o contiveram, cada um dos parágrafos tendo em si os outros em virtualização, todo o sistema convocado a trazer, a fortuito manuseador, aquele propósito que sentimos em integral evidência.

4 — Uma contingência nos obriga a recorrer à escritura como se fosse matéria plasmável; consiste, correspondendo à realidade exposta, em não aproveitarmos de todo a desenvoltura dos acontecimentos, cumprindo-nos acompanhá-la só até onde queremos, facilitando-se a obra com o regime intervalado que apresentam as coisas do cotidiano; por conseguinte, no uso de interrupções, e de enquadramentos que se interpenetram, as nótulas, que confeccionamos, se regulam pelo mesmo exercício da comum objetividade, dessa maneira, em plena imitação do que se nos exibe diariamente; com o desígnio de firmar o atributo da virtualização inerente a cada rosto, quando atua o cometimento lógico, por se tratar de ilações da mente, aplicamo-nos na tarefa de, valendo-nos de painéis que se entrecruzam, que se deixam substituir inesperada ou voluntariamente mercê de nossos olhos, compor as várias urdiduras fundamente pessoais; à medida que os rostos nos entregam a sua disponibilidade, podemos distinguir os que atuam com as próprias aparições, sem nada nos fornecer além do aspecto, daqueles que têm por investidura representar a outros que estão ausentes; a estes, que se outorgam de predi-

cados que a outrem dizem respeito, que são efígies portadoras de virtualidade, damos um acolhimento que passará despercebido a eventuais observadores; mas, em nós, que abrangemos a conjuntura da delegação, a denominação, de que se cobre o outorgado, como que se intumesce a fim de conter a face do ausente, a face do outorgante que todavia se apresenta nele, o outorgado. Consoante o emprego do subentendimento, a conjuntura de estar distante não significa perda, inclusive, se o rosto em ausência se pretere na morte: significa uma ocultação remediável e de simples contextura, por efeito dos mais diversos elementos que, saídos do repositório fisionômico, e ao mais leve aceno ou fortuita associação, suprem os vazios que deixou em nós o que desapareceu e não pode vir aos lugares que agora lhe destinamos; no enredo formulado acerca de E. . ., que não surgiu em nossa residência, à data do pequeno conto, figura, substituindo-o, a cadeira onde se sentara dantes, bem como os demais intérpretes se representam por efígies inanimadas que de algum modo se relacionaram com eles; pois, em seguida ao desempenho dos visitantes, exibindo-se deserta a casa, resta-nos de cada um, a partir do ato do despedimento, o contato que estabeleceu com o móvel que lhe acomodou o vulto, ou em que fez recair mais demoradamente o olhar; nas ocasiões posteriores ao adeus, é-nos grato, a exemplo de saudação tardia, e quando as pessoas em foco pertencem ao nosso amor, estender às peças do mobiliário o belvedere que então as contempla em suas preciosas marcas: as que conservam, em nós, o rosto desaparecido. A respeito de E. . ., temos sob registro e em moldes fisionômicos, o prevalecimento de sua face enquanto referida pela cadeira, quando estrearam em nosso domicílio a série dos relacionamentos, e quanto sucedeu naquela tarde, pusemos depois em nótulas que concedem à peça do mobiliário a participação desincumbida após afastar-se a pessoa de E. . .; afora o divertido que em tais urdiduras nos distrai, sobreleva-se a aglutinação, que estabelecemos, entre os seres suscetíveis de nos deixarem, às vezes minutos após surdirem em nossa residência, e as efígies inanimadas que nos permanecem à vista e assim nos dão, quando lhes pedimos, os vultos que se foram sem atenderem aos reclamos de se demorarem, de promoverem dentro do albergue o maior número possível de laços e de identificações, em nós. Durante muitos anos, mantivemos a fixidez do inicial episódio de E. . . em nossa casa, e sempre que ele nos batia à porta, era de vermo-nos a testemunhar o encontro com a imagem que o substituía em sua ausência, o contato entre o semblante de E. . . e a cadeira que, em sua falta, o tinha em existência; sendo a cadeira o outorgado que, estando no cumprimento da delegação a que se impusera, e avizinhando-se dele a efígie delegadora, se abstém de efetuar o que devera, visto que se lhe situa ao lado a pessoa do outorgante; com efeito, vindo a ser presente a face de E. . ., o fio da contemplação que à cadeira nos articulava, infletia-se dela em busca de novo alvo, o do vulto individual de E. . . que assumia então o papel em que a outra depunha tantos zelos, estritamente a nós. Dessarte, nas visitas posteriores, E. . . indeferia à cadeira o exercício da outorga, de ser em virtualização, e apenas lho restituía depois de ir-se embora; ficava-nos de sua existência, amenizando a lacuna de permanecermos sem a preciosa companhia, a cadeira onde, ao sentar-se por longos momentos, o corpo de E. . . se afizera, e cujas atitudes se modelaram algum tanto segundo lhes permitiu o móvel. Recordamos que se introduziu o nome hostilidade no último encontro que tivemos, um assunto que em outro local ele já nos expusera; agora o praticava de maneira muito menos acídula, a tal ponto que, se a pessoa, objeto da vituperação, tendo da outra vez observado os rigores dos gestos, vendo-o a conversar conosco, sob uma forma que seria a do calmo respeito, tal como nos dizia a cadeira em sua ausência, concluiria que desapareceram as severidades de há algumas semanas.

5 — Se, com relação ao móvel que se impregnara de E. . ., se constituíra uma possibilidade fisionômica de apaziguar em outrem os efeitos da malquerença, tudo por causa de a posição da cadeira não consentir na restauração do acontecido rancor, circunstância positiva que nos leva a contemplar ainda mais humanamente o inanimado ser, no tocante a outras outorgas, em geral olhamos os vestígios, que nos devolvem painéis do desamor, como algo que estimaríamos não se desse em nosso repertório; acumulam-se os retábulos que nos desapontam, de tal forma proliferam no cotidiano os eventos que almejaríamos não deixassem réstias de sua participação em nós; é com repetido acabrunhamento que testemunhamos, uma vez passados os episódios da tristeza, a sobrevivência desses mesmos episódios que, no entanto, a despeito da insistência, às vezes chegam a nos poupar, graças a iniciativas de certa ordem; entre elas, a de afastarmo-nos dos logradouros onde sabemos existir, uns passos adiante, alguma coisa que nos restituirá o painel de que procedera, ou por haver pertencido ao elenco, ou por outorga indireta do entrecho que nos desalentara. Com que impiedosa gratuidade alguém deserta de sua natureza, até então obsequiosa em transigir com a nossa suscetibilidade, e adquire a feição de quem se outorga repentinamente no papel que não pretendera; não obstante, ao observar os efeitos do desaviso em nosso vulto, experimenta remediá-lo, o que pode acontecer, sem entretanto suprimir a mágoa reaberta em nós; sobeja-nos o médio conforto de registrar, nessa atitude de arrependimento, o afeto que nos trouxe o visitante, o de não desarmonizar a teia dos colóquios; sob o escarmento de, em várias ocasiões, havermo-nos conduzido com outrem tal e qual o somos agora que esse alguém nos vitima sem prever o dano, cabe-nos apenas lastimar o imperfeito da tessitura que, ao longo do tempo, se forma entre as pessoas amigas, não se positivando, em todos os casos, a prudência de medir as vozes e os gestos consoante a receptividade do interlocutor; mesmo que das palavras nenhum fonema surja que devolva o painel do desprazer, apresenta-se o corpo que de si mesmo se franqueia ao regresso do incômodo episódio; tal pode suceder, inclusive,

pelo fato de possuirmos, oriunda de terceiros, a crônica do desprimoroso caso, e, quando não, a mera suspeita de que nos cientificamos do ocorrido, ou a circunstância de o nosso rosto evocar uma relação qualquer com o acontecimento. Passível de se fazer acompanhar de uma condição constrangedora, o nosso vulto, em algumas visitações que pratica, se persuade sempre de que tal sombra está a conspirar contra o êxito da acolhida na alma de quem nos hospeda, como, por exemplo, nas ocasiões de irmos à casa de S..., cheio o nosso ânimo da virtude de bem prover, mas de logo desenganado pela convicção de que o contentamento, a assistirmos, há de anuviar-se com a lembrança de antigo painel que ele amarga e nos pertence a ambos, como, ainda, na data de comparecermos à festa de N..., todos os anos a reunir os mesmos convidados, decidimos que, em lugar de nosso rosto, lá se mostrasse outra figura com os poderes de nos substituir, visto que o nosso intento era o de esmaecer a reaparição de certo consistório, no qual ele se houve para a melancolia de muitos; sem o nosso vulto, talvez ele viesse a estender aos figurantes do regozijo, com maior desenvoltura, a espontaneidade da recepção que seguramente estorvaríamos com nosso conspecto; de fato, após o escuro entrecho, sentíamos as ressalvas sob a forma de abreviação da palestra e de escusa por faltar, no dia seguinte, ao habitual encontro; N... pretendia, com certeza, que duradoura ausência nos contivesse à distância de seus olhos; porém, buscando o medicamento para a sua tristeza, utilizamos o processo que, a um tempo, iria satisfazê-lo em parte e não romper de todo o costumeiro relacionamento: o processo da outorga que tanto nos apraz discernir, principalmente quando se nos torna viável estabelecer, de algum ponto discreto, o miradouro da curiosidade, espreitando a conduta da efígie em quem nos outorgamos. Do observatório às ocultas, ou do belvedere da imaginação, concluímos que não somos existencialmente alheios ao episódio em causa, que o nosso vulto está ali presente enquanto alvo dos gestos e das proposições que se nos dirigem na pessoa que nos substitui; deveras, em muitos ensejos, o próprio delegado ou aqueles que o cercam, lhe interrompem o desempenho, qual seja, o teor de nossa individualidade, e nesses instantes ele se distribui entre o rosto que lhe pertence e o nosso que lhe alienamos; durante o inteiro painel do sodalício, a tendência é a de nosso representante descurar-se do mister que o trouxe, pondo em relevo, à margem de nós, a figura inequívoca de sua personalidade: traição ao papel tanto mais incontida quanto, da parte dos que perambulam fora e pela janela avistam a ocorrência do auto, dada a ignorância em torno do respectivo conteúdo, impera a certeza de que em verdade as atitudes se endereçam para a comparecente efígie; certo da leitura errônea, e que todavia o acrescenta, ele nada inclui no sentido de desfazer o engano, ao contrário, silencia, na imobilidade e nos movimentos, o ser que assim não pôde estar de todo sob o diferente mas existencial aspecto. Quase sempre a responsabilidade da infiel interpretação recai sobre quem escolhe o representante, preferindo-o pela versatilidade da desenvoltura e das palavras, porém, com habilitações a facilmente promoverem o olvido de quem lhe dera – no caso, nós – tão boa oportunidade de suprir o papel conforme somos; dá-se que, em várias ocasiões, assim procedemos com o propósito de aferir depois, através de informações colhidas – se não podemos espreitar o entrecho – de outrem que lá estivera como espião inconsciente, o índice de abandono em que figurou o nosso vulto, o qual atinge às vezes a bagatela de o nosso representante haver dito apenas, ao chegar, que ali fora em nosso nome; conseqüentemente, todo o seu papel se resume na apresentação da credencial, com o agravante, ainda, de, no ato do despedimento, esquecerem-se do protocolo, incidindo as saudações e as ofertas de amizade tão-só em quem comparecera pelo único motivo de estarmos ausente.

6 – Mas, quem dirá se entre os circunstantes não existe alguém que, resistindo às atrações do desajustado intérprete, o olha com o pensamento e o coração voltados para a nossa efígie; isto se daria se esse alguém viera ao só pretexto de nos encontrar ali, e, ao nos associar à face que contempla, substitui a decepção que nos envaideceria se o soubéssemos, pelo acolhimento fisionômico de outrem em nosso lugar; acolhimento que propicia ao generoso expectante os nexos entre a prescindibilidade de nosso ser e a escassa representação da efígie em quem nos outorgáramos; reduzindo-se a presença de nosso semblante a algo que se não comunica aos outros componentes do grupo, ela sendo o resultado do afeto que alimenta o amigo no tocante a nós; porém, o bastante para firmar o estabelecimento de uma outra acepção quanto ao vulto que está a nos fazer as vezes; no transcorrer de um conciliábulo, é possível que na mente de determinados intérpretes venham a despontar memórias e fabulações que nada tenham a ver com o assunto em desenvolvimento; e que no entanto se referem a uma face cujo nome surgira por indicação fortuita, acidentalmente pronunciada mas que pode interferir na atenção de um ou mais atores; inclusive desviá-la de tudo que ouve, e deter-se, sem outra coisa escutar e assistir que o painel do devaneio, a modo da conversação que uma tarde se verificou entre nós e V. L. . .; à medida que ele nos falava dos encantos de T. . ., os louvores que testemunhávamos não incidiam no vulto de seus ternos sentimentos, a despeito de o considerarmos à altura de tantos elogios, mas, na individualidade de N. . ., que era a de nossa predileção e usurpava, em deleite nosso, as expressões que lhe cabiam também, ao cúmulo de, no final da palestra, olharmos o companheiro com o ar de gratidão, como se na realidade ele se expandira acerca de N. . .; ocasiões essas que são felizes ou infelizes conforme a personagem, que ornamos com as pinturas feitas todavia à outra, perdure, em nós, sob o nome do prazer ou da desventura; na oportunidade, as vozes se nos parecem como juízos que sobre ninguém recai em particular, formas que o anunciador supõe exclusivas de seu objeto e que entretanto se ajustam à pessoa de nosso pensamento; funde-se a efígie de nossa preocupação com a outra que rememora o interlocutor em

confidência, ambas a preencherem sem atritos o bojo das adjetivações; competindo-nos emudecer enquanto assentam, na figura mentalizada em nós, os tons sobrevindos daquela oralmente referida; convencemo-nos de que esse alguém, que conversa conosco, é consentâneo para assimilar o papel ou papéis que se desenrolam em nosso recesso, tudo numa identificação que atinge as duas almas no que elas possuem nesse instante e na maneira como procedem, malgrado nos eximirmos da confissão que na hora devemos ao interlocutor. Ele despedir-se-á de nós, fazendo-o com aumentada efusão por havermos compreensivamente consentido na sua espontaneidade, e não vamos ao excesso de lhe emitir nem a ternura nem o alvo em que esta se entornou; isto por atendimento à delicadeza de sua convicção de que ninguém mais, a não ser o objeto de seu pensamento, pode admitir tão enaltecedoras palavras e tão sincera veneração; quanto a nós, dispensamo-nos de cumprir, na cena, o papel de nosso rosto a enternecer-se com a nossa imaginação, papel que se realizaria mediante o ato de lhe oferecermos, na permuta dos sentimentos, o semblante que fomentávamos no espírito e cujos hábitos e nome eram diversos; contudo, escusávamo-nos de trazê-lo ao proscênio por já se ter inserido nas doces explanações de V. L. ... Fenômeno aproximado é o que nos leva a preferir as evocações de painéis de outrem às evocações de painéis que ocorreram em nossa vida, notadamente as que dizem respeito à certa ordem de ternura, à saudade que, apondo-se a sucessos que aconteceram com alguém, se nos estende à memória, imediatamente solidária; não que o nosso pretérito nos apareça indigente de sonháveis e singulares reminiscências, e sim porque o nosso miradouro costuma divagar sem as limitações que o quadro cênico e presente de algum modo estabelece; o belvedere interior exercita, juntamente com a fidelidade ao entrecho que nos foi dado ouvir de outrem, perfeita flexibilidade, fortalecendo, em nós, a intimidade de relações com o protagonista que nos relata o próprio evento. Sem justaposições perturbadoras, sem profundidades que o direto conhecimento nos informa, à semelhança do retrato de uma figura que nos é estranha mas nos interessa ou pelo invulgar do rosto, ou pela habilidade do retratista, o painel em saudade conta particularmente no uso que praticamos em determinadas horas, quando o pensamento se inclina a soltar-se: e o melhor pouso, que encontra, resulta ser a conjuntura ou a seqüência longínqua – pertencente a outrem – ora transplantada ao nosso devaneio como se de fato a houvéssemos testemunhado em nosso pretérito. Também o narrador desses entrechos presume de ordinário que a narração, quando muito, nos impressionou enquanto o escutávamos, porém jamais conjectura que em nosso quarto, sobrevindo a hora da inclinação ao devaneio, é a saudade sua que, comunicando-se a nós, nos pertence a ambos como se os dois tivéssemos usufruído o surgimento de sua causa.

7 – Em virtude de sentirmo-nos, em papéis alheios, tal se estivéssemos dentro dos que nos são destinados, facilita-se, em nós, a

inclusão de elementos que preferiríamos não viessem a acrescer o número dos desagrados que nos freqüentam; os momentos de alegre coparticipação, por assíduos que nos apareçam, mal compensam a raridade de algum painel dentro do qual nos revestimos da figura que profundamente sofre, somando-se, para agravamento do pesar, o fato de que conhecíamos o seio da casa onde se cumprira o nome da tristeza; de antemão sabemos que o painel nos prejudicará a quietude não só naquele dia como também nas horas de ele nos regressar à lembrança. Em muitos exemplos, a fidelidade à memória do ocorrido, em lugar de caber ao vulto que nos contagiou com o abatimento, cabe a nós, graças ao desvelo com que a sustentamos; após o decorrer de lustros, o episódio em apreço remove-se do real protagonista para o esteio de nosso pensamento, para nós que então nos mostráramos a testemunha compadecida e não supuséramos que depois nos transformássemos no repositório, no estojo de sua existência; a dor antiga, se bem que atenuada de seu tom primeiro, agora se substitui pelo cuidado que nos leva, sempre que nos defrontamos com a efígie do lutuoso retábulo, a não incutir-lhe a nossa persistência em torno do que ele e mais ninguém devera cultivar, pois as raízes do sentimento eram suas e as estimulações exteriores mais de perto lhe acenavam, com vistas à remota composição. Acontece todavia que, em presença de algum desses desidiosos, inclusive quando se trata de uma figura de nossa familiaridade, nos recusamos a promover, na esmaecida memória, a vivificação do que está em via de esquecimento, ou em esquecimento; não seria humano que surgisse de nossa parte a melancólica iniciativa, e por isso nos apressamos a desviar de seu miradouro a réstia que venha a insinuar a reedição do assunto; portanto, cabe ao nosso belvedere, sempre solícito às reconstituições, diligenciar o completo silêncio quanto a inumeráveis episódios, alguns deles necessários à purificação, à ética de nossa receptiva; mas, uma força maior, a de poupar o intérprete de havidos males, impulsiona-nos a remeter o painel ao olvido do próprio ator, imitando os caridosos que, ao distinguirem na confissão as lágrimas, não obstante o interesse por ouvi-la integralmente, com delicado gesto fazem interromper a voz sentida, em perda da curiosidade, porém em auxílio à discreta comoção. Contudo, a criatividade do belvedere há de processar-se, embora sem a cooperação do interlocutor e real protagonista, à vez; e sim através da imaginação que no aposento ou fora dele – quando o permite a nossa indiferença pelo que se desenrola em torno – costuma franquear-nos a enorme galeria de figuras, tanto as existentes como as esculpidas na ocasião do devaneio, as quais se prendem com espontaneidade ao fluir da divagação; eis que, reconstituindo-se, agora que a piedade não o empece, retoma a nitidez o motivo que evitáramos e que assim trazemos à luz do ser dentro de nós. Terminada, quer por acidente exterior, quer por efeito de alguma idéia estranha, a série das digressões mentais, podemos, recapitulando-as uma a uma, estabelecer, em análise, certos fenômenos que se impuseram à estrutura dos pensamentos, como o de sempre participar no mister de ator preferível para o tema do velório, a individualidade de R..., a quem dissuadíamos de narrar congêneres episódios; também o de insistir determinado rosto, que não simpatizamos, em desempenhar cenas que são movidas pela crueldade de nosso desapreço: tal efígie, e nenhuma outra, se desincumbe do papel de ser o vilão de várias tessituras, isto com uma naturalidade tanto mais surpreendente quanto ela nunca, na vida real, nos afirmou haver experimentado entrechos equivalentes aos ora em meditação. Entretanto, ela se incorpora consangüineamente ao papel e de tal maneira que, se nos fosse dado transferir, do cérebro para a rampa do teatro, o enredo que então nos fomenta o desamor, ninguém haveria em todo o elenco do universo que, análogo a esse rosto, encarnasse tão bem o motivo que desenvolvemos em idéia; os painéis de seu desempenho são os da trivialidade maligna, todos possivelmente já aconteceram com outrem, no entanto, face alguma nos ocorre que passe a substituí-lo; o seu aproveitamento, ante o público, faria com que este dissesse em coro que o protagonista, por nós lançado à glória dos encômios, realmente vivera o tipo que ali se mostrava sob o aspecto de fantasiosa invenção; mas, por não serem suscetíveis de se propalarem na rampa os entrechos de nossa imaginativa, compete-nos preencher o lugar das pessoas que jamais virão à nossa íntima platéia; assim, louvando-nos na análise dos episódios que acabamos de promover – tanto nas faturas da antipatia como nas composições do apreço – verificamos, a modo do espectador apercebido de dois planos de interesse, que temos em nós uma realidade modeladora de seus próprios meios, sobejando aquela que nos circunda, que um calendário, diverso daquele que nos pauta as ações e as inações, guia as dos atores em cena, que uma obra de evidência figurativa, repousa à margem dos costumeiros sucessos; além disso, ainda mais que no público depois de ver a exibição no estrado, em nosso discernimento se inocula a convicção de que, entre o protagonista e o conto por ele interpretado em nosso devaneio, se firma a identidade completa do nominal e do facial, vale dizer, a legitimidade intransferível com que o vulto se apodera de sua significação, em nós.

8 – Esse apoderar-se, quando ele se exercita no recesso do devaneio, acontece ser mais autêntico, mais perfeito do que nas investiduras em que externamente se expõe; isto em virtude de na imaginária exterior os vultos procederem quase sempre à revelia de nosso belvedere, enquanto nas vezes apenas meditadas, a figura se nos entrega inteiramente disponível, liberta de atitudes estranhas ao contra-regra que há em nós: daí a naturalidade com que o ator se acomoda ao sentido de sua presença em nossa imaginação; existem, com referência a B. S..., dois retábulos sobre o mesmo assunto, coincidindo o da realidade empírica e o de nossa ideação, na fábrica de um sucesso no qual aquela efígie deu cumprimento ao teor da gratidão modesta, com o intervalo de muitos meses entre o episódio da mental

inventiva e o da objetividade; quando o último adveio à nossa lente, pareceu tratar-se da homologação que o palco extrínseco final e caprichosamente nos obsequiava, após tantas dissimilitudes entre o nosso pensamento e aquela figura que escapava de nossas intelecções. Ao compararmos os dois painéis, concluímos pela superioridade de desempenho com que a primeira edição se elevava sobre a segunda; prestando-se o paralelo a admoestar-nos, mais ainda, de que não devemos, no tocante aos produtos do devaneio, subestimá-los ao extremo de pô-los no olvido logo depois de decorrerem em nosso cérebro; ao contrário, os entrechos da fantasia, pela identidade entre a nominação e a figura, merecem, tanto quanto possível, perseverar em nossa memória; e conseqüentemente, registrar-se em capítulos preservadores, mesmo porque reside no imaginado os mais puros exemplos da ordem fisionômica, sobretudo porque todo o universo existe por mentalizar-se em nós, pois a presença atual de uma coisa se afirma sob a condição de o resto, o mundo então fora de nosso olhar, se fazer meramente o objeto em pura idealidade. Ninguém surge para testemunhar os acontecimentos da quimera, efígie alguma há de levar adiante o seu conceito quanto ao retábulo que se verificou em nós, nenhuma contrafação o adulterará, nem tampouco nos precipitamos a impedir alhures a inverdade que, sobre ele, o depoente faz estender e transformar em crença; no entanto, do silencioso retiro, ao nos debruçarmos nos pensamentos, aperfeiçoamos a índole da contemplatividade, quer obstando-nos de desenvolver as representações do desamor, quer acariciando, na imaginária interna, aquelas cenas que de certo a realidade não irá compor, mas que se constituem à base de ternos sentimentos. Há também as imaginações cujos protagonistas não são as faces que convocamos do seio da convivência, mas semblantes que a nossa espontaneidade construiu tão lucidamente como se fossem vultos particularizados em seus nomes; e inconfundíveis, se acaso abstratamente os colocamos em assembléia, a modo dos conclaves em que nos distraímos com o só movimento dos olhos nas figuras que atenderam ao anúncio da congregação; na revista que nestes conclaves promovemos, situamos os corpos de habituais interlocutores, que nos proporcionaram cenas conforme as diretrizes de nossa lupa e hão de ainda no-las obsequiar como solícitos sempre às nossas intenções; igualmente, os vultos criados dentro de nós, não os deixamos sob o risco de se perderem no esquecimento; eles próprios se modelam com tanta solidez que nos surpreendemos, dias ou semanas depois, sem causa aparente, com o seu regresso ao nosso íntimo miradouro: o que nos facilita a fixação de seus traços a um ponto de existência que se nivelam às pessoas com quem nos defrontamos nas ruas, nas praças, nos domicílios. Em nosso álbum, além das fisionomias que a convivência nos forneceu, há os rostos que de há longos anos nele se instalaram embora verdadeiramente nunca os enxergamos, a não ser na pura quimera, ou na delineada por informações, como aquelas a respeito de A. B. . .; as quais, não coincidindo com esse vulto, entretanto contribuíram para estabelecer em nós, sob o mesmo nome de A. B. . ., dois semblantes: o que antecipamos e o que vimos posteriormente; em nosso repertório, além das efígies oriundas dos contatos, habitam umas figuras que nasceram do âmago de nossa intimidade e que formam o elenco de onde extraímos os atores mais exímios para a confecção de determinados painéis. Se nos fosse dado oferecer ao público toda a série da galeria fisionômica, sem nenhum asterisco a indicar os entrechos que provêm das simples divagações, ninguém diria que no museu exposto se equiparam duas ordens de existência, das quais só uma – a da realidade tangível – era de caber no coro das aceitações; conhecendo todos a mobilidade de nossa ótica em lugares distintos, e a desenvoltura dos confrontos com os atores mais diversos, teriam de acreditar que o cortejo consistira apenas da empírica visualização, do esquema: objeto e miradouro. Mas as duas imaginárias – a interna e a externa – formam uma única iconografia, estando conosco o privilégio de possuí-las, e de assistir o entrelaçamento de suas conexões, com vistas à unidade de serem em nós. Se a memória envelhecer, a precariedade com que diferenciarmos os episódios ocorridos dos episódios apenas imaginados, posto que danosa, há de prevalecer em favor do baralhamento das duas imaginárias, em simbologia do nivelador perecimento.

9 – Na cena do enterro saem e entram as personagens e em todas as ocasiões o painel nos propicia a integridade de seu contexto, dando-nos, toda vez que o percebemos, a impressão de que nada lhe sobra nem lhe falta, os componentes recobrindo-se, por adesão imediata, do ar e do motivo que asseguram a imutabilidade da cena nos limites de seu nome. As posições mesmas são alteradas no decorrer do acontecimento, nesses poucos instantes em que as atenções e as posturas convergem para o ponto que será permanentemente fixo, junto ao qual os acompanhantes se solidarizam, tal o magno pretexto de participação no episódio que é o do perdimento de todos nós no perdimento de alguém; enquanto assistem a ocultação do corpo na terra, os vultos circunstantes vagueiam o pensamento em coisas muitas vezes distantes da pessoa morta, mas todos eles reservam para o entrecho funerário as aparências mais conformes com os atributos que o quadro exige, tanto por causa da perda daquele alguém, como pelo insanável desaparecimento de cada um dos testemunhantes na extinção de quem ao morrer consigo levou as faces de quantos lhe preencheram o repertório, então irremediavelmente apagado. A tristeza de também haver morrido nos olhos que se fecharam é o grande estimulador, em nós, desse aspecto constituído da soma de mortes parciais, englobando os seres que o amor e a convenção fizeram atrair, e no mesmo amplexo os entes da ocasionalidade, como o pássaro que voa ou os resíduos espalhados no chão. Quem, desviando o olhar do novel túmulo, recolhe o panorama das adjacências, encontra em todos os lados fisionomias que se acomodam igualmete para o ponto cuja fixidez é mais rigorosa que a de qualquer outra imobilidade; os semblantes que se contagiam do luto parecem tocados

do fatal obscurecimento ou da conjuntura de se verem para sempre perdidos. Esse olhar que se extinguiu, não terá nunca a possibilidade de assinalar, para ele, a existência do muro carcomido, do tronco nodoso ou da sombra densa que estampa no solo o aglutinado de muitas sombras, as das árvores, as da capela, todas reunidas numa só nódoa que se não pode decompor em virtude da imutabilidade de suas fontes. A cena do enterro elastece o núcleo até onde alcança o olhar do ser comovido por dois falecimentos: o do vulto invisível no caixão e o dele próprio enquanto rosto para quem se encerraram os olhos desse alguém que tantos seres englobou até o momento de não poder registrá-los, circunstância esta que, em termos outros, representa a morte fisionômica de todos eles, de todos nós. As coisas atingidas pelo falecimento se cobrem de resignada timidez, de melancólico abandono, de aspectos condizentes com que se amortalham para esta cena, à qual, em nós, nenhum rosto se recusa; o ato de participação indica, pela espontaneidade unânime, que nada resta incólume ao inatendimento do olhar extinto; que em cada vulto figurante há, como círculos concêntricos da tristeza, a dor pela separação irreparável e a conjuntura de estar desaparecido também. A protelação dos trabalhos de que se incumbiam dois homens, estes da mesma forma integrados na essência do painel, fez crescer no ambiente as manchas particulares que se punham ao solo, fiéis ao significado em agenda, quando a noite, vinda de todas as partes, as reunia numa sombra única, escondendo de todos os olhos aquelas coisas que desempenharam a liturgia de morrermos unanimemente. Cada vulto se recolhia ao próprio rosto, abrigando-se em seu ar que, oculto de quem o quisesse ver, compartilhava do crepe que baixava sobre a cena como um espetáculo que se finda, e cujo processo de ultimar-se coincide, por decorrerem em comum a realidade e a peça, com o desfecho do assunto representado. Reduzido à própria figura, cada ser, ali imerso na escuridão, penetrava nesse plano do não mais possuir através dos olhos, do não mais se conter na visão de alguém, ensaiando-se para posteriormente interpretar o mesmo papel com a irrevogável desenvoltura, à semelhança do ator que, a fim de assegurar-se de plenos recursos, percorre, em companhia dos coadjuvantes, o teatro deserto e fechado à vista dos curiosos; diante de cadeiras vazias, ele se antecede mental e fisionomicamente às futuras exibições, e assim procedem os rostos sob a circunstância do retardado sepultamento que o pesar emudece, coordenando-se dessa maneira o olhar esvanecido e a feição do desaparecimento: ambos congregados para incutir, sem exceção de ninguém, a perspectiva promissora do nada, nome que, em todos os instantes, em todos os ambientes, vagueia à procura do objeto onde assentar; e, o não encontrando, se demora em cada vestígio, em cada fração de ausência, o bastante, contudo, para anunciar o domínio de sua prevalência, suscitada por uma sombra que desce, por um vulto que se retira, por um rosto que sabemos ter amanhã que se afastar de nosso teto, nuvem que amplia as suas dimensões à medida que recai em seres cujas visibilidades eram, de alguma sorte, preenchidas por nosso corpo.

10 – Munido de trejeitos dissonantes, A... desfazia a unidade da cena em que ele penetrava, sem que à sua presença se opusessem os demais participantes; mas acontecia que as atitudes revelavam tal poder de atração que os olhares sobre ele perdiam inteiramente o contato com o teor em desenvoltura. O motivo do painel se desfigurava toda vez que o rosto gritante, solidário embora com o pretexto do conjunto, entornava os gestos para a só atuação do corpo, que se agitava sem as contingências externas os acomodarem ao devido molde; de certo jamais coincidiu com ele a qualidade do assunto, desde que o painel que lhe seria adequado, segundo os ditames de seus meneios, não podia ser oferecido pelo repertório do cotidiano: necessitava ele de ribalta onde se desenvolvesse o episódio de guerra antiga, com a participação do porta-estandarte, exposto mais do que ninguém às setas inimigas, sem exteriorizar nenhuma aparência de rancor, dignificado apenas por conduzir ao ombro o signo de seus combatentes. A vocação teatral de A..., extraviando-se à falta de uma peça em que ele apresentasse a bandeira sugerida por suas mãos, em postura exclamadora para a qual cooperavam os olhos de costume erguidos para o céu, revinha, constantemente, quer as razões do conclave se prendessem a meros sussurros, quer se imbuíssem de tons dialogais: indigente vulto que fora nascido para uma só conjuntura fisionômica e, para sua inutilidade maior, esta se recusava a favorecer-lhe o natural desempenho. A... pertencia à classe dos rostos que jamais encontram o pretexto para o qual se configuram os seus gestos, uns desses rostos condizendo com velhos hábitos, o que os impossibilita de ser rigorosamente na atual contemporaneidade, outros se antecedendo a motivos que advirão longo tempo depois de sua morte, os quais entretanto, dificilmente permitiriam a um observador, mesmo arguto, delinear, em vésperas de tão remotas, situações partidas desse núcleo e que se realizariam um dia, quando as faces presentes, em vez de acentuarem despropósitos, se positivariam correspondendo à milagrosa antecipação. O corpo de A... se incluía entre aqueles que ecoavam um instantâneo obsoleto, vindo até nós como a iluminura de texto arcaico; à similitude dele, inúmeros figurantes atestam quão precário resulta estabelecermos, no tocante aos rostos que vemos, o princípio de uma contemporaneidade fisionômica; sendo, ao inverso, mais verdadeiro concluirmos que as nossas empresas visuais se compõem, em percentagem significativa, de elementos alheios à normalidade cronológica, de semblantes cuja presença se faz eterna no sentido de sempre mostrar, como em museu vivo e perene, as manifestações figurativas distanciadas no tempo. Ao anotarmos a pessoa de A..., interrompíamos a atenção sobre a cena geral para circunscrevermo-la ao semblante que desfraldava o pendão invisível, daí o desprazer freqüente com que avistávamos, nessas ocasiões, o vulto de outras eras, que, pelo fato mesmo de sua ancestralidade, não admitia que o painel envolvesse figuras de nossa geração: rosto absorvente que tanto chocava o nosso miradouro que, desacostumado a tão fortes confusões, se manifestava impotente em descobrir em alguma parte as efígies consentâneas com ele, os gestos de outros comba-

tentes que, postos ao longo de uma rua, nos acudissem com a repetição da batalha cavalheresca. Aspirávamos assistir o rosto de A. . . no bojo de algum painel onde permanecesse obediente às normas de sua unidade, coordenando-se na harmonia do conjunto, fisionomicamente aderido à significação em foco; para tal nos propusemos diversas situações nas quais ele estivesse com toda a espontaneidade, festas em que os convivas se transmutam sob vestimentas e máscaras fantasiosas; porém, em virtude da impossibilidade de conduzirmos a fundo os gestos que possuía, ele escapava de nosso intuito em havermo-lo entre circunstantes sob as roupagens do mesmo feudo, todos reverenciando, com as armas do senhorio, o brasão que alguma intriga tentou macular. Raramente se concretizando os desejos dessa ordem, dado que as insinuações e os subterfúgios são muito delicados para proverem tão sólida composição, como a esperada no carnaval, desistimos deles à guisa do arqueólogo que abandona, por inútil, a pesquisa e se contenta em conservar a leve inscrição que ele traduziu e cuja importância suscitou a necessidade de buscar textos subseqüentes e situados em algum recanto do território. Por tudo isso, estávamos longe de suspeitar que, por ocasião do enterro que se retardou a ponto de sobre ele descer a noite, com a sua explícita solidariedade aos olhos que morreram, o vulto de A. . . fizesse substituir o lábaro da peleja pelo amortalhamento de sua imobilidade, ali junto à sepultura, exprimindo uma compunção que não era exclusividade dele mas de todos quantos vieram e receberam a extinção noturna. Pela primeira vez testemunhamo-lo integrado na índole da cena, sem destruir a significação que a inoculava; e o modo com que ele atendia à natureza do cometimento, representava uma concessão da aparência primitiva à atitude que assumíamos todos nós e era uma constância para todas as épocas: uma postura uniforme que desnudava as fisionomias dos aspectos peculiares ao seu tempo a fim de revesti-las com o hábito da escuridão que nos tornava invisíveis uns aos outros, na mesma negatividade ótica de quem falecera em realidade; o hábito que tarjou indiscriminadamente todas as faces que, acreditando irem somente ao enterro de um, foram ao sepultamento delas próprias. O semblante de A. . ., com as mãos desertas da bandeira, era fisionomicamente o do porta-estandarte que algum pelouro abatera, posterioridade cênica que as contingências da rua jamais nos deram, e agora vinha a efetuar-se num episódio, mais do que qualquer, finalizador de pronunciamentos e de situações faciais.

Do mesmo autor:

A Imagem Autônoma (ensaio de teoria do cinema). Recife, Editora Universitária, 1972.

O Lugar de todos os Lugares. São Paulo, Editora Perspectiva, 1976.

O Espaço da Arquitetura. São Paulo, Editora Perspectiva, 1977.

A Ordem Fisionômica:
I – *A Visão Existenciadora.* São Paulo, Editora Perspectiva, 1978.
II – *O Convívio Alegórico.* São Paulo, Editora Perspectiva, 1979.
III – *Ser e Estar em Nós.* São Paulo, Editora Perspectiva, 1980.

A publicar:

A Ordem Fisionômica:
V – *A Testemunha Participante.*

41. *De Geração a Geração,* S. N. Eisenstadt.
42. *Política Econômica e Desenvolvimento do Brasil,* N. H. Leff.
43. *Prolegômenos a uma Teoria da Linguagem,* Louis Hjelmslev.
44. *Sentimento e Forma,* Susanne K. Langer.
45. *A Política e o Conhecimento Sociológico,* F. G. Castles.
46. *Semiótica,* Charles S. Peirce.
47. *Ensaios de Sociologia,* Marcel Mauss.
48. *Mestres do Teatro II,* John Gassner.
49. *Uma Poética para Antonio Machado,* Ricardo Gullón.
50. *Burocracia e Sociedade no Brasil Colonial,* Stuart B. Schwartz.
51. *A Visão Existenciadora,* Evaldo Coutinho.
52. *A América Latina em sua Literatura,* UNESCO.
53. *Os Nuer,* E. E. Evans-Pritchard.
54. *Introdução à Textologia,* Roger Laufer.
55. *O Lugar de todos os Lugares,* Evaldo Coutinho.
56. *Sociedade Israelense,* S. N. Eisenstadt.
57. *Das Arcadas ao Bacharelismo,* Alberto Venancio Filho.
58. *Artaud e o Teatro,* Alain Virmaux.
59. *O Espaço da Arquitetura,* Evaldo Coutinho.
60. *Antropologia Aplicada,* Roger Bastide.
61. *História da Loucura,* Michel Foucault.
62. *Improvisação para o Teatro,* Viola Spolin.
63. *De Cristo aos Judeus da Corte,* Léon Poliakov.
64. *De Maomé aos Marranos,* Léon Poliakov.
65. *De Voltaire a Wagner,* Léon Poliakov.
66. *A Europa Suicida,* Léon Poliakov.
67. *O Urbanismo,* Françoise Choay.
68. *Pedagogia Institucional,* A. Vasquez e F. Oury.
69. *Pessoa e Personagem,* Michel Zeraffa.
70. *Convívio Alegórico,* Evaldo Coutinho.
71. *O Convênio do Café,* Celso Lafer.
72. *A Linguagem,* E. Sapir.
73. *Tratado Geral de Semiótica,* Umberto Eco.
74. *Ser e Estar em Nós,* Evaldo Coutinho.
75. *A Estrutura da Teoria Psicanalítica,* David Rappaport.
76. *Jogo, Teatro & Pensamento,* Richard Courtney.
77. *Teoria Crítica,* Max Horkheimer.
78. *A Subordinação ao Nosso Existir,* Evaldo Coutinho.
79. *A Estratégia dos Signos,* Lucrécia D'Aléssio Ferrara.